rororo

HEIKE KLEEN

GESTÄNDNISSE EINER TEILZEITFEMINISTIN

*Mein Verstand ist willig,
aber der Alltag
macht mich schwach*

ROWOHLT TASCHENBUCH VERLAG

Originalausgabe
Veröffentlicht im Rowohlt Taschenbuch Verlag, Hamburg,
September 2021
Copyright © 2021 by Rowohlt Verlag GmbH, Hamburg
Umschlaggestaltung zero-media.net, München
Umschlagfoto FinePic®, München
Satz aus der Abril bei Dörlemann Satz, Lemförde
Druck und Bindung CPI books GmbH, Leck, Germany
ISBN 978-3-499-00613-5

Die Rowohlt Verlage haben sich zu einer nachhaltigen Buchproduktion verpflichtet. Gemeinsam mit unseren Partnern und Lieferanten setzen wir uns für eine klimaneutrale Buchproduktion ein, die den Erwerb von Klimazertifikaten zur Kompensation des CO_2-Ausstoßes einschließt.
www.klimaneutralerverlag.de

INHALT

Vorwort: Was um alles in der Welt ist eine Teilzeitfeministin? **9**

    Mein Leben als Teilzeitfeministin **12**
    Mein Sexismus-Studium **17**

Feminismus: Wer braucht ihn – und wenn ja, wie viel? **22**

    Haben Sie eine Vagina? **23**
    Was wollt ihr denn noch?! **27**
    Dornröschen müsste man sein ... **31**

Der Alltag: Kann ich Feministin sein und meinem Mann die Einkaufsliste schreiben? **38**

    Mama macht das schon **39**
    Mein kleines Familienunternehmen **45**
    Als Feministin auf der Beifahrerseite **52**
    Neues aus der Steinzeit **55**
    Die Sklaverei der modernen Frau **60**

*Die Prägung: Kann ich Feministin sein
und Männer für Genies halten?* **64**

    Mama muss nicht arbeiten **64**
    Männer als Tor zur Welt **69**
    Wo ist das weibliche Genie? **77**

*Die Familie: Kann ich Feministin sein
und in Muttergefühlen versinken?* **84**

    Der Anfang vom Ende der Gleichberechtigung **85**
    Fingerdicke Mutterliebe **91**
    Wo bitte geht's zum Vaterinstinkt? **94**

*Der Haushalt: Kann ich Feministin sein
und trotzdem lieber Hausfrau?* **104**

    Der kleine Unterschied hat immer noch Folgen **105**
    Die Hausfrau und der Sinn **109**
    Letzte Ausfahrt Tradwife? **114**
    Der Weiblichkeitswahn ist noch da **119**

*Die Arbeit: Kann ich Feministin sein
und in Teilzeit gehen?* **124**

    Abwärtsspirale Elternzeit **124**
    «Working Mom» ist kein lustiger Film **127**
    Gratis abzugeben: Die Hälfte der Macht **132**
    Nur für Kinder unverzichtbar? **134**
    Die Schule als Karrierekiller **140**

Die Erziehung: Kann ich Feministin sein und meinen Sohn zu einem «echten Kerl» erziehen? **146**

    Hau zurück! **146**
    Wann erziehen wir Söhne wie Töchter? **149**
    Der Wert des Weiblichen **155**
    Sollen Männer Männer bleiben? **157**

Der Körper: Kann ich Feministin sein und gefallen wollen? **165**

    Der Körper als Waffe **166**
    Playboy-Feminismus **170**
    Zwischen Mauerblümchen und Sexobjekt **173**

Der Geist: Kann ich Feministin sein und Männern Platz machen? **178**

    Das Wunder der männlichen Selbstwahrnehmung **179**
    Wohin mit der Wut? **181**
    Vorbilder heute: Werde ich Fee oder Hexe? **185**
    Selbstfürsorge verleiht Flügel **190**

Frauen und Männer: Kann ich Feministin sein und alte weiße Männer lieben? **193**

    Einmal anlehnen, bitte! **193**
    Wenn Frauen das Dirndl ausfüllen **197**

Die Feministin am Männertisch **200**
Was will das Weib? **203**
Die Sache mit den Alphamännchen **210**

*Der Sex: Kann ich Feministin sein
und einen Orgasmus vortäuschen?* **215**

Wie es ist, eine Frau zu werden **216**
Er gibt sich doch Mühe **219**
Sie will, was er will – oder? **223**
Feminismus in Handschellen **230**
Warum haben Frauen Überwältigungs-
phantasien? **234**

*Nachwort:
Lieber Teilzeitfeministin als gar keine* **242**

Dank **247**
Literaturverzeichnis **249**
Anmerkungen **252**

VORWORT:
WAS UM ALLES IN DER WELT IST EINE TEILZEITFEMINISTIN?

Ich muss ein Geständnis machen: Ich bin eine Teilzeitfeministin. Teilzeitfeministin? Was bitte soll das sein? Dieser Begriff tauchte eines Tages wie ein nervöses Cookie-Banner vor meinem geistigen Auge auf, als ich in einem schonungslosen Moment meinen Alltag kritisch unter die Lupe nahm: ganz ohne Filter-App oder die übliche Schönrederei. Plötzlich fühlte es sich an, als würde ich ein Doppelleben führen – nur leider ohne gelegentlichen Adrenalinkick oder sexuelle Ekstase.

Stattdessen sah ich Folgendes: Vormittags sitze ich am Schreibtisch und verfasse Texte über Gleichberechtigung – nachmittags bin ich allein für die gemeinsamen Kinder zuständig. Vormittags plädiere ich online für eine bessere Arbeitsteilung in der Familie, nachmittags lege ich offline die Wäscheberge zusammen. Vormittags mache ich mich für mehr Frauen in Führungspositionen stark, nachmittags lehne ich ein attraktives Jobangebot ab, um mehr Zeit für meine Kinder zu haben. Zu gern sage ich: Mein Mann ist selbständig, er kann sich zu Hause nicht so viel kümmern. Ich wiederum bin selbständig, damit ich mich zu Hause mehr kümmern kann.

Feministin bin ich offensichtlich nur halbtags, spätestens am Nachmittag finde ich mich in der traditionellen Rolle als Hausfrau und Mutter wieder. Und es geht noch weiter: Ich plädiere für Body Positivity, für eine positive Einstellung gegenüber dem eigenen Körper, ich möchte die vom Patriarchat geprägten Schönheitsideale endlich auf einem riesigen Scheiterhaufen verbrennen, während alle Frauen so faltig und mopsig und grauhaarig darum herumtanzen, wie sie sind, ohne auch nur eine Sekunde über ihr Äußeres nachzudenken. Doch dann kommt das Pressefoto für dieses Buch, und ich überlege, ob ich nicht besser den Bauch hätte einziehen sollen und was Photoshop wohl so alles kann.

Sobald ich Texte von Feministinnen lese, bewundere ich sie für ihre Klugheit, ihre Weitsicht, ihr Leben. Und dann frage ich mich: Ob sie wie ich im Auto am liebsten auf der Beifahrerseite Platz nehmen, anstatt selbst zu fahren? Oder ob sie manchmal lächeln, obwohl ihnen gar nicht danach ist? Vermutlich nicht. Bestimmt schreiben sie, im Gegensatz zu mir, ihren Männern auch nie einen Einkaufszettel, und in ihren Sexphantasien geht es grundsätzlich gleichberechtigt zu.

Mein Verstand ist genauso willig wie ihrer, das weiß ich genau, aber der Alltag macht mich regelmäßig schwach. «Ich bin nämlich eigentlich ganz anders, aber ich komme nur so selten dazu», hat Ödön von Horváth mal gesagt, und es stimmt: Die Feministin in mir wird ständig vom Leben überrumpelt und in die Knie gezwungen – und viel zu oft bemerke ich das erst im Nachhinein.

Wie paradox mein eigenes Verhalten ist, fällt mir immer häufiger auf: Ich bin eine Feministin, die den Gender Pay Gap, also die ungleiche Bezahlung von Frauen und Männern, beenden will, aber dankbar lächelt, wenn sie statt der überfälligen Gehaltserhöhung ein Kompliment für ihr «tolles Engagement» bekommt. Ich bin eine Feministin, die auf dem Weg zu einer Podiumsdiskussion über Körperakzeptanz mit großem Interesse eine Werbung für figurformende Unterwäsche studiert. Ich bin eine Feministin, die insgeheim aufatmet, wenn bei einem Projekt nicht nur Frauen, sondern auch Männer im Team sind. Ich bin eine Feministin, die sich über Sexismus aufregt, aber die Nachbarin anruft, damit auch sie einen Blick auf den gut gebauten Elektriker erhaschen kann. Ich bin eine Feministin, die über die verkrusteten Strukturen des Patriarchats schimpft und sich anschließend bereitwillig von einem alten weißen Mann zum Essen einladen lässt und sanftmütig das Köpfchen zur Seite neigt, wenn er ihr die Welt erklärt.

Das geht so nicht weiter.

Es wird höchste Zeit, meinem Teilzeitfeminismus auf den Grund zu gehen. Geht das nur mir so – und woher kommt mein widersprüchliches Verhalten? Muss ich mit meiner Doppelmoral leben, oder habe ich zu hohe Ansprüche an mich selbst? Vielleicht muss ich auch den Begriff Feminismus freier denken. Oder mein Leben einer Kurskorrektur unterziehen. Finde ich einen Schuldigen, dem ich mein Dilemma in die Schuhe schieben kann – der Biologie, meiner Erziehung, dem Patriarchat? Oder bin ich beides: «Halb Opfer, halb Mitschuldige, wie wir alle», wie Simone de Beauvoir ihren Lebensmenschen Jean-Paul Sartre zitiert?[1]

Ich lebe in einem Land, in dem die Gleichberechtigung im Grundgesetz verankert ist, ich kann eigentlich kein ohnmächtiges Opfer der äußeren Umstände sein, wir Frauen müssten unser Leben doch frei gestalten können! Dennoch hat die traditionelle Rollenverteilung hierzulande nach wie vor Hochkonjunktur, das zeigen nicht nur die Statistiken. Für diese Erkenntnis genügt ein Blick in Vorstandsgremien (überwiegend Männer) und auf Kinderspielplätze (überwiegend Frauen). Schwer zu glauben, dass diese Aufgabenverteilung ausschließlich freiwillig vonstattengegangen ist.

Mehr Mütter als Väter fühlen sich für ihre Familie verantwortlich, und die Mehrheit der Frauen ist angeblich bereit, zehn Punkte ihres Intelligenzquotienten zu opfern, wenn sie dafür einen vermeintlichen Schönheitsmakel ausmerzen dürfte. Was ist in unseren Köpfen bloß los?

Einer der berühmtesten Sätze von Simone de Beauvoir lautet: «Man kommt nicht als Frau zur Welt, man wird es.»[2] Das Zitat wird häufig falsch wiedergegeben, wie auch Margarete Stokowski in *Untenrum frei* erklärt.[3] Viel zu oft heißt es: «Man kommt nicht als Frau zur Welt, man wird dazu gemacht.» Das ist ein großer Unterschied: Werden wir von unserer Umwelt, von unserer Gesellschaft zu Frauen gemacht, sind wir wehrlose Objekte, denen eine Zwangsjacke mit der Aufschrift «Frau» verpasst wird, aus der wir uns nicht mehr befreien können? De Beauvoir schrieb 1949 in ihrem Grundlagenwerk *Das andere Geschlecht*: «On ne naît pas femme: on le devient», also man «wird» zur Frau, nicht, «man wird dazu gemacht». «Devenir» ist ein aktives Verb, kein passives. Wir Frauen haben dem Zitat zufolge also einen aktiven Anteil an diesem Prozess – aber wie groß ist der?

Ich möchte wissen, wie ich zur Teilzeitfeministin wurde und warum ich es bis heute nicht immer schaffe, gleichberechtigt zu leben, zu denken und zu handeln.

Mein Leben als Teilzeitfeministin

Ich kann nur meine persönliche Geschichte erzählen, es ist keine dramatische: Sie handelt weder vom Aufstieg aus prekären Verhältnissen noch von systematischer Unterdrückung oder gar Missbrauch. Als weiße heterosexuelle Frau aus der Mittelschicht war ich weder von Rassismus betroffen noch musste ich meine sexuelle Orientierung erklären, außerdem hatte ich ideale Bildungschancen. Es ist die gewöhnliche Geschichte eines Mädchens aus gutem Hause, das ausgezogen ist, um in einer gleichberechtigten Gesellschaft zu leben. Ich gehöre einer Generation an, der gesagt wurde, dass sie alles haben und erreichen kann, völlig unabhängig vom Geschlecht. Aber vorgelebt hat man mir etwas anderes: Ich wurde in den 1970er und 80er Jahren in einem Umfeld sozialisiert, in dem Frauen die klassischen Rollen einnahmen und Männer das Sagen hatten. Dennoch glaubte ich lange, dass der kleine Unterschied keine großen Folgen für mein Leben haben würde. Vielleicht würde ich das immer noch denken, wenn ich keine Kinder bekommen hätte, denn die Mutterschaft zerschmettert den Mythos von der Gleichberechtigung gnadenlos. Als Bonustrack zu den Altlasten meiner Prägung flüstern mir Werbung, «Frauenzeitschriften» und die sozialen Medien heute ein, was ich als Frau und Mutter leisten sollte (beruflich erfolgreich, aber bitte auch häuslich und kinderlieb, durchaus emanzipiert, aber nur so, dass die handgeklöppelte Osterdekoration nicht leidet) und wie ich dabei im Idealfall auszusehen habe (auf natürliche Weise schlank, schön und sexy, also weder aufgespritzt noch abgemagert oder vulgär, sondern gesund ernährt, maniküret und gewaxt) – und trotzdem soll ich dabei immer gut gelaunt sein. Wie soll das bei diesen Anforderungen bitte gehen? Nach einem feministischen Manifest klingt das nicht.

    Ich hatte mir das gleichberechtigte Leben als emanzipierte Frau deutlich einfacher vorgestellt. Einige Fallen habe ich mir selbst gestellt, in andere bin ich nichtsahnend hineingestolpert. Ich bin nicht so frei, wie ich dachte, und in dunklen Stunden darf mein Lebensentwurf von einer gleichberechtigten Frau getrost als gescheitert bezeichnet werden. In solchen Momenten denke ich: «Wenn ich mit dem gleichen IQ und exakt der gleichen Berufserfahrung ein Mann wäre, würde ich um 15.30 Uhr nicht Unterhosen zusammenlegen und den Streit im Zimmer nebenan schlichten. Ich würde zwei Kinder haben und trotzdem in diesem Moment einer deutlich interessanteren und darüber hinaus bezahlten Arbeit nachgehen!»

Ich bin neidisch auf das Klonschaf Dolly. Ich möchte eine Kopie von mir erstellen lassen, mit der ich mir mein Leben aufteile. Eine Sekunde später denke ich: «Meine Güte, stell dich nicht so an, es ist nur Wäsche – und du willst von den Kindern schließlich auch etwas mitkriegen.»

Wenn ich mich heute umschaue, merke ich, dass ich nicht allein bin mit diesem Gefühlsdilemma. Ich sehe abgekämpfte Frauen, die jeden Tag aufs Neue versuchen, ihre Position zwischen Kindern, Küche und Karriere zu finden und dabei Kompromisse eingehen. Sie alle sind oft müde, manchmal schlecht gelaunt und haben fast immer das Gefühl, nicht zu genügen.

Sie alle ringen im Alltag immer wieder um Zuständigkeiten im Haushalt oder bei der Kinderbetreuung. Bei solchen vermeintlichen Kleinigkeiten geht es um nichts Geringeres als um Machtverhältnisse, die ununterbrochen neu ausgelotet werden müssen. Die Corona-Pandemie hat sichtbar gemacht, was viele Frauen seit Jahren geahnt haben: Wir sind längst nicht so gleichberechtigt, wie wir es uns gern einreden. Und auch wenn wir uns als Feministinnen bezeichnen, sieht unser Alltag oft nicht sonderlich gleichberechtigt aus. Sagte ich schon, dass wir erschöpft sind?

Seit ich Mutter bin, schlägt mein Teilzeitfeminismus immer häufiger zu: Ich will meinen Sohn zu einem sanftmütigen, liebevollen Menschen erziehen und kann aus dem Stegreif einen Vortrag über toxische Männlichkeit und ihre Folgen halten – doch nachdem mein Kleiner sich klaglos von einem anderen Jungen hat vermöbeln lassen, fürchte ich insgeheim, dass er womöglich zum Weichei wird, und rate: «Hau zurück! Du musst zeigen, dass du der Stärkere bist!» Gerade so konnte ich mir noch den Satz «Sei ein echter Kerl!» verkneifen und erschrecke mich dabei vor mir selbst.

Wenn mein Schreibtisch zu voll ist, führe ich am Wochenende ein Leben als 50er-Jahre-Mann, ich verkrieche mich hinter dem Rechner und genieße die Arbeitsteilung: Ich höre Töpfe und Pfannen im Hintergrund scheppern, werde von meinem Mann zum Essen gerufen, sehe die Kinder für einen entspannten Moment – und dann ist auch gut. Ich streiche ihnen liebevoll über die Köpfchen und lasse das Küchenchaos hinter mir. Am liebsten würde ich mir zurück am Schreibtisch wie Don Draper in *Mad Men* eine Zigarre anstecken und einen Drink einschenken, während ich denke: Kein Wunder, dass so viele Männer sich gegen die Gleichberechtigung wehren. Mein Leben könnte ewig so weitergehen – das Patriarchat ist super! Zumindest, sofern man auf der richtigen Seite sitzt ... Hoppla, das ist ja nun auch alles andere als ein feministischer Gedanke. Als Feministin will ich doch nicht, dass wir die Rollen umkehren, sondern dass Männer und Frauen sich beruflich und privat auf Augenhöhe begegnen und sowohl Erziehungsarbeit als auch alle anderen Verantwortlichkeiten gerecht untereinander aufteilen.

Aber anstatt genau das zu Hause umzusetzen, nehme ich beim ersten Kind die längere Elternzeit und heule Rotz und Wasser, als die Kitatür zum ersten Mal hinter meinem Sohn ins Schloss fällt – was bitte soll das? Ich bin so froh, endlich wieder arbeiten zu können – und rolle gleichzeitig das schlechte Gewissen schneller vor mir aus, als ein Muslim seinen Gebetsteppich aus der Zimmerecke holen kann.

Wenn ich Ablenkung brauche, krame ich eine alte *Sex-and-the-City*-Staffel hervor und hoffe, dass Carrie und Mr. Big endlich wieder zusammenkommen. Geht's noch? Es mag ja in den 90er Jahren revolutionär oder gar feministisch gewesen sein, dass Frauen nicht nur offen über Sex reden, sondern sich ihn auch nehmen, wenn ihnen danach ist. Aber letztlich ging es in dieser Serie doch darum, dass die Heldin den Mann fürs Leben findet und währenddessen unzählige Designerklamotten anhäuft. Warum fühlt sich das ewige Geschnatter über Liebe in Kombination mit diesen Bildern trotzdem so gut an? Oder will ich nur rauskriegen, wie man sich mit dem Schreiben einer Sexkolumne ein Apartment in New York, unzählige Restaurantbesuche und Unmengen überteuerter Schuhe leisten kann? Die Feministin in mir hat sich offensichtlich mal wieder hinter dem Sofa verkrochen, womöglich will sie nichts mehr mit mir zu tun haben. Ich kann es ihr nicht verdenken.

Um zu verstehen, warum ich so bin, wie ich bin, muss ich nur ein, zwei Generationen zurückgehen. Wir Kinder der 60er, 70er und 80er Jahre wurden von Frauen erzogen, denen klare Rollen zugewiesen wurden, die sie begannen, in Frage zu stellen. Unsere Mütter fingen an, für mehr Gleichberechtigung zu kämpfen, und verzweifelten daran gelegentlich. Einige von ihnen hatten bereits Männer, die kochen konnten oder sogar den Kinderwagen schoben – das war in den 70er und 80er Jahren etwas Besonderes. In unserem ostfriesischen Landstrich wurde nur der Klavierlehrer meiner Schwester mit einem Kinderwagen gesichtet, und das sorgte Mitte der 80er Jahre im Dorf für mehr Aufregung als die Nuklearkatastrophe von Tschernobyl. Blicken wir zurück in diese Zeit, in der meine Prägung begann.

Denn was man in seiner Kindheit lernt, speichert sich so richtig schön auf der Festplatte ab, brennt sich geradezu ein – und kann nur äußerst schwer überschrieben werden.

Mein Sexismus-Studium

Noch bevor ich zur Schule kam, begann ich, Sexismus zu studieren. Dafür musste ich mich nicht anstrengen, sondern einfach meine natürliche Umgebung beobachten. In meinem kleinen ostfriesischen Heimatdorf wurde das Patriarchat gelebt, und keiner kam auch nur ansatzweise auf die Idee, es anzuzweifeln. Hier lebten alle erwachsenen Frauen entweder das Modell Hausfrau oder das bis heute sehr beliebte Modell «Mutti verdient was dazu, ist aber trotzdem Hausfrau». Wir werden später beleuchten, was sich daran wirklich geändert hat. Dass Frauen zum Beispiel die alleinige Verantwortung für das leibliche Wohl aller hatten, war eine Selbstverständlichkeit. Am besten lässt sich das an unseren vielen Familienfesten beschreiben: Unzählige Tanten und Onkel, Cousins und Cousine sitzen im Wohnzimmer meiner Oma, und es gibt ununterbrochen etwas zu essen: mittags riesige Fleischplatten, dazu Rotkohl und Kartoffeln, danach Tee und eine Kuchenauswahl, die jeden Konditormeister demütig stimmen würde (schließlich brachte jede Frau eine mehrstöckige selbstgebackene Torte mit). Direkt im Anschluss gab es Knabbereien und den ersten Alkohol, damit bis zum Abendbrot nur kein kleiner Hunger entstand. Zum krönenden Abschluss bergeweise Schnittchen, die mit der Rechtfertigung «Wir müssen doch die Landwirtschaft unterstützen» mehr als großzügig belegt worden waren.

Für die Zubereitung und das Auf- und Abtragen all dieser Speisen samt Geschirr waren ausschließlich die Frauen zuständig. Sie saßen eigentlich kaum, sondern wuselten ununterbrochen hin und her, nur zum Essen ließen sie sich kurz nieder, um direkt danach wieder aufzuspringen, die nächste Runde vorzubereiten, Getränke zu holen oder Gläser abzuwaschen.

Und was taten die Männer in dieser Zeit? Sie saßen. Und saßen. Und redeten. Und saßen. Gelegentlich standen sie auf, um zur Toilette zu gehen, aber noch lieber verrichteten sie ihre Notdurft draußen. Warum? Es ist mir schleierhaft. Mir fällt nur ein Grund ein: Sie taten es, weil sie es konnten.

Ich erinnere mich bis heute lebhaft an den Tag, an dem es meiner Mutter zu bunt wurde und sie nicht länger bereit war, nach jedem Familienfest in einem vollgepinkelten Vorgarten zu stehen. Nachdem alle Gäste das Haus für die Geburtstagsfeier betreten hatten, schloss sie kurzerhand die Haustür ab, und siehe da – die Männer fanden ganz allein den Weg zur Toilette.

Doch zurück zu der großen Tafel, die ununterbrochen geleert und wieder befüllt wurde. Eine Szene hat sich tief in mein Gedächtnis gebrannt: Eine meiner Tanten beugt sich weit über den riesigen Tisch, um an die winzige Teetasse ihres Mannes zu gelangen, in der einen Hand hält sie die Kanne, mit der anderen mühsam ihr Gleichgewicht. Für ihren Mann wäre es ein Leichtes gewesen, ihr zu helfen, eine kleine Armbewegung hätte genügt, um ihr die Tasse entgegenzuschieben – gut, vielleicht hätte er sich ein kleines bisschen vorbeugen müssen. Doch er tat es nicht. Er sah seelenruhig und tief im Sofa versunken zu, wie sie sich abmühte und fast den Arm auskugelte, endlich an seine Tasse kam, sie mit Kluntjes – das ostfriesische Wort für Kandis – befüllte, ihm frischen Tee einschenkte, Sahne dazugoss und das fertige Gesamtkunstwerk erneut unter großen Mühen an seinen Platz zurückstellte. Er bedankte sich noch nicht einmal, nahm nur die Tasse und trank. Damals stieg zum ersten Mal eine kalte Wut in mir auf, denn plötzlich begriff ich, dass es an diesem mir so vertrauten Ort zwischen Mann und Frau ein Machtgefälle gab. Warum wurden die Männer so selbstverständlich bedient und die Frauen bedienten sie – als sei das naturgemäß? Bis dahin hatte ich nur hin und wieder ein diffuses Unbehagen gespürt, eine Ahnung, dass es nicht der Hauptgewinn war, ein Mädchen zu sein. Ich konnte dieses unangenehme Gefühl nicht erklären, ich bemerkte nur, dass Jungen mehr Aufmerksamkeit bekamen und man sie manchmal für Dinge lobte, die ich selbstverständlich fand. Doch das ergab keinen Sinn! Erst diese kleine geblümte Teetasse öffnete mir die Augen, sie war mein Baum der Erkenntnis und erschütterte mich tief. Es gab offensichtlich Menschen erster und zweiter Klasse. Zur ersten gehörten die Männer, sie wurden bedient – in der anderen waren die Frauen, die sie bedienten. Aber warum? Weil nur die einen im Stehen pinkeln konnten?

Jüngere Generationen und auch Zeitgenoss*innen erklären mich an dieser Stelle womöglich für hysterisch, ältere halten dagegen, dass die armen Männer, die sich damals am Sonntag bedienen ließen, die ganze Woche über hart gearbeitet hatten, während Sigmund Freud mir hämisch «Siehste, doch Penisneid!» zuruft.

Doch ich spürte anhand dieser ausbleibenden Hilfsbereitschaft, dass Frauen und Männer hier nicht gleichberechtigt zusammenlebten, dass man sich nicht gegenseitig unterstützte, dass die Wertschätzung für das weibliche Geschlecht fehlte und es zwei Lager gab. Und ich hockte mittendrin, wäre lieber sitzen geblieben im Zigarettendunst der Männer, um ein paar zotigen Anekdoten zu lauschen und etwas über die Welt da draußen zu

Vorwort

erfahren, anstatt den Frauen in der Küche zur Hand zu gehen. Ich wusste nicht, wo ich hingehörte. Die Gespräche der Männer waren in meinen Ohren interessanter, doch ich fühlte mich eher den Frauen in der Küche zugehörig, zu denen meine Schwester und ich oft genug gerufen wurden, um Spargelröllchen zu drehen, eine so furchtlose wie labberige Kombination aus eingelegtem Spargel, gekochtem Schinken und sehr viel Remoulade. Ich kann mich nicht erinnern, dass einer meiner zahlreichen Cousins jemals mit dieser Aufgabe konfrontiert worden ist.

Bin ich eine Feministin, die insgeheim glaubt, dass Jungen etwas Besseres sind? Nein, das kann ich ausschließen, eher bin ich zur Feministin geworden, weil mich die von mir empfundene Ungleichbehandlung von klein auf beschäftigt hat.

Bin ich eine Feministin, die davon überzeugt ist, dass ihr natürlicher Lebensraum die Küche ist? Natürlich nicht, aber ich fühle mich bis heute verantwortlicher für das, was auf den Tisch kommt, als mir lieb ist.

Ich frage mich rückblickend, ob sich mir die Teetassen-Szene auch als Junge derart ins Gedächtnis gebrannt oder ob ich sie als Selbstverständlichkeit hingenommen hätte.

Kinder identifizieren sich ab einem Alter von ca. vier Jahren mit dem eigenen Geschlecht. Sie wissen zu diesem Zeitpunkt in der der Regel, welchem Geschlecht sie selbst angehören, sie beobachten das Handeln der Männer und Frauen und ziehen daraus ihre Schlüsse. Insbesondere mit Hilfe der Vorbilder aus der Familie entsteht ihre erste Geschlechteridentität, darüber hinaus identifizieren sie sich mit gleichgeschlechtlichen Personen aus ihrem näheren Umfeld. Darum beobachtete ich die Frauen so genau, während meine Cousins sie vermutlich kaum wahrgenommen haben – es sei denn, sie hatten Hunger.

Es wird Zeit herauszufinden, wieso ich als Feministin in den

Kreißsaal ging und als Hausfrau und Mutter wieder herauskam. Warum ich es über ein Jahrzehnt nach der Geburt meines ersten Kindes weder geschafft habe, mein früheres Leben fortzuführen, noch mich den Erwartungen zu widersetzen, die an Frauen gestellt werden. Und weshalb Doppelmoral mein zweiter Vorname zu sein scheint. Bin ich die schlechteste Feministin aller Zeiten, ein «Bad Feminist», wie sich die Literaturprofessorin Roxane Gay in ihrem gleichnamigen Buch beschreibt? Sie sei lieber eine schlechte Feministin als gar keine, erklärt sie darin am Ende – zumindest das lässt mich hoffen.

FEMINISMUS:
WER BRAUCHT IHN – UND WENN JA, WIE VIEL?

Natürlich möchte ich eine gute Feministin sein, auch wenn die meisten Männer bei dem F-Wort noch immer gucken, als würde man sie gleich ohne Betäubung kastrieren, und selbst viele Frauen – und darunter ausgerechnet prominente und einflussreiche – sich äußerst schwertun mit dem Begriff. Wer den Feminismus als etwas Gestriges abtut, sollte bedenken, dass das Patriarchat seit Jahrtausenden unseren Alltag bestimmt hat und das noch immer macht. Frauen wurden unterdrückt, misshandelt und für geisteskrank erklärt, sobald sie aus Männersicht zu aufmüpfig wurden. Wer denkt, dass Feminismus überflüssig ist, sollte sich einfach mal seine eigene Familie vor Augen führen: Meine Urgroßmütter durften nicht wählen, meine Großmütter weder allein Auto fahren noch ein Bankkonto eröffnen, und als meine Mutter heiratete, galt noch die sogenannte Hausfrauenehe, die sie gesetzlich zur Haushaltsführung verpflichtete. Nur mit dem Einverständnis meines Vaters hätte sie einen Beruf ausüben dürfen, und das auch nur, solange sie dabei ihre «familiären Pflichten» nicht vernachlässigt hätte. Wäre ich bereits als 20-Jährige den Bund der Ehe eingegangen, hätte mein Mann sich jederzeit gegen meinen Willen straffrei an mir vergehen können – schließlich ist die Vergewaltigung in der Ehe hierzulande erst seit 1997 strafbar.

Dass Frauen in Deutschland zumindest auf dem Papier gleichberechtigt sind, haben wir dem Feminismus zu verdanken, den mutigen Frauen, die seit Hunderten von Jahren ihr Leben aufs Spiel setzen, um unsere Rechte voranzutreiben.

Von den Frauen, die an dieser Stelle genervt mit den Augen rollen, wüsste ich gern, auf was sie lieber verzichten würden: den Führerschein? Oder doch das Wahlrecht? Das eigene Konto? Den Job? Würden sie sich lieber von Wochenbett zu Wochenbett hangeln oder als einsame Jungfer bezeichnet werden und darauf hoffen, dass die zuppelige Verwandtschaft sie durchfüttert, weil sich kein Mann erbarmt hat, sie «wegzuheiraten»?

Haben Sie eine Vagina?

Aber worüber reden wir eigentlich, wenn wir über Feminismus reden? Der Feminismus als politische und gesellschaftliche Bewegung ist zwar schon über 200 Jahre alt, aber er hat bis heute ein Imageproblem, noch immer klingt er «unrasiert und ungebumst»[4], wie Carolin Kebekus bereits 2016 diagnostizierte. Mal abgesehen davon – was ist das Problem an Frauen, die weder rasiert sind noch Sex haben? Aber das ist ein anderes Thema ...

Bis heute wird Feministinnen gelegentlich unterstellt, das andere Geschlecht zu hassen – und die einfacher gestrickten Männer nehmen diese irre Annahme als Rechtfertigung dafür, im Umkehrschluss feministische Frauen zu hassen. Oder gleich alle Frauen, dann verliert man nicht so schnell den Überblick. Die Klügeren dagegen argumentieren: «Eine Frau wie du hängt heutzutage doch keinem ‹-ismus› an, als starkes Individuum brauchst du kein Label und keine Bewegung!» Ein spannender

Gedanke – aber warum stellt kein Mann den Humanismus in Frage, den Feminismus aber schon?

«Die Männer prangern lauthals soziale und rassistische Ungerechtigkeiten an, aber wenn es um männliche Dominanz geht, sind sie nachsichtig und verständnisvoll»[5], schreibt die französische Schriftstellerin Virginie Despentes in *King Kong Theorie*. Das ist wahr, und sobald es um das Thema Gleichberechtigung geht, hören wir immer wieder aus den vorderen Männerreihen: Es ist doch schon so viel passiert ... – was wollt ihr denn noch? Und – zack! – ist das Thema für Männer vom Tisch, möge doch bitte alles so weitergehen wie bisher. Reicht doch.

Eine Trendwende ist zu erkennen, aber sie beschränkt sich eher auf junge gebildete Frauen in Großstädten. Hier ist der Feminismus cool oder hip, spätestens seit Stars wie Beyoncé, Lady Gaga oder Emma Watson sich dazu bekennen. Sogar die Modewelt hat feministische Botschaften für sich entdeckt. Markige Sprüche wie «We should all be feminists» werden auf Kleidung gedruckt – und die bekennende Feministin darf bei Dior schlappe 620 Euro dafür hinblättern, kann diese Botschaft aber auch günstig bei gängigen Modeketten erstehen.

Aber Moment, wie feministisch geht es dabei eigentlich hinter den Kulissen zu? Kann eine Frau sichergehen, dass für ihr modisches Statement keine Geschlechtsgenossin in einer Textilfabrik am anderen Ende der Welt ausgebeutet wurde? Und durfte das Model den Luxuslabel-Laufsteg womöglich nur erklimmen, weil sie Wochen vorher keine feste Nahrung zu sich genommen hat, um dem gängigen Schönheitsideal zu entsprechen? Feminismus ist gelegentlich kompliziert.

Aber woher stammt der Begriff überhaupt? Ausgerechnet ein Mann soll ihn erfunden haben: Charles Fourier, ein französischer Sozialist. Im Jahr 1837 kam ihm diese Erleuchtung, die weltweit noch immer vielen Menschen fehlt. Er schrieb: «Die Harmonie entsteht nicht, wenn wir die Dummheit begehen, die Frauen auf Küche und Kochtopf zu beschränken. Die Natur hat beide Geschlechter gleichermaßen mit der Fähigkeit zu Wissenschaft und Kunst ausgestattet.»[6]

Bestimmt haben die Frauen Monsieur Fourier damals sämtliche Türen eingerannt, doch dieses Prachtexemplar von einem Mann weigerte sich zu heiraten, weil eine Ehe seiner Meinung nach die Rechte der Frauen mit Füßen treten würde. «Where's Charles Fourier on Tinder, when you need him?»[7], fragt die britische Comedienne Deborah Frances-White völlig zu Recht.

Ziehen wir die britische Journalistin Caitlin Moran zu Rate, um uns dem modernen Feminismusbegriff zu nähern. Sie gibt ihren Leser*innen in ihrem Buch *How to be a Woman* einen einfachen Test an die Hand:

«Erforschen Sie mit der Hand das Innere Ihrer Unterhose, und beantworten Sie die folgenden Fragen:

a) Haben Sie eine Vagina?

b) Möchten Sie selbst über sie bestimmen?

Sie haben beide Fragen mit ‹Ja› beantwortet? Herzlichen Glückwunsch! Sie sind eine Feministin!»[8]

Leider bleiben alle anderen Geschlechter und Gender bei diesem Test außen vor, und es scheint Männern selbst heute noch leichter zu fallen, sich als schwul zu outen als lauthals zu sagen: «Ich bin Feminist!» Wenn sie es doch tun, sind sie entweder ein gut aussehender kanadischer Premierminister oder schieben schnell eine persönliche Erklärung hinterher. Der Moderator Nils Bokelberg bekannte 2017 in der *Zeit*, Feminist geworden zu sein, als seine Tochter 16 Jahre alt wurde: «Auf dem Geburtstag meiner Tochter, als ihre Eigenständigkeit auf einmal so nahe rückte, wurde mir schlagartig klar: Was dieser Gesellschaft fehlt, ist Gerechtigkeit.»[9] Er wollte seinen Sprössling nicht in eine Welt entlassen, in der Frauen schlechter bezahlt und sexistisch behandelt werden. Recht hat er – aber wir sehen auch, dass es offensichtlich erklärungsbedürftig ist, wenn ein Mann sich als Feminist bezeichnet. Und alle Männer, die sich dieser väterlichen Argumentation anschließen, müssen sich selbstkritisch die Frage stellen, warum ihnen erst durch die Geburt der eigenen Tochter die Erleuchtung kommt. Haben sie nie darüber nachgedacht, warum ihre Freundin nachts ungern U-Bahn fährt und im Vorstellungsgespräch gefragt wird, wer in Krankheitsfällen auf die Kinder aufpasst? Oder warum die eigene Mutter von ihrer Rente nicht leben kann?

Kreisen wir den Feminismusbegriff also weiter ein und blicken dafür auf eine weibliche Ikone der Frauenbewegung. Die US-amerikanische Frauenrechtlerin Gloria Steinem arbeitete 1963 drei Wochen lang als Playboyhäschen in einem New Yorker Playboy-Club. Sie war im Gegensatz zu mir allerdings keine Teilzeitfeministin, sondern hat dort als investigative Journalistin die Arbeitsbedingungen der angestellten Frauen recherchiert. Sie startete ihre Karriere als Feministin also als eine Art Günther Wallraff mit Puschelschwänzchen und setzt sich seit dieser entwürdigenden Erfahrung für die Gleichberechtigung von Frauen ein. Aus ihrem Mund klingt die Sache mit dem Feminismus ganz einfach: «Ein Feminist ist jeder, der die Gleichheit und Menschlichkeit von Frauen und Männern anerkennt.» Geht doch. Dieser Satz könnte in seiner Klarheit der ganzen Debatte die Aufregung nehmen – aber so leicht scheint es nicht zu sein.

Vielleicht sollten wir die Sache noch einfacher auf das deutsche Grundgesetz herunterbrechen, Artikel 3 Absatz 2. Dort heißt es: «Männer und Frauen sind gleichberechtigt.»

Darum geht es: dass die eine Hälfte der Gesellschaft genauso viele Rechte, Chancen und Freiheiten hat wie die andere – nicht mehr und nicht weniger. Und nicht um Frauen in Anzügen, die sich sämtliche Vorstandsposten unter den Nagel reißen, gleichzeitig ihre BHs anzünden und die eigenen Kinder links liegen lassen. Obwohl sie auch dazu natürlich jedes Recht haben – vorausgesetzt, die Kinder haben Bezugspersonen.

Warum löst dieser Gleichberechtigungsgedanke so viel Hass aus? Leider sind nicht nur die Fronten verhärtet, sondern auch die Denkstrukturen in unseren Köpfen verkrustet, in den männlichen wie den weiblichen. Wären wir nur alle ein bisschen queer.

Was wollt ihr denn noch?!

Hartnäckig hält sich die Meinung, es sei nicht nur einfach, sondern geradezu ein Hauptgewinn, heutzutage eine Frau zu sein. Noch dazu eine weiße privilegierte Frau in Westeuropa. Schließlich verfüge ich trotz einer Chromosomenkonstellation, die mich in anderen Teilen der Welt bereits vor der Geburt das Leben gekostet hätte, über erstaunliche Erfahrungen und Möglichkeiten: Ich habe bereits in der ersten Klasse kapiert, dass Jungen nicht klüger sind als Mädchen. Ich durfte mit 16 Jahren die Pille nehmen und habe mit 18 meine erste eigene Wohnung bezogen. Ich konnte studieren und mein eigenes Geld verdienen, ich war nie arbeitslos und hätte zumindest theoretisch Regierungschefin oder Astronautin werden können. Ich war nur im Niedriglohnsektor unterwegs, um mir im Studium etwas dazuzuverdienen. Ich bin nicht alleinerziehend, ich habe erst geheiratet, als das Kind in meinem Bauch unübersehbar war – aber ich hätte es nicht tun müssen.

Und nicht nur das: Bewerbe ich mich als weiße gut ausgebildete Frau heute um einen Job, müsste ein männlicher Kontrahent schon im Rollstuhl sitzen und Migrationshintergrund haben, um mich als qualifizierte und dennoch förderbedürftige Frau auszustechen, sagen böse Zungen. Ich kann Kinder kriegen und brauche dafür nur Sperma, aber keinen Partner, schon gar nicht wäre ich von einem abhängig, den ich frühestens durch sein Ableben loswerde. Genauso gut könnte ich meine Fortpflanzungsorgane aber auch stilllegen und allein die Welt umsegeln. Oder mir jede Woche einen neuen Sexpartner suchen und keinen davon bis zum Frühstück dabehalten. Ich kann mir das T-Shirt mit dem Ausspruch «We should all be feminists» anziehen und wissen, dass viele Männer sich gar nicht trauen, die Botschaft zu Ende zu lesen, weil sie mir dafür länger auf die Brüste starren müssten, als ihnen korrekt erscheint.

«Was wollt ihr denn noch!?!», höre ich einige Männer an dieser Stelle fragen. Ihnen scheint es so langsam zu reichen, für sie ist die Gleichberechtigung mehr als erreicht.

Aber ist das wirklich die perfekte neue Welt, sind wir mit der Gleichberechtigung schon am Ziel? Wohl kaum, solange Frauen weniger verdienen als Männer und automatisch beruflich und privat zurückstecken, sobald ein Kind auf der Bildfläche erscheint. Und wenn wir weiterdenken an Frauen mit Migrationshintergrund, an Frauen of Colour, an lesbische, trans oder behinderte Frauen, an alleinerziehende Frauen oder Frauen aus prekären Verhältnissen, die zusätzlich strukturell benachteiligt werden, wird deutlich, dass Chancengleichheit wohl eher im Auge des Betrachters liegt und noch lange nicht Realität ist.

Teilzeitfalle und Altersarmut sind nicht umsonst weibliche

Begriffe, und bei der Familiengründung werden aus Männern plötzlich Ernährer, und aus Frauen werden Mütter. Doch nicht nur in unserer Arbeitswelt werden wir bis heute mit zweierlei Maß gemessen: Eine Frau gilt als Schlampe, wenn sie ihre Sexualität freizügig auslebt, ein Mann höchstens als potenter Kerl, der jede rumkriegt. Frauen werden ab einem gewissen Alter offensichtlich unsichtbar und spielen auch in den Medien immer weniger eine Rolle: In Filmen sind sie nur noch Großmütter, während Männer mit Silberrücken als interessant gelten und Liebhaber-Rollen ergattern. Tolle Moderatorinnen bekommen keine große Show angeboten, weil sie nicht Kai Pflaume sind, da stehen wir wirklich vor einem unlösbaren Problem. Und überhaupt sind Frauen einfach von Natur aus nicht witzig genug, heißt es immer wieder, sonst gäbe es viel mehr weibliche Comedy-Stars. Sobald sie jedoch wider Erwarten Humor zeigen, hält man sie beruflich für weniger kompetent und privat für schwer vermittelbar.

Viele Frauen wollen gefallen, sie unterziehen ihre Körper teuren Prozeduren wie Waxing oder Haarefärben und geben mehr Geld für unbequeme Klamotten aus als Männer, obwohl sie weniger Geld verdienen. Offensichtlich haben sie das Bedürfnis zu zeigen, dass sie hübsch, niedlich, begehrenswert oder sexy, auf jeden Fall aber weiblich und damit ungefährlich für das männliche Ego sind. Diese Überzeugung ist kein Geburtsfehler, das muss uns jemand eingeredet haben.

Gleichzeitig haben Frauen von klein auf Angst: Es ist die Angst vor Gewalt und Vergewaltigung, die uns immer wieder zu einem schwächeren Geschlecht macht, die uns nachts mit Herzklopfen dunkle Straßen entlanggehen lässt, die uns zu Umwegen zwingt, gelegentlich die Straßenseite wechseln lässt. Die US-amerikanische Essayistin Rebecca Solnit beschreibt das Gefühl, eine Frau zu sein, in ihrem Buch *Unziemliches Verhalten* noch drastischer: «Einen Körper meines Geschlechts zu haben bedeutete für mich eine so gewaltige Verwundbarkeit und Scham, dass ich mich noch heute dabei ertappe, wie ich nach Möglichkeiten suche, mich zu schützen, nach anderen Versionen jener Rüstung, von der ich in meinen Zwanzigern träumte.»[10]

In den letzten Jahren ist eine neue Angst dazugekommen, es ist die vor Hass, Vergewaltigungsphantasien und Morddrohungen im Netz, denen Frauen ausgesetzt sind, die eine Meinung kundtun, die Männern nicht gefällt. Das ist eine neue Form von Sexismus und Gewalt, mit der Frauen unterdrückt, verängstigt und zum Schweigen gebracht werden sollen.

Und es gibt tatsächlich Situationen, in denen Frauen bis heute freiwillig schweigen, nämlich dann, wenn sie ihre Geschlechtsteile benennen oder gar beschreiben sollen. Sie denken insgeheim, es sei nicht salonfähig, was sie zwischen den Beinen haben. Gleichzeitig kann aber jeder Grundschüler bereits einen Penis malen.

Wenn man von Studien liest, laut denen 97 Prozent der Frauen unzufrieden mit ihrem Körper sind, weiß man sofort, dass da etwas nicht stimmen kann. Eine dringliche Frage tut sich auf: Wer bitte sind die restlichen drei Prozent? Wo wohnen die? Hat schon mal eine Frau mit ihnen gesprochen? In meinem Bekanntenkreis sind sie jedenfalls nicht, jeder meiner Freundinnen fällt irgendetwas ein, das sie an sich optimieren könnte. Dem Optimierungswahn sind offensichtlich keine Grenzen gesetzt, und es wird immer absurder: Eine Oberlippe gilt als zu klein, aber eine Vulvalippe als zu groß. Warum können wir – anstatt die eine aufzuspritzen und die andere wegzuschneiden – nicht einfach die Quersumme bilden und sagen: Passt schon?

Richtig absurd wird es übrigens, wenn Frauen sich morgens

zur Vaginalstraffung in die Hände eines Intimchirurgen begeben und abends eine Charity-Veranstaltung gegen weibliche Genitalverstümmelung ins Leben rufen. Die Doppelmoral lauert überall. Aber wenn einer Frau bei dieser Erkenntnis das Lächeln vergeht und sie womöglich noch nicht einmal grimmig, sondern ganz normal vor sich hin guckt, fragt die Umwelt besorgt: «Geht es dir nicht gut? Du siehst müde aus! Lach doch mal, dann bist du viel hübscher!»

Doch all das ist nur der Kinderteller in der Vorhölle der Ungleichbehandlung, die echten Abgründe tun sich auf, sobald eine Frau Mutter wird. Es wird immer etwas geben, das an ihrem Kind nicht stimmt – vielleicht ist es zu wild, zu unkonzentriert, zu häufig krank, zu schüchtern, ist es womöglich nicht sozial kompatibel? In all diesen Fällen gibt es nur eine Schuldige: die Frau, genauer gesagt, die Mutter. Die Sachlage ist eindeutig: Entweder arbeitet sie zu viel oder sie helikoptert zu stark, womöglich kann sie nicht loslassen oder setzt einfach zu wenig Grenzen, aber eins ist sonnenklar: Sie ist schuld. Sie, ganz alleine. Und das Schlimmste: Sie glaubt das auch noch.

Dornröschen müsste man sein ...

Machen wir uns nichts vor, wir sind noch weit davon entfernt, in einer gleichberechtigten Gesellschaft zu leben. Laut dem «Global Gender Gap Report 2020», einer Studie des Weltwirtschaftsforums, wird es sogar noch 257 Jahre dauern, bis weltweit Gleichberechtigung zwischen Männern und Frauen herrscht. Erste Untersuchungen zeigen, dass Frauen durch die Corona-Pandemie um weitere Jahre zurückgeworfen wurden. Dornröschen müsste man sein, denke ich: Einfach mal 300 Jahre ins Koma fallen und sich dann von einem schnuckeligen Prinzen wach küssen lassen und in einer schönen neuen gleichberechtigten Welt gut ausgeschlafen wieder aufstehen (natürlich ohne Druckgeschwüre vom Wundliegen und um keinen Tag gealtert). Doch bereits in diesem Wunschtraum finden sich zwei eklatante Denkfehler, die mich als Teilzeitfeministin entlarven: Wäre ich gedanklich bereits in einer gleichberechtigten Gesellschaft angekommen, wäre es mir erstens völlig egal, wie vorzeigbar ich nach dem Aufwachen bin und ob vielleicht jemand in der Zwischenzeit gnädigerweise meine Haare geschnitten und meine Hände manikürt hat. Und zweitens klingt auch die Idee von einem rettenden Prinzen, dem ich die Verantwortung für mein Erwachen in die brokatbesetzten Schuhe schieben kann, nicht gerade feministisch.

Es ist auch in den 20er Jahren des 21. Jahrhunderts anstrengend, eine Frau zu sein. Dafür müssen wir das Patriarchat verantwortlich machen, aber nicht einfach die Männer von heute. Natürlich profitieren sie von den Privilegien und sehen sie oft gar nicht als solche an – oder wie lassen sich sonst Sätze wie «Die nimmt mir meinen Job weg!» deuten? (Nur fürs Protokoll: Es ist nicht «dein», sondern «ein» Job, der da gerade vergeben wird.) Doch die Männer wurden wie wir Frauen in dieses System hineingeboren, und ich will ehrlich sein: Viele Bilder, Vorstellungen und Ansprüche, die an Frauen gestellt werden, haben sich fest in meinem Kopf eingenistet, sie nehmen Einfluss auf mein Handeln und Denken. Dieses antrainierte Rollendenken setzt sich gelegentlich über meine Vernunft und mein Wissen hinweg. Ich bin nicht frei von Vorurteilen, mein Gehirn greift auf erlernte Muster und Assoziationen zurück, wenn es eine Situation oder einen Menschen bewertet. «Unconscious Bias» nennt sich dieses Phänomen, also eine unbewusste Voreingenommenheit, mit der man andere oder sich selbst diskriminieren kann, ohne es zu wollen. Das passiert ununterbrochen im Alltag und geht blitzschnell, unsere erlernten Überzeugungen und die dadurch entstehenden spontanen Assoziationen legen sich wie ein Filter über das, was wir sehen und empfinden. Ein paar überspitzte Beispiele zum besseren Verständnis: Stelle ich mir einen Franzosen vor, sehe ich einen eher dünnen, dunkelhaarigen Mann mit Baguette unterm Arm vor mir, der gerade Ausschau nach Käse und Rotwein hält. Höre ich das Wort «Arzt», sehe ich einen mittelalten, leicht angegrauten Mann mit Poloshirt unter dem weißen Kittel vor meinem inneren Auge – aber leider keine Frau.

Daran erkennen wir, wie wichtig unser Sprachgebrauch ist und weshalb wir die weibliche Form bei Berufsbezeichnungen nicht unter den Tisch fallen lassen dürfen. Denke ich an eine Mutter, dann sehe ich das Bild einer fleckenfreien, gut frisierten Frau in einer Werbung, die sich lässig an die saubere Küchenarbeitsplatte lehnt (ein paar frische Kräuter stehen im Hintergrund) und ihre Kinder mit etwas Essbarem versorgt – die Glückseligkeit scheint ihr dabei aus jeder einzelnen Pore zu sprießen. Und denke ich an mich selbst, was passiert dann? Assoziiere *ich* mich mit dem Begriff Mutter, fühle ich mich wie ein müder und unperfekter Abklatsch von dem Idealbild, das ich erlernt habe. Vergleiche ich mich mit den Vorstellungen zum Begriff «Frau», bin ich sofort ein Mängelexemplar. Die primären Geschlechtsmerkmale sind durchaus vorhanden – wenn auch in die Jahre gekommen –, aber weder langes, seidiges Haar noch ein grazilier Auftritt im schwingenden Kleid sowie ein Lippenstift, der sich nicht nach drei Sekunden auflöst (solche Bilder hat eine unbekannte Macht mir dummerweise irgendwann in grauer Vorzeit in meinen Kopf gehämmert), haben etwas mit mir zu tun.

Auch bei meiner Berufsbezeichnung «Journalistin» denke ich im Hinblick auf mich selbst: Äh ... ich doch nicht! Hanns Joachim Friedrichs ist für mich ein Journalist, *sein* Bild schwebt mir vor. Wieder ein alter weißer Mann, der mich geprägt hat, völlig unerreichbar für mich, das denke ich natürlich gleich mit. Unconscious Bias sind nicht nur extrem unfreundlich und ziehen uns runter, sie bremsen uns auch aus.

Mein individuelles Set aus Überzeugungen und Erfahrungen flüstert mir ununterbrochen ein, wie ich mich und andere zu bewerten oder mich zu verhalten habe, ob im Privatleben oder im Beruf – und daraus leite ich Wertungen und Handlungen ab, die mich wiederum gelegentlich zur Teilzeitfeministin machen. Oder zu einer unausstehlichen Besserwisserin. Die Kollegin kehrt drei Monate nach Geburt ihres Kindes ins Büro zurück – «Hui ...», denkt die Doris Day in mir, «ob das gut für das Kind ist?» Dabei weiß ich gar nicht, wer die Betreuung des Babys übernimmt. Und was geht mich das überhaupt an?

Besuch kündigt sich an – und ich checke die Toilette und das dazugehörige Waschbecken: Kann man da jemanden hinlassen? Denn leider bin ich überzeugt, dass es auf *mich* zurückfällt, wenn der Besuch diese Örtlichkeit aufsucht und sich ekeln muss. Was wird er – ob männlich oder weiblich – im ersten Moment instinktiv denken? 1. Er müsste mal wieder putzen! 2. Sie müsste mal wieder putzen! 3. Die beiden sollten mal zum Putzplan greifen und gucken, wer mit dem Klo dran ist. 1, 2 oder 3 – du musst dich entscheiden, drei Felder sind frei ... Ich wette, dass alle, die mit Michael Schanzes *1, 2 oder 3* aufgewachsen sind, beim «Plopp» auf Feld 2 stehen werden, wenn sie grundehrlich ihren allerersten Gedanken offenbaren müssten.

Wir sind nicht so rational, wie wir gern behaupten, unser Unterbewusstsein hat viel mehr Macht, als uns lieb ist, darum machen wir ständig Denk- und Schlussfolgerungsfehler. Das verdeutlicht der Psychologe und Wirtschaftsnobelpreisträger Daniel Kahnemann in seinem Bestseller *Schnelles Denken, langsames Denken*. Er unterscheidet zwischen dem schnellen Denken – dem System 1 –, das aus dem Bauch heraus kommt: Es wird vom Unterbewusstsein und unseren Emotionen gesteuert und geschieht mühelos und automatisch. Das andere Denksystem – System 2 – ist ein bewusstes Nachdenken, hier setzt der Verstand ein – aber das ist mit mehr Anstrengung verbunden. Zwischen diesen beiden Denkarten switchen wir hin und her, ohne es zu merken, erklärt der Psychologe. Das leuchtet mir ein. Aus genau diesem Grund gibt es keine Gesellschaft, die keine unbewussten Vorurteile hat.

Stellen wir uns einen Vater vor, der mit einem brüllenden Kleinkind auf dem Arm im Drogeriemarkt vor dem Windelregal steht. Er wird voraussichtlich in erster Linie von Frauen schräg angeguckt, entweder nach dem Motto: «Na, ist der überfordert? Weiß der überhaupt, welche Windelgröße sein Kind hat?», oder alternativ: «Oh, wie toll er das macht, seine Frau kann sich glücklich schätzen, dass er ihr so hilft!»

Beide Gedankengänge sind sexistisch – ja, Sexismus kann sich auch gegen Männer richten –, sie gehen von der Annahme aus, dass ein Mann sich nicht so gut um ein Kind kümmern kann wie eine Frau, bzw. es primär ihre Aufgabe ist, das zu tun. Diese spontane Reaktion kann also auch auftreten, obwohl wir eigentlich wissen, dass diese Schlussfolgerung kompletter Blödsinn ist. Aber wenn wir unser Leben lang gesehen haben, dass fast ausschließlich Mütter sich um Babys kümmern und der Glaubenssatz «Ein Kind braucht seine Mutter» in fast allen Köpfen fest verankert ist, wird sich unser Denksystem 1 spontan zu einem sexistischen Gedanken wie «Das kann der doch gar nicht» oder «Eigentlich müsste die Mutter das machen» hinreißen lassen.

Genauso dumm ist es, wenn man Mädchen erzählt, sie könnten nicht so gut rechnen wie Jungen, oder Frauen sagt, dass es mit dem ganzen Unternehmen bergab gehen würde, wenn man sie über die Frauenquote in den Vorstand ließe. (Thank you for discriminating with Deutsche Bahn.) Das sind beides leider keine Beispiele aus dem letzten Jahrtausend.

Gerade im Hinblick auf die Geschlechter sind wir alle voller Vorurteile, das weiß auch die Soziologin Jutta Allmendinger, die gerade in der Corona-Pandemie den erschöpften Frauen eine Stimme gegeben und auf Missstände hingewiesen hat. Noch nicht einmal sie kann sich von unbewussten Vorurteilen freimachen. In ihrem Buch *Es geht nur gemeinsam!* erklärt sie, dass sie einige ihrer Vorlesungen und Vorträge mit dem IAT, dem Implicit Association Test, beginnt, der aus zwei Listen besteht: eine mit Männer- und Frauennamen, eine weitere mit verschiedenen Tätigkeiten, die mit Familie und Beruf zu tun haben. Die Teilnehmer*innen müssen die Namen den beruflichen und familiären Tätigkeiten zuordnen, und Allmendinger konstatiert: «Die Assoziation von Mann und Beruf erfolgt wesentlich schneller als die Assoziation Mann und Familie. Über die Jahre schnitten weder meine Studierenden noch ich in dem Test viel besser ab. Das Muster sitzt fest in unserem Gehirn.»[11]

Was hilft gegen solche unemanzipierten Gedanken, die eher dem Rückenmark als dem Gehirn entsprungen zu sein scheinen? Der Psychologe Kahnemann rät, seine Intuition gelegentlich einem Verstands-Check zu unterziehen, sich beim Denken genauer zu beobachten und System 2 um Verstärkung zu bitten. Aber auch er gibt zu, dass das alles andere als einfach ist: «Bis auf einige Effekte, die ich überwiegend auf mein Alter zurückführe, ist mein intuitives Denken heute noch genauso anfällig für Selbstüberschätzung, extreme Vorhersagen und den Planungsfehlschluss wie vor meinen Studien über diese Themen.»[12]

Dass die meisten Menschen rassistischer sind, als ihnen lieb ist, haben viele von uns inzwischen begriffen. Wir sind leider auch sexistischer und frauenfeindlicher, als wir wahrhaben wollen – ja, auch wir Frauen selbst –, und erst, wenn wir all unsere unbewussten und ungewollten Vorurteile erkennen, in denen wir gefangen sind, können wir sie beackern, auflösen und in unseren Gehirnen neu überschreiben. Wir müssen uns ein neues Denken antrainieren. Leider dauert es sehr lange, bis eine ganze Gesellschaft das geschafft hat. Aber sehen wir es positiv: Inzwischen hat sich herumgesprochen, dass die Erde keine Scheibe ist und Spinat nicht übermäßig viel Eisen enthält. Die Chancen stehen also gut, dass wir eines Tages kapieren, dass Männer nicht vom Mars stammen und Frauen nicht von der Venus, dass Frauen nicht nur Schuhe kaufen wollen und auch Männer schlecht einparken dürfen.

DER ALLTAG:
KANN ICH FEMINISTIN SEIN UND MEINEM MANN DIE EINKAUFSLISTE SCHREIBEN?

Während ich diese Zeilen schreibe und mich einen Moment lang wunderbar feministisch fühle, denke ich darüber nach, ob der Kühlschrankinhalt noch für ein warmes Abendessen reicht, wo die größere Turnhose meines Sohnes ist, für welches Essen ich meine Tochter morgen zum Mittagstisch angemeldet habe, und dass ich mich viel zu lange nicht bei meinem Vater gemeldet habe. Mein Mann sitzt ein Stockwerk tiefer an seinem Schreibtisch und arbeitet auch. Und mit an Sicherheit grenzender Wahrscheinlichkeit denkt er über keine dieser Fragen nach, sondern konzentriert sich einfach auf seine Arbeit. Irgendwann wird er heute in den Kühlschrank gucken und genau in dem Moment laut überlegen, was wir essen. Bis dahin habe ich vermutlich eine Idee, denn offensichtlich fühle ich mich für die Nahrungsaufnahme verantwortlich, obwohl wir nie eine Übereinkunft über diese Frage getroffen haben. Kein Mensch hat mir jemals offiziell aufgetragen, dass ich mich um unseren Haushalt kümmern muss, ich habe auch keinen Vertrag unterzeichnet, der mich zur unbezahlten Geschäftsführerin unserer Familie macht. Und trotzdem bin ich es geworden. Wie freiwillig ist das eigentlich vonstattengegangen? Und warum ist die Feministin in mir in solchen Momenten ... scheinbar verreist?

Mama macht das schon

Mein Mann hat nicht im Kopf, wann unser Sohn Sport hat, und er kennt die Seite für die Mittagstischbuchung für unsere Tochter nicht, geschweige denn das Passwort. Seine Eltern ruft er noch seltener an als ich meinen Vater – und wenn ich aus einem schlechten Gewissen heraus frage, ob er sich mal nach deren Wohlergehen erkundigen sollte, guckt er völlig erstaunt hoch und sagt: «Wieso? Die könnten sich ja auch mal melden.» Mein Mann wurde im Gegensatz zu mir auch nicht während seiner Arbeitszeit von einer fremden Mutter angemorst, die ihre Tochter für den Nachmittag zum Spielen mit meiner verabreden wollte. Väternummern befinden sich nur selten in Mütterhandys oder auf Klassenlisten.

Das alles heißt nicht, dass mein Mann ein schlechter Vater ist, um Gottes willen. Er würde sich um all diese Dinge kümmern – wenn ich ihn darum bitten würde. Er ist ein perfekter Co-Pilot. Aber ein Teil meiner und nicht seiner Hirnkapazität geht für die Organisation unseres Familienlebens drauf, er benutzt also meine Festplatte einfach mit und konzentriert sich mit deutlich mehr Speicherplatz als ich auf das, was ihm wichtig ist.

Ich habe das lange nicht hinterfragt, alle Fäden rund um Familie und Haushalt laufen seit der Geburt unseres ersten Kindes in meinem Kopf zusammen. Warum ist mir das passiert? Wieso habe ich nicht besser aufgepasst? Viele Jahre lang war Gleichberechtigung kein großes Thema für mich, ich hielt sie für selbstverständlich. Mein Partner und ich lebten auf Augenhöhe: Wir arbeiteten beide in Vollzeit, wir nahmen nur wenige Mahlzeiten zu Hause zu uns, jeder hatte sein eigenes Konto, und am Wochenende kauften wir gemeinsam ein und putzten zusammen das Allernötigste.

Mit dem positiven Schwangerschaftstest verändert sich ein solches perfekt austariertes Modell bei den meisten Paaren – und natürlich gibt es dafür auf den ersten Blick logisch erscheinende Gründe. Wer das Kind austrägt, geht in den Mutterschutz, und wer sich bei einer Geburt gefühlt auf links hat drehen lassen und Tag und Nacht stillt, fühlt sich zunächst in der Elternzeit besser aufgehoben als in einem Großraumbüro. Hinzu kommen finanzielle Ursachen: Wer weniger verdient, nimmt mehr Elternzeit, damit das Geld für die kleine Familie nicht zu knapp wird. Dass Frauen nach wie vor in Deutschland im Schnitt ca. 18 Prozent[13] weniger verdienen als Männer, liegt daran, dass sie häufiger in schlechter bezahlten Branchen sowie in Teilzeit arbeiten, aber selbst nach dem bereinigten Gender Pay Gap bekommen sie für gleiche Arbeit sechs Prozent weniger Lohn als Männer. Diese strukturelle Ungerechtigkeit ebnet ihnen den Schritt in die längere Elternzeit und verfestigt genau diese Strukturen. Während die Mutter den Brei aufwärmt, macht der Kindsvater Karriere und verdient noch mehr Geld, sodass es für die Frau im Laufe der Zeit immer schwieriger wird, ihn finanziell einzuholen. Auch deutsche Sonderregelungen wie das Ehegattensplitting und die Familienkrankenversicherung machen es deutschen Frauen schmackhaft, bloß nicht zu viel zu verdienen – willkommen im Teufelskreis, willkommen in der Lebenslauflücke, willkommen im Karriereknick!

Auch ich bin in diesen Strudel hineingeraten. Zwar hatte ich während der Schwangerschaft ein höheres Einkommen als mein Mann, allerdings machte er sich gerade selbständig und steckte seine Energie in ein Start-up-Unternehmen, während meine Energie in den wachsenden Bauch floss – so fühlte es sich zumindest an. Für mich war außerdem klar, dass ich zunächst eine Auszeit nehmen und für mein Neugeborenes da sein wollte:

Alles andere wäre mir merkwürdig vorgekommen. Schwer zu sagen, ob dieser Wunsch aus mir selbst heraus kam oder von der Gesellschaft erlernt war, vermutlich war es eine Mischung aus beidem. Wir werden das noch genauer beleuchten.

Und so saß ich plötzlich rund um die Uhr zu Hause mit einem Baby, das zum Dreh- und Angelpunkt meiner geschrumpften Welt wurde. Wenn die eine nicht mehr lohnarbeitet und fast ununterbrochen in der Wohnung ist und der andere außerhalb das Geld verdient, ist relativ schnell klar, wer sich um Einkäufe kümmert, die Waschmaschine anstellt, zwischendurch aufräumt und ununterbrochen wickelt. Genau, es ist natürlich nicht die Person, die erst abends nach Hause kommt und der man dann völlig entkräftet das Baby in den Arm drückt, das im schlimmsten Fall sofort wieder anfängt zu schreien, weil es doch den ganzen Tag bei der Mama war. Das klassische Familienmodell, das für mich nie in Frage gekommen war – und plötzlich steckte ich mittendrin. Doch ich machte weiter und begann, mich zu kümmern: um die U-Untersuchungen und den Kita-Platz, um neue Bodys und die musikalische Früherziehung.

Genau in dieser Anfangsphase werden Mütter zu Expertinnen ihrer Kinder. Sie können an der Farbe des Windelinhalts erkennen, was es am Vortag zu essen gab, und hören genau, ob das wütende Geschrei ihres Babys «Hunger», «Müdigkeit» oder einfach «wütendes Geschrei» bedeutet. Diese für Außenstehende übernatürlich erscheinenden Fähigkeiten baut eine Mutter über die Jahre immer weiter aus: Ich kann vom Büro aus per Ferndiagnose sagen, ob noch genügend Brot zu Hause ist, ich weiß, wo der Klebestift liegt, während ich den Trockner anstelle, und ich habe sämtliche Zahnarzttermine nicht nur im Kopf, sondern auch so gelegt, dass sie weder mit dem Kinderturnen noch mit dem Elternsprechtag kollidieren. Für

Außenstehende und insbesondere für Väter grenzt dieses Wissen an Magie, und mir ist inzwischen völlig klar, warum Männer Frauen früher der Hexerei bezichtigt haben. Man schreibt ihnen an dieser Stelle ein besonderes Talent für sämtliche Kümmer-Tätigkeiten zu, die sie womöglich bereits in der Steinzeit entwickelt haben, während die armen Männer sich leider nur auf das Mammut konzentrieren konnten. Aber ist das wirklich Veranlagung? Wohl kaum. Frauen kommen nicht zur Welt mit dem Wissen, was Stillhütchen sind oder dass erhöhte Temperatur auf einen durchbrechenden Zahn hindeuten könnte. All ihr Babywissen eignen sie sich im Laufe der Zeit erst an, es ist weder auf dem zweiten X-Chromosom noch in ihrer Vagina gespeichert, was wiederum bedeutet, dass ein Mann es genauso erlernen könnte – wenn er müsste.

Oder haben Männer wie die meisten Menschen der Generation X, die in Westdeutschland aufgewachsen sind, einfach das Bild einer Mutti verinnerlicht, die mittags mit selbstgekochtem Vanillepudding ihre Kinder im aufgeräumten Einfamilienhaus in Empfang nimmt? Wenn dieses Bild auf der neuronalen Festplatte eingebrannt ist, aber beide Partner arbeiten, stürzt das System früher oder später ab – das weibliche meist früher als das männliche.

Die Zahl der Mütter, die unter Burn-out, Angstzuständen und Schlaflosigkeit leiden, stieg schon vor der Corona-Pandemie immer weiter an.

Denn was so patent klingt, macht Frauen auf Dauer fertig, weil die nie endende To-do-Liste im Kopf immer rattert, ganz egal, was man gerade tut. Das Gefühl einer latenten Überforderung, eines Niemals-alles-erledigt-Habens ist zum Dauerzustand geworden.

Inzwischen gibt es einen Fachterminus für diese Last, die in erster Linie Frauen gedanklich mit sich herumtragen: «Mental Load». Einer Mutter muss man den Begriff nicht lange erklären: Es ist das, was sie den ganzen Tag macht – was aber keiner sieht. Und wenn sie es nicht macht, macht es keiner, und die Kinder sind häufig die Leidtragenden. Das Gemeine an Mental Load sind die Gedanken- und Handlungsketten, die sich aus nur einer einzigen Aufgabe entwickeln. Denke ich: «Mittwoch ist Schuleingangsuntersuchung», folgt automatisch: «Das Kind muss Dienstag dringend in die Badewanne.» / «Wann haben wir eigentlich zuletzt die Fußnägel geschnitten?» / «Ich muss noch vorzeigbare Socken waschen.» / «Mist, ich muss mir ja an dem Vormittag freinehmen.» / «Wo lege ich dann die geplante Telefonkonferenz hin?» / «Wenn sich die Untersuchung in die Länge zieht, kann ich den Großen nicht zum Sport bringen.» / «Ich sollte für die Kleine was zu essen mitnehmen, um sie im Wartezimmer bei Laune zu halten.» / «Wir haben keine Bananen mehr – ich muss einkaufen!» / «Wer bringt den Großen dann zum Sport?» / «Oder ich sag Sport ab, aber dann muss ich da anrufen.» / «Oh Gott, hab ich eigentlich den Jahresbeitrag für den Turnverein überwiesen?» Diese Gedankenkette könnte ich bis zum Ende des Buchs problemlos weiterschreiben. Währenddessen murmelt eine Stimme, einem Dauermantra gleich, ununterbrochen aus dem Off: «Was essen wir heute Abend? Was haben wir noch im Kühlschrank? Reicht das auch für die Pausenbrote morgen?»

Nicht die Erledigung der einzelnen Dinge ist das Hauptproblem, sondern das dauerhafte Sichkümmern, das An-alles-denken-Müssen und das unaufhörliche Grübeln darüber, ob es mit der entsprechenden Lösung allen gut geht.

An dieser Stelle heißt es gern, dass Mütter sich einfach mal entspannen sollten, sich viel zu viele Gedanken machen und

Der Alltag 43

endlich loslassen lernen müssen. Das mag sogar gelegentlich stimmen, aber ich male mir zu gern aus, was passieren würde, wenn alle Frauen gleichzeitig einen Tag mal so richtig loslassen. Der Frauentag wird zum Loslass-Event, weltweit kümmern sich alle Frauen 24 Stunden um nichts und niemanden, nur um sich selbst. Die Welt würde auf merkwürdige Weise stillstehen und sich zugleich in ein gigantisches Chaos verwandeln.

Ich weiß, dass viele Frauen sofort mitmachen würden, wenn wir nicht alle wüssten, wer unter dieser Situation am meisten leidet: die Kleinsten, die nichts für das ganze Dilemma können.

Für mein Leben als Teilzeitfeministin bedeutet mein mütterliches Pflichtbewusstsein: Ich schreibe den Einkaufszettel – und schicke meinen Mann damit los. Ich kenne als Einzige die Kleidergrößen der Kinder und weiß, wann die Matschhose in der Kita zu klein geworden ist – und gebe sie meinem Mann morgens mit. Ich werde ungefragt in Eltern-WhatsApp-Gruppen aufgenommen, während mein Mann aus dem Stegreif nicht einmal die Namen aller Klassenlehrer*innen unserer Kinder zusammenkriegen würde und (wie praktisch für ihn) WhatsApp aus Prinzip ablehnt.

Ich bin vor zwölf Jahren nichtsahnend in die zeitlich begrenzte Elternzeit gegangen – aber es fühlt sich an, als hätte ich «lebenslänglich» bekommen. Denn ich habe völlig verpasst, unsere Rollen am Ende der ersten Elternzeit neu aufzuteilen, ich bin nicht einmal auf die Idee gekommen. Und mein Mann erst recht nicht. Bin ich selber schuld? Oder er? Oder sind wir beide Teil unseres verkrusteten Systems?

Mein kleines Familienunternehmen

Ich befinde mich in einer Lebensphase, die Familiensoziolog*innen als Rushhour des Lebens bezeichnen: Die Kinder sind noch so klein, dass man sich um sie kümmern muss, und die Eltern und Schwiegereltern gerade so alt, dass man sich gelegentlich sorgen und um sie kümmern sollte. Hinzu kommt die Arbeit, die man manchmal aus Freude machen will und immer aus finanziellen Gründen machen muss – und früher hatte ich bestimmt mal Hobbys.

Als ich noch keine Kinder hatte, gab es diese Werbung, in der eine Frau auf einer Party strahlend sagte: «Ich führe ein sehr erfolgreiches kleines Familienunternehmen!» Der Zuschauer zu Hause sah, was sie wirklich machte: den Gatten morgens zur Arbeit schicken, bügeln, putzen, kochen und die Kinder trösten. Dieser Spot fühlte sich damals nach Wertschätzung an, endlich sagte mal jemand, dass eine Mutter einen «richtigen» Job macht. Heute kann ich bei diesem Spot nur müde lächeln, denn über 70 Prozent der Frauen in Deutschland sind erwerbstätig, Tendenz steigend. Die in der Werbung dargestellte Hausarbeit ist jedoch die Gleiche geblieben, der Unterschied besteht höchstens darin, dass die meisten Männer heute eigenständig zur Tür hinausfinden.

Es sind nach wie vor die Frauen, die den Großteil der Care, also der (Für-)Sorge-Arbeit erledigen. Dazu hat die Soziologin Jutta Allmendinger die aktuellen Zahlen parat: «Der Gender Care Gap liegt 2019 bei gut 52 Prozent. Pro Tag verwenden Frauen also durchschnittlich 52 Prozent mehr Zeit für unbezahlte Sorgearbeit als Männer. Umgerechnet sind das 87 Minuten täglich: Männer verrichten im Schnitt 2 Stunden und 46 Minuten unbezahlte Sorgearbeit, Frauen 4 Stunden und 13 Minuten.»[14]

Eine Mutter ist heute nicht nur Geschäftsführerin ihres erfolgreichen kleinen Familienunternehmens (hier funktioniert der Aufstieg seltsamerweise ganz ohne Quotenregelung), sondern sie geht zusätzlich ihrer anderen, bezahlten Arbeit nach – mehrheitlich in Teilzeit, was die Aufstiegschancen erschwert und zu Gehaltseinbußen und weniger Rente führt. Um diesen Projektleiterposten bewerben Frauen sich nicht offiziell, die meisten rutschen wie ich in diese Rolle hinein und denken, dass sie von ganz allein wieder herausfinden.

Ein weiterer Grund für die andauernde mütterliche Erschöpfung sind die Erwartungen, die an Mütter gestellt werden. Womöglich kann man hier anderweitig Punkte machen, wenn es schon beruflich nicht mehr läuft? Durch den Job ist das Selbstwertgefühl schwer aufzupäppeln, denn inhaltliche Herausforderungen und große Erfolgserlebnisse sind für Teilzeitkräfte eher Mangelware. Hinzu kommt das dauerhaft schlechte Gewissen einer arbeitenden Mutter gegenüber den Kindern, auch das will kompensiert werden. Also wird die Restenergie in die Perfektionierung der Mutterschaft gesteckt: Den Kleinen soll es schließlich mindestens ebenso gut gehen wie den Kindern, deren Mütter mehr Zeit haben. Und schon wird ein dreidimensionaler Obst-Igel aus zehn Früchtesorten für das Kita-Sommerfest produziert – schließlich staunen und loben einen dann alle.

Auf *Instagram* inszenieren Mütter ihre lässig gestylten Kinder beim Keksebacken in skandinavisch anmutenden Küchen. Natürlich ist das nur das halbe Leben, kaum eine zeigt, wie Kinder, Keks und Küche fünf Minuten nach dem Foto aussehen – obwohl das viel witziger wäre. Aber da ist diese große Sehnsucht danach, gesehen zu werden, und die Währung dafür sind die Likes, die ein solches perfektes Foto kassiert. Mütter versuchen, sich in ihrem Mutterdasein gegenseitig zu übertreffen, um Anerkennung zu bekommen. Auch wenn sie insgeheim spüren, dass sich das Selbstwertgefühl nur sehr schwer mit Hilfe einer handgenähten Kartoffeldruck-Tischdecke erhöhen lässt.

Das Einzige, was bei diesem Kampf entsteht, ist noch mehr Stress und darüber hinaus Missgunst. Wenn es nicht so wahnsinnig traurig wäre, müsste man über diese Art der weiblichen Selbstzerstörung lachen und sagen: Männer, ihr müsst euch keine Sorgen machen, dass Frauen euch irgendetwas wegschnappen und für euch am Ende nichts mehr übrig bleibt – die stellen sich gegenseitig so viele Beine, euer Problem löst sich von allein!

Doch wenn Frauen sich gegenseitig fertigmachen, schaden sie am Ende auch sich selbst. Das bringt keine besser auf den Punkt als die britische Feministin Caitlin Moran, denn das Konkurrenzverhalten sei wie «farting in a spaceship: everyone on board suffers, including she who dealt it».[15] Es ist wie Pupsen im Raumschiff: Alle leiden, auch die, die dafür verantwortlich ist.

Männer könnten sich angesichts solcher Mommy-Wars – allein, dass es dafür einen Namen gibt! – entspannt zurücklegen, aber auch sie haben ihr Päcklein zu tragen. Sie fühlen sich finanziell verantwortlich, denn das Teilzeitgehalt der oftmals schlechter bezahlten Frau reicht gerade für Kita und Hort. Aufgrund ihrer Sozialisation wollen Männer es aber auch oft gar nicht anders, schließlich belegen Studien, dass sie am zufriedensten sind, wenn ihre Frauen 40 Prozent zum Familieneinkommen beitragen, sie selbst aber Hauptverdiener bleiben – alles andere kratzt leider an ihrem Selbstwertgefühl.[16] Also schuften sie weiter. Selten arbeiten sie in familienfreundlichen Unternehmen, und häufig haben sie Angst vor finanziellen Einbußen und der gesellschaftlichen Herabsetzung, wenn sie ihre

Der Alltag **47**

Stunden reduzieren und länger als zwei Monate in Elternzeit gehen.

Liebe Väter, genau diese Ängste haben wir auch, aber wir machen das trotzdem, denn wir haben noch keine Alternative gefunden.

Zu Hause helfen die Männer mit, haben jedoch häufig das Gefühl, es der Partnerin nie recht machen zu können. «Wir helfen doch total viel!», sagen junge Väter heute, und das mag stimmen. Man sieht sie beim Einkaufen oder bei der Kita-Eingewöhnung, beim Babyschwimmen oder Brötchenschmieren für das Schulfest. Sie wissen, dass sie im Vergleich zu ihren Vätern viel mehr tun, und deshalb verstehen sie oft nicht, warum ihre Partnerinnen sich so überfordert und ausgebrannt fühlen. Dabei ist es so einfach zu erklären: Das Problem steckt in der Grundhaltung des Mannes, sich als «Helfer» seiner Partnerin zu sehen. Das klingt, als müsse man ihm noch danken für seine großzügige Hilfe, ohne die die zuständige Person es nicht geschafft hätte. Aber es ist auch *sein* Haushalt, *seine* Wäsche, *sein* Bauch, der Hunger hat – und *seine* Kinder sind es vermutlich auch.

Wenn der eine sich als Hilfsarbeiter versteht und die andere sämtliche Aufträge definieren und verteilen muss, ist das keine gleichberechtigte Partnerschaft. Die meisten Mütter sind Disponentinnen, das wird mir klar, als ich mir deren Berufsbeschreibung ansehe: «Waren ein- und verkaufen, Angebote abgeben und Verhandlungen führen, den Warenverkehr organisieren, die dafür benötigte Logistik koordinieren und ein effizientes Netz aus Kontakten aufbauen. Darüber hinaus kann der Disponent auch in anderen organisatorischen Arbeitsbereichen seines Unternehmens eingesetzt werden. Etwa in der Erstellung von Dienstplänen und bei der Planung von Urlaubszeiten. Ein reibungsloser Ablauf aller nach innen und nach außen gerichteten Aufgaben einer Firma obliegt also diesem Berufsbild.»[17]

Das trifft es doch recht gut: Ich kaufe Lebensmittel und neue Kinderklamotten ein und verkaufe alte Kinderklamotten und unbenutztes Spielzeug. Ich gebe Angebote zur Freizeitgestaltung ab und verhandle über die Menge an Süßigkeiten und Mediennutzung sowie auf *eBay*-Kleinanzeigen über den Preis von Kinderstühlen und der *Paw-Patrol*-Zentrale. Das effiziente Netz aus Kontakten beinhaltet die Daten von Klassenkamerad*innen, Lehrer*innen sowie Babysitter*innen, Musikschulen und Sportvereinen, Schwimmtrainer*innen und Kinderärzt*innen. Es wurde über Jahre von mir aufgebaut und gepflegt. Natürlich erstelle ich auch Dienstpläne für meinen engsten Mitarbeiter («Um 14.30 Uhr ist Kind 1 zu Hause und hat Hunger, Kind 2 muss um 17.30 bei L. abgeholt werden, Kind 1 bitte um 18.15 zum Klavierunterricht bringen!»), darüber hinaus mache ich die Urlaubsplanung («Achtung, Kinder haben drei freie Brückentage zwischen Osterferien und Sommerferien, die müssen wir aufteilen!»). Auch für den reibungslosen Ablauf sorge ich seit gut 12 Jahren – doch als ich die Disponenten-Jobbeschreibung weiterlese, werde ist stutzig: Denn sie verdienen je nach Aufgabengebiet 2000 bis 4000 Euro im Monat. Ich hingegen mache das alles unentgeltlich, es scheint eine Art Ehrenamt zu sein, das ich mir da nebenbei zugelegt habe.

Da ich den Titel Disponentin nicht offiziell trage und keine finanzielle Wertschätzung für diese Arbeit erfahre, tue ich mich bei der konkreten Aufgabenverteilung gelegentlich schwer: Ich bin eine Meisterin der indirekten Kommunikation. «Wo bist du denn gerade?», flöte ich meinem Mann am Telefon ins Ohr, der mich auf seinem Nachhauseweg anruft. «Ach, dann kommst du ja beim Supermarkt vorbei!», fahre ich fort. Anstatt direkt zu sagen: «Du sitzt ja gerade im Auto, wir brauchen frisches Brot, eine Gurke und noch irgendwas Nettes zum Abendbrot!», lege ich es darauf an, dass mein Mann eine Rückfrage stellt: «Ach so, brauchen wir noch was? Bring ich mit!» Auf diese Weise fühle ich mich offensichtlich besser, denn so bin ich weder die strenge Zuchtmeisterin noch die nervige Aufgabenverteilerin und schon gar nicht seine Mutter. Er ist ja schließlich von selbst darauf gekommen, ohne dass ich unbequem und anstrengend sein musste.

Noch besser wäre es natürlich, er hätte morgens vor dem Verlassen des Hauses in den Kühlschrank geguckt und aus den daraus gezogenen Schlüssen eine eigenständige Handlung abgeleitet – aber ich will ja nicht übermütig werden.

Ich bilde mir ein, durch diese Art von Gespräch gar nicht die typische To-do-Liste-Mutter zu sein, die den Laden als Einzige am Laufen hält, aber das ist natürlich ein Trugschluss. «Muss das so klingen?», frage ich wie nebenbei, wenn die Spülmaschine schnarrende Geräusche von sich gibt – und warte darauf, dass mein Mann aufspringt und das Teil auseinandernimmt. «Ob wir noch Saft haben?», überlege ich laut, wenn ich weiß, dass er gleich Leergut wegbringt und möchte, dass er auch was mitbringt. «Wir haben echt lange kein Sushi gegessen», sage ich, wenn ich keine Lust habe, Abendbrot zu machen. «Wer holt denn heute die Kinder ab?», frage ich in der Hoffnung, dass er das macht, anstatt ihm knallhart zu sagen: «Ich muss hier noch was fertigkriegen, du holst die Kinder ab.» Ich bin so harmoniebedürftig wie durchtrieben, um bloß nicht das Bild des «nörgelnden Weibchens» abzugeben oder gar eine Ilsebill zu sein, die Frau des Fischers aus dem Märchen, die nie zufrieden ist und immer noch mehr will. Dabei fordere ich weder Schlösser noch Adelstitel, sondern einfach nur Arbeitsteilung in *unserer*, nicht in *meiner* Familie.

Eine Freundin hat sich einen Hund angeschafft und erzählt mir, dass sie erst durch die Erziehung des Welpen gelernt habe, klar zu kommunizieren. «Hätte ich das nur von Anfang an bei meinen Töchtern so gemacht», seufzt sie. Ein Hund braucht klare Ansagen, sonst ist er verwirrt und weiß nicht, was er tun soll. Das bringt mich auf eine Idee. Muss ich das bei meinem Mann auch so machen, überlege ich, ein klares «Kita, jetzt!» oder «Mach Abendbrot!» – und mein Leben wäre einfacher?

Das Problem sitzt tiefer: Ich will nämlich gar nicht sämtliche Aufgaben verteilen, ich will nicht diejenige sein, die an alles denken muss. Mental Load ist ständiges Multitasking, es ist extrem erschöpfend und ein Grund dafür, warum so viele Mütter sich schon morgens fühlen, als hätten sie die Nacht durchgemacht.

Es ist nicht so, dass mein Mann mich nicht unterstützen würde. Wann immer ich vor einer beruflichen Herausforderung stehe, stärkt er mir den Rücken und sagt: «Mach das, unbedingt, wir kriegen das schon hin!» Das bedeutet in der Praxis: «Du kriegst das schon hin!», denn ich bin es, die ihm in meinen beruflichen Stressphasen sagt, wann er zu Hause sein muss, ich telefoniere die Babysitter ab und gebe Annoncen für Tagesmütter auf, ich handle in der Schule noch eine Stunde Nachmittagsbetreuung raus oder gebe einen SOS-Notruf bei der entfernten Verwandtschaft ab. Arbeit zu verteilen ist auch Arbeit. Dabei befinde ich mich täglich in einem halsbrecherischen Spagat zwischen dem dauerhaften Gefühl der Verantwortlichkeit und dem Versuch, bitte alles zu sein – nur keine nörgelnde Mutti oder eine motzende Ehefrau.

Ich will eine Beziehung, in der ich weder an alles denken noch ständig den anderen an etwas erinnern will. Oder bin ich zu harmoniebedürftig? Apropos bedürftig – warum sind alle anderen Bedürfnisse eigentlich wichtiger als meine? Gefalle ich mir etwa auch ein ganz kleines bisschen in dieser Macherinnen- und Märtyrerinnen-Rolle, in der ich mich dann mit anderen Frauen augenrollend über «die Männer» auslasse?

Als Feministin auf der Beifahrerseite

Zum Ausgleich für den Rattenschwanz an mütterlichen Pflichten gebe ich mich hilflos, sobald es um handwerkliche Dinge geht oder mir in einer Zimmerecke ein haariges Wesen aus acht Augen entgegenglotzt. Ich lasse mich auch liebend gern durch die Gegend kutschieren und nehme ganz automatisch auf der Beifahrerseite Platz, wenn wir gemeinsam irgendwohin fahren, obwohl ich seit dem 18. Lebensjahr im Besitz eines Führerscheins bin. Schlimmer noch, ich ärgere mich regelmäßig über «Frau am Steuer»-Sprüche (während mir genau dieser Halbsatz durch den Kopf geht, sobald vor mir jemand mit 35 km/h durch die geschlossene Ortschaft schleicht).

Das ist alles keine feministische Glanzleistung, ich weiß. Löcher bohren, neu erworbene Möbelstücke zusammenbauen, Wände streichen, verstopfte Abflüsse von fiesen Haarknäueln befreien, Rasen mähen ... alles, was mit einer gewissen Geschicklichkeit und körperlicher Arbeit verbunden ist oder mich ekelt, überlasse ich getrost und ohne schlechtes Gewissen meinem Mann. Auch das haben wir nie so abgesprochen, das ist ganz von allein passiert, irgendwie sind wir auch hier in die klassische Rollenverteilung hineingeschlittert. So haben wir es vorgelebt bekommen, so fühlte es sich zunächst richtig an – bis ich anfing, darüber nachzudenken. Natürlich weiß ich, dass keine dieser Tätigkeiten überdurchschnittlich schwierig oder anstrengend ist oder ich nicht dazu in der Lage wäre. Aber nichts davon reizt mich auch nur ansatzweise. Putzen oder Wäsche zusammenlegen interessiert mich allerdings genauso wenig. Aber ich unterstelle meinem Partner, dass ihm Handwerkliches viel leichter von der Hand geht – nicht unbedingt, weil er ein Mann ist, sondern weil er in dieser Hinsicht von Natur aus begabter ist – und solche Arbeiten ihm womöglich sogar Spaß machen. Er bestätigt das auf Nachfrage, weist aber darauf hin, dass nur ein Teil dieser Tätigkeiten reines Vergnügen sei: Weder Baumarktbesuche noch das Herausziehen von Haarknäueln aus Abflussrohren versetzen ihn überraschenderweise in Entzücken. Und auch das Zusammensuchen der Belege für die Einkommensteuererklärung wird nie seine Lieblingsbeschäftigung werden. Abgesehen davon gruselt er sich noch mehr als ich vor allen Lebewesen, die mehr als vier Beine haben.

Um unsere klassische Rollenverteilung dennoch irgendwie vor mir selbst zu rechtfertigen, mache ich insgeheim absurde Rechnungen auf, in denen ich «ein Mal Rasenmähen» mit «ein Mal Großeinkauf» verrechne oder «eine Wand streichen» gegen «fünf Körbe Wäsche wegsortieren». Schon fühlt sich die Aufteilung besser an – ist vielleicht doch alles ganz fair? Leider nur, solange wir nicht genau hingucken, denn die «typisch männlichen» Aufgaben wie den TÜV-Termin wahrzunehmen oder das Anschließen eines neuen technischen Gerätes sind deutlich seltener erforderlich als Pausenbrote schmieren oder Nudeln kochen. Apropos kochen, habe ich jemals gegrillt in meinem Leben? So richtig von Anfang bis Ende, vom ersten Grillanzünder bis zur letzten verkohlten Bratwurst? Fehlanzeige, ich komme vielleicht auf drei Stück Grillgut, die ich in meinem gesamten

Leben umgedreht habe – und das auch nur, weil ich gerade zufällig am Grill vorbeilief und dringenden Handlungsbedarf sah. Aber wie bei knapp 63 Prozent der Deutschen[18] steht bei mir Teilzeitfeministin der Mann am Grill, daran gibt es nichts zu rütteln. Und bis heute denke ich zu Beginn dieses fragwürdigen Outdoor-Events kurz: Super, ich muss nicht kochen und mach es mir auf der Terrasse gemütlich. Dass das eine völlig irre und realitätsfremde Verklärung ist, sollte ich bereits in meiner Kindheit gelernt haben: Die Männer standen stundenlang am Grill mit dem Fleisch, das nicht etwa sie erlegt, sondern ihre Frauen eingekauft hatten. Und dann starrten sie ins Feuer, während die Frauen Salate zubereiteten, ununterbrochen mit Getränken und Geschirr von drinnen nach draußen und zurück rannten, gelegentlich irgendwelche Zangen brachten (von denen die Männer leider nicht wussten, in welcher Schublade sie seit zehn Jahren liegen) und regelmäßig den schwer schuftenden Grillmeistern Bier anreichten. Am Ende wurden die Herren der Schöpfung für das Zubereiten des Mahls gelobt, und sie fragten wohlwollend ihre Frauen – aber erst nachdem diese alles aufgeräumt und abgewaschen hatten –, ob es nicht schön gewesen sei, dass sie heute mal nicht am Herd hätten stehen müssen.

Aber vielleicht kommt bei meinem nicht vorhandenen Grillverhalten gar nicht meine prägende Kindheit durch, sondern die Steinzeit? Sind es Urinstinkte, die Männer ans Feuer und Frauen in die Höhle treiben? Dieses Argument wird gern hervorgezaubert, sobald es um die klassische Rollenverteilung geht, immer wieder werden wir auf unsere flachstirnigen Vorfahren verwiesen, wenn wir die tradierte Aufgabenteilung anzweifeln. Schon werden wir in zwei Gruppen aufgeteilt: Jäger und Sammlerinnen. Diese angebliche Rollenverteilung in der Vergangenheit führt dazu, dass Männer noch heute scheinbar einen Tunnelblick haben und die Butter nicht im Kühlschrank finden, sobald sie einen Millimeter weiter rechts steht als sonst.

Frauen degradiert sie indes zu schnatternden Shopping-Queens, deren Existenz darauf ausgerichtet ist, gemeinsam durch die Gegend zu ziehen und etwas vermeintlich Notwendiges zu ergattern. Echt jetzt?

Neues aus der Steinzeit

Die archäologische Geschlechterforschung widerspricht dem Erklärungsversuch, der aus Männern forsche Jäger und aus Frauen häusliche oder besser höhlige Sammlerinnen macht. Die Vorstellung, dass bei den Urmenschen die Rollenverteilung klar und die Welt damit noch in Ordnung war, existiert vorrangig in unseren Köpfen. Bilder in Schulbüchern, auf denen Männer mit buschigen Augenbrauen hinter flauschigen Mammuts herjagen, bestätigen diese Stereotype genauso wie die Zeichentrickserie *Familie Feuerstein*, in der Fred morgens zum Arbeiten in den Steinbruch fährt, während die aufgebrezelte Wilma zu Hause das Essen brutzelt.

Doch unsere Vorstellungen von der prähistorischen Geschlechteraufteilung ist ein Klischee, das versuchen Archäolog*innen seit ca. 30 Jahren zu beweisen. Bis dahin wurden archäologische Funde von Männern interpretiert, die selbst klare Rollenbilder im Kopf hatten und sämtliche Entdeckungen so deuteten, wie sie in ihre Vorstellungswelt passten. Für sie stammten Höhlenmalereien und Waffen zwangsläufig aus Männerhänden, ein Grab mit Schmuck ordneten sie automatisch einer Frau zu. Heute weiß man, dass unsere Vorfahren längst nicht so einfach gestrickt waren: Anhand von Handabdrücken und Skelettresten lässt sich dank neuer Analysen belegen, dass auch Frauen gejagt, schwer gearbeitet und gemalt haben und dass es damals eine Vielfalt an Familienformen und Geschlechtermodellen gab.

Brigitte Röder, Professorin für Ur- und Frühgeschichte an der Universität Basel, erklärt, dass unsere Interpretation der Steinzeitwelt mit der dazugehörigen Aufgabenteilung erst im 18. und 19. Jahrhundert entstanden sei, weil sie der damaligen Idealvorstellung entsprach: «Die bürgerliche Gesellschaft hat ganz zentrale soziale Institutionen neu definiert, nämlich das Geschlechtermodell und das damit verknüpfte Familienmodell. Indem diese Rollenzuteilung gemacht wurde, der Mann ist Ernährer und Oberhaupt der Familie, die Frau ist Mutter, Ehefrau und Hausfrau. Und dieses neue Geschlechtermodell, mit dem auch neue Konzepte von Männlichkeit und Weiblichkeit und von Rollen verbunden waren, wurde damals legitimiert, indem gesagt wurde, es sei schon immer so gewesen.»[19]

Mit der Wahrheit hat das vermutlich wenig zu tun, neueste Forschungen belegen, dass in der Steinzeit gejagt hat, wer jung und kräftig war, völlig unabhängig vom Geschlecht. Archäologische Funde aus Nord- und Südamerika beweisen, dass auch Frauen vor 9000 Jahren an der Großwildjagd teilgenommen haben, denn auch ihre Gräber enthielten typische Jagdutensilien.[20] Die Frauenquote unter den Jägern betrug nach diesen Untersuchungen ca. 30 bis 50 Prozent – und das ganz ohne gesetzliche Quotenregelung. «Das steht in krassem Gegensatz zu rezenten [gegenwärtigen, Anm. d. Verf.] Jäger- und Sammler-Gesellschaften und sogar zu landwirtschaftlichen und kapitalistischen Gesellschaften, in denen die Jagd eine ausgesprochen männliche Domäne mit einer geringen Beteiligung von Frauen ist», erklärt der Anthropologe Randall Haas von der University of California in Davis.[21]

Unseren Vorfahren ging es um das nackte Überleben und nicht darum, was sich für Mann oder Frau «gehörte» und was nicht. Es ist also nicht zu vermuten, dass Steinzeitmänner ihren Kumpel ausgelacht haben, weil er am Wochenende nur Beeren gesammelt oder sich seinen Lendenschurz eigenhändig zusammengenäht hat. Glauben wir ernsthaft, dass Männer den Frauen die Mithilfe bei der Großwildjagd verwehrt haben? Stellen wir uns das nur mal vor: Ein Mammut prescht vorbei, die Schnellsten düsen los, aber dann sagen die Männer plötzlich, noch mitten im Lauf: «Halt, stopp! Wir können hier zwar jede Hilfe gebrauchen – aber Frauen an der Speerspitze? Wo gibt's denn so was! So in hunderttausend Jahren können wir gern mal über eine Frauenquote reden, aber stellt euch schon mal drauf ein: Das wird nicht leicht!»

Für solche Albernheiten fehlte unseren Vorfahren Zeit, Energie und die entsprechende Prägung.

Aber ich bin geprägt worden, nur so lässt sich logisch erklären, dass ich die Grillzange nie in die Hand nehme. Oder gibt es eine andere Ursache, sucht mein Mann womöglich Bestätigung vor diesem vierbeinigen Gestell mit der glühenden Kohle, ist es sein Rettungsanker in puncto Männlichkeit? So sieht es zumindest der Kulturwissenschaftler Gunther Hirschfelder: «Für den Mann ist das Grillen eine Art postmoderner Reflex. Im Zuge der Emanzipation der Frau hat er evolutionäre Rechte eingebüßt. Machtverlust bedeutet immer auch ein Trauma. Im Grillen hat der Mann ein Refugium.»[22]

Da muss ich direkt widersprechen: Männer haben im Zuge der Emanzipation keine Rechte eingebüßt (es sei denn, man bezeichnet ungesühnte Vergewaltigungen oder das Ignorieren des eigenen Nachwuchses als Rechte), sondern höchstens Privilegien aufgeben müssen, die ihnen bis dahin selbstverständlich erschienen. Sie können die interessanten und hochdotierten Jobs nicht länger ausschließlich unter ihresgleichen aufteilen und kommen nicht mehr damit durch, sich aus der unbezahlten Care-Arbeit komplett herauszuhalten.

Schaue ich mich in unserer Gesellschaft um, habe ich jedenfalls nicht den Eindruck, dass Männer so traumatisiert und enteiert vor sich hin vegetieren, dass sie ihre Existenzberechtigung nur noch aus dem rituellen Wenden eines Fleischstücks fragwürdiger Herkunft ableiten können, um sich dadurch als Held und Ernährer unter Beweis zu stellen, der das gefährliche Feuer unter freiem Himmel bezwingt und so die Nachkommenschaft sichert. Das wäre wirklich ein Armutszeugnis.

Ich habe mich vermutlich aus Mangel an Vorbildern nie in der Rolle der Grillmeisterin gesehen, und das Thema interessierte mich ehrlich gesagt bisher auch nicht besonders. Aber ich möchte meinen Kindern kein weiteres Rollenklischee vorleben. Sie sollen nicht denken, dass ein doppeltes X-Chromosom es einem Menschen unmöglich macht, Kohle zum Glühen zu bringen. Kugelgrill, du wirst mich kennenlernen.

Tatsächlich übernehmen unsere Kinder solche Vorurteile schnell, wenn sie ihre Eltern im Alltag beobachten.

Meine Freundin Adrienne, alleinerziehende Mutter von vier Söhnen, war es eines Tages leid, sich von ihren Jungs immer wieder anhören zu müssen, dass sie von technischen Dingen einfach keine Ahnung habe und lieber einen Mann um Hilfe bitten solle. Irgendwann war sie davon so genervt, dass sie auf einer gemeinsamen Autofahrt mit Absicht das Auto abwürgte und sagte: «Oh, der ist wohl kaputt! Ich guck mal, was das Problem ist.» Sie stieg aus, öffnete die Motorhaube, tat so, als würde sie dort sehr geschäftig irgendetwas Anstrengendes tun. Anschließend setzte sie sich wieder hinters Steuer mit den Worten: «So, ich hab's repariert!», und fuhr los. Die Jungs waren beeindruckt, und danach war erst einmal Ruhe.

Als der Sohn einer Freundin in der Grundschule ein Bild malen musste mit dem Titel: «Das macht meine Mutter am liebsten», hat er sie vor einer Waschmaschine gemalt. Da lag ein grundlegendes Missverständnis vor, aber der kleine Kerl dachte einfach, dass das, wobei er seine Mutter am häufigsten sieht, ihr ganz besonders viel Freude bereitet.

Sollen meine Kinder lernen, dass ein Mann hinter das Steuer und den Grill gehört, während es die Aufgabe der Frau ist, am Herd zu stehen und die Waschmaschine zu befüllen? Lautstark wird proklamiert, dass Mädchen alles können, es werden Programme initiiert, die sie für Naturwissenschaften begeistern sollen, und es gibt den Girls' Day und Boys' Day, an dem Kinder und Jugendliche in Berufe hineinschnuppern können, die nicht dem gängigen Geschlechterklischee entsprechen.

Aber zu Hause leben wir häufig weiter das Gegenteil vor, und ich muss mir da an die eigene Nase fassen. Es ist ja nicht so, dass Männer nicht putzen könnten – wenn mein Mann unser Badezimmer mit der gleichen Inbrunst reinigen würde wie sein altes Motorrad! Er könnte unsere Toilette doch auch einmal liebevoll in alle Einzelteile zerlegen und nach speziellen Reinigungsbürsten Ausschau halten, um auch wirklich in die kleinste Ritze zu kommen. Danach würde er im Supermarkt eine halbe Stunde vor den Reinigungsmitteln stehen, um die perfekte Politur zu finden – und erst dann alles wieder zusammenbauen, wenn das Klo aussieht wie frisch vom Band gelaufen. Er winkt ab und erzählt mir von einem Bekannten, der die Scheiben seines Oldtimers außerordentlich gut putzen kann, für das Fensterglas in seiner Wohnung allerdings seine Mutter kommen lässt. Ich muss diesen Typen unbedingt fragen, ob seine Hände so evolutioniert wurden, dass sie sich Scheiben nur ab einem gewissen Krümmungsgrad nähern können. Wenn ich keinen Nachweis finde, dass die Evolution hier verschlungene und bisher unentdeckte Pfade eingeschlagen ist, muss ich leider davon ausgehen, dass die Sozialisation ein weiteres Mal zugeschlagen hat.

Die Sklaverei der modernen Frau

Wie meine Urahninnen aus der Steinzeit habe ich eine Familie und bin berufstätig – nur fehlt mir die große Sippschaft, die mich dabei unterstützt. Keine haarigen Verwandten lungern am Höhleneingang herum und haben einen Blick auf meinen Nachwuchs, wenn ich die Feuerstelle verlasse. Die Großeltern sind weit weg und mit ihrem eigenen Leben beschäftigt, also bin ich von Kita-Öffnungs- und -Schließzeiten sowie dem deutschen Schulsystem abhängig, das bekanntlich keine verlässliche, geschweige denn einheitliche Nachmittagsbetreuung anbietet. Dass Kinder darüber hinaus mehr als doppelt so viele Ferientage haben als ein durchschnittlicher Arbeitnehmer Urlaubsanspruch, vertiefen wir an dieser Stelle lieber nicht, das macht nur schlechte Laune. Aus diesen Gründen – aber auch, weil ich meine Sprösslinge auch mal im Wachzustand erleben will, dazu gleich mehr – arbeite ich heute weniger als in meinem Leben vor den Kindern, aber doch so viel, dass mich die Kombination aus Fürsorge, Verantwortlichkeit und Erwerbstätigkeit regelmäßig an meine Grenzen bringt – und trotzdem (Achtung, ironischer Höhepunkt) in die Altersarmut befördern dürfte.

Willkommen im ganz normalen Leben einer Frau in den 20er Jahren des 21. Jahrhunderts.

Wenn ich es nicht besser wüsste, könnte ich in schwachen Stunden wirklich glauben, dass der Feminismus von misogynen Männern erfunden worden ist, um Frauen endgültig in die Knie zu zwingen. Man verspricht ihnen einfach, dass sie alles haben können: einen tollen Beruf, viele Kinder, ein erfülltes Leben mit Freund*innen, Hobbys, ehrenamtlichen Engagements ..., bitte schön, greift zu! Und dann sehen die Männer seelenruhig dabei zu, wie die Frauen sich abrackern, alle Bälle in der Luft halten und sich immer mehr abverlangen, um zu beweisen, dass sie es mindestens genauso gut können. Dass sie beruflich genauso kompetent sind, aber auch die Sache mit dem Nachwuchs problemlos auf die Reihe kriegen. Zwischen Kindern und Arbeit versuchen sie noch, so perfekt wie möglich auszusehen und auf ihre Linie zu achten, schließlich ist das nicht nur wichtig für den privaten Konkurrenzkampf, sondern hat sogar Auswirkungen auf den Kontostand: Dünne Frauen verdienen mehr Geld als dicke Frauen – aber natürlich nicht so viel wie dicke Männer, das haben Studien ergeben.

Frauen ahnen darüber hinaus, dass Durchschnittlichkeit bei ihnen nicht reicht, sie müssen besser sein, wenn sie etwas erreichen wollen – doch sie gehen unter der geballten Last fast zugrunde. Und die Männer gucken zu.

Es ist wie bei der Frau in dem Cartoon[23] der französischen Zeichnerin Emma, die unter der Belastung durch Haushalt und Baby zusammenbricht – und als der Mann das endlich merkt, sagt er: «Aber ... du hättest bloß fragen müssen. Ich hätte dir doch geholfen!» Da ist er wieder, der männliche Helfer, der erst auf Aufforderungen mit anpackt und dafür sogar gelobt wird. Ich habe das System durchschaut – und scheitere gleich wieder.

Ich bitte meinen Partner, den Müll runterzubringen, und sage anschließend reflexartig: «Danke!» Als wäre das *mein* Müll und nicht auch seiner und der der Kinder, sondern mein persönlicher Dreck, den er netterweise für mich wegmacht. Oder – genauso schlimm – als würde er freundlicherweise etwas tun, was eigentlich in *meinen* Aufgabenbereich fällt.

Anderes Beispiel, ich passe abends auf die Kinder einer Freundin auf, sie kommt irgendwann wieder, wir stehen an der Haustür zur Verabschiedung und sie sagt: «Danke – auch an deinen Mann, dass er solange auf deine Kinder aufgepasst hat.» Ich weiß, was sie meint, aber wie irre ist das? Es sind ja nicht nur meine Kinder, sondern auch seine, und er ist einfach mit ihnen zu Hause – nicht mehr und nicht weniger. Er ist doch nicht nur der Babysitter, wenn ich weg bin! Und doch ertappe ich mich bei ähnlichen Gedankenmustern, sobald ich länger beruflich unterwegs bin. Ich komme nach Hause und sage noch im Flur erschöpft: «Danke, dass du mir den Rücken freigehalten hast.» Das ist höflich und richtig, was bin ich doch gut erzogen ... Und ich bin ja auch wirklich dankbar, weil ich mich auf meinen Job konzentrieren konnte und an nichts anderes denken musste. Er hat nicht ein einziges Mal angerufen, um zu fragen, wo die Trinkflaschen sind oder wann noch mal das Kinderturnen beginnt (vermutlich habe ich ihn vorher perfekt instruiert). Dafür bin ich wirklich dankbar. Aber er schüttelt nur lachend den Kopf und sagt völlig zu Recht: «Wieso danke!? Dann müsste ich mich ja auch jeden Tag bei dir bedanken.» Das stimmt. Vielleicht sollten wir damit mal anfangen?

Es gibt eine französische Serie namens *Eine kleine Lüge*, in der eine Frau mit Verdacht auf Brustkrebs untersucht wird. Zum Glück ist der Knoten harmlos, aber auf die Frage nach der Ursache für die Gewebsveränderung hat die Ärztin eine interessante Erklärung parat: «Vermutlich sind Sie gestresst, überfordert von Ihren Kindern, Ihrer Arbeit ... Die Sklaverei der modernen Frau, könnte man sagen.» Damit sind wir an einem entscheidenden Punkt: Berufstätigkeit plus den Großteil der familiären Fürsorgearbeit zu übernehmen ist keine Emanzipation, sondern Ausbeutung. Das beschrieb bereits Alice Schwarzer 1975 in ihrem Bestseller *Der kleine Unterschied und seine großen Folgen*.

Spricht man mit Feministinnen, die in den 70er Jahren für ein selbstbestimmtes Leben gekämpft haben, wird schnell deutlich, worin ihr persönliches Geheimrezept bestand: keine Kinder zu kriegen. Zwar erklärte Alice Schwarzer bereits damals in ihrem Buch, dass wir dringend die Übernahme der Hälfte der Hausarbeiten durch die Männer fordern müssten, doch sie räumt auch ein, dass sie ihre Karriere in der Form nicht hätte machen können, wenn sie Mutter geworden wäre.[24]

Daran hat sich bis heute nicht grundlegend etwas geändert, wenn wir ehrlich sind. Die überforderte Frau in der französischen Serie löst ihr persönliches Dilemma übrigens folgendermaßen: Sie lügt ihren nichtsnutzigen Ehemann und die widerspenstigen Kinder an, indem sie ihnen erklärt, dass sie leider Brustkrebs habe – und siehe da, auf einmal packen alle mit an, regeln ihre Probleme allein und übernehmen Verantwortung, während die vermeintlich Kranke statt zur Chemotherapie allein ans Meer fährt und sich einfach nur um sich selbst kümmert. Das mag nicht der perfekteste Lösungsansatz für die strukturelle Benachteiligung von Frauen sein und macht das Ganze wieder zu einem individuellen Problem statt zu dem, was es ist: ein gesellschaftliches. Aber es ist ein höchst amüsantes Gedankenexperiment. Es könnte nur etwas voll werden an unseren Stränden.

DIE PRÄGUNG:
KANN ICH FEMINISTIN SEIN UND MÄNNER FÜR GENIES HALTEN?

Was soll ich mit meinen Erkenntnissen anfangen, mit meiner Erschöpfung und dem Gefühl von Unzulänglichkeit? Mit den unschönen Erlebnissen und den vielen Alltagsstolpersteinen inmitten von verkrusteten Strukturen? Wann hat das angefangen? Und sind es wirklich nur die Altlasten meiner Sozialisation, die mich eingeholt haben? Ich sollte noch einen tiefen Schluck aus der Pulle meiner Kindheit nehmen. Um meine Prägung besser zu verstehen, begeben wir uns auf eine weitere Zeitreise nach Ostfriesland in die 70er und 80er Jahre.

Mama muss nicht arbeiten

Es ist die Zeit, in der Frauen zwar zu rebellieren begannen, das gesellschaftliche Leben jedoch von Männern dominiert wurde, die es sich bis dato sehr gemütlich eingerichtet hatten.

Diesen Zustand brachte eine entfernte Verwandte bei einer der legendären ostfriesischen Teetafeln auf den Punkt. Als ihr Mann beim Aufbruch sein Teegeschirr in die Küche bringen wollte, hielt sie ihn zurück mit den Worten: «Lass stehen, Schatz. Männer müssen hier nicht arbeiten.»

Auf den ostfriesischen Straßen ging es in meiner Rückschau entspannter zu als an den Teetassen: Mädchen und Jungen spielen gemeinsam an der nicht immer frischen Landluft. Man sieht eher Kinder als Mädchen und Jungen, die meisten haben undefinierbare Frisuren zwischen kurz und lang und gern einen Pony, der keiner Friseurhandwerkskunst entsprungen ist. Ihre Klamotten sind rot oder blau oder grün, die Rosa-Hellblau-Falle ist noch nicht zugeschnappt, die strenge Unterteilung in Jungen- und Mädchenklamotten fand noch nicht statt. Himmlische Zeiten, könnte man aus heutiger Sicht meinen, aber Kinder lernen bekanntlich durch Nachahmung, sie imitieren die Erwachsenen und halten deren Leben für das allgemeingültige Gesetz. Die Keimzelle ihrer Erfahrung ist die Familie, und die war in meinem Fall so aufgebaut, wie es sich Mitte der 70er Jahre in Westdeutschland gehörte: Der Mann war der Ernährer, er ging jeden Tag zur Arbeit, und wenn er nach Hause kam, was bei Lehrern damals bereits spätestens gegen halb zwei der Fall war, hatte er außer gelegentlichem Rasenmähen oder dem Abschließen einer Versicherung keine häuslichen Pflichten zu erfüllen. Die Frau war «Hausfrau und Mutter», mit der Geburt des ersten Kindes hatte sie ihre beruflichen Ambitionen an den Nagel gehängt und kümmerte sich nun um alles, was man als Hausfrau und Mutter so macht: Kinder, Einkäufe, Kochen, Putzen und natürlich die gesamte Organisation der Familie, von den neuen Mädchenstrumpfhosen über das Geburtstagsgeschenk für die Schwiegermutter bis hin zum Blockflötenunterricht der Kinder. So weit, so normal.

Auf dieses Modell war man stolz, «Mama muss zum Glück nicht arbeiten», hieß es oft, als ob Arbeiten a) grundsätzlich schlecht und b) ihr tägliches Tun keine Arbeit sei. Darüber hinaus grenzte man sich mit dieser Aussage c) zur Arbeiterklasse, «nach unten» ab: Der Mann verdiente so gut, dass «seine» Frau nicht arbeiten musste.

Ich erinnere mich daran, dass es Anfang der 80er Jahre ein Scheidungskind in meiner Klasse gab, deren Mutter plötzlich arbeiten «musste» – und als sich die Aufregung im Dorf endlich gelegt hatte und sämtliche potenziellen Ursachen für die Trennung ausgiebig erörtert worden waren, sorgte man sich, was aus den armen Kindern einer arbeitenden Mutter bloß werden solle. Natürlich sorgte man sich nicht ernsthaft, sondern war sich sicher, dass die armen Dinger es sehr schwer haben würden.

Es gab noch mehr arbeitende Frauen im Dorf, sie waren als Bäuerinnen oder Geschäftsfrauen im Hintergrund des Familienbetriebs tätig, der offiziell ihren Männern gehörte (selbst wenn sie es waren, die alles mit in die Ehe gebracht hatten).

Nachdem meine Mutter gestorben war, sagte mein Vater: «Wenn ich zuerst abgetreten wäre, wäre Mama finanziell nicht so gut zurechtgekommen – nur mit der Witwenrente.» Hatten beide zu Lebzeiten nie darüber nachgedacht, welche finanziellen Folgen es haben würde, «nur» Hausfrau und Mutter zu sein? Offensichtlich nicht. Habe ich zu Beginn meiner ersten Elternzeit darüber nachgedacht, welche Folgen diese Entscheidung langfristig für meinen Kontostand und meine Rente haben würde? Genauso wenig. Das wird sich schon alles zurechtruckeln, dachte ich, ganz auf den Nestbau konzentriert. Ich ruckele mein Leben zwölf Jahre später immer noch zurecht, aber es fühlt sich gelegentlich an wie ein störrisches Spannbettlaken auf einer viel zu großen Matratze. Sobald eine Ecke perfekt bezogen ist, hat sich eine andere längst wieder gelöst – und in regelmäßigen Abständen fliegt mir das ganze Ding um die Ohren.

Einige Mütter meiner Mitschüler*innen waren Kindergärtnerinnen oder Lehrerinnen, wenn auch nie in Vollzeit – und als ich Mitte der 90er Jahre meinen Führerschein machte, erfuhr ich endlich, warum. Mein Fahrlehrer, natürlich ein Mann und ehemaliger Bundeswehroffizier, gab seine geballte Lebensweisheit an mich weiter, während ich zwischen lauter Schafen auf einem Deich das Anfahren am Berg übte (der Mangel an Anhöhen macht Ostfriesen sehr erfinderisch). Er erklärte: «Du musst unbedingt Lehrerin werden. Das ist der einzige Beruf, in dem du Arbeit und Familie unter einen Hut bringen kannst!»

Es ist an dieser Stelle nicht schwer zu erraten, welchen Beruf seine Frau ausübte, und ich amüsierte mich damals köstlich über seinen Rat. In welchem Jahrhundert lebt der denn, dachte ich als 18-Jährige großspurig, wenn *ich* später eine Familie gründe, ist das *alles* anders. Dann kriege ich ein Kind, und danach arbeite ich einfach so weiter wie vorher. Kann doch nicht so schwer sein. Heute kann ich an dieser Stelle leider nur hysterisch lachen, denn 20 Jahre später musste ich mir im Spagat zwischen Textabgabe, Talkshow-Aufzeichnung, Kita-Abholung und nie endenden Sommerferien so manches Mal eingestehen, dass er nicht ganz unrecht hatte. Und solange sich in diesem Land und in unseren Köpfen nicht grundsätzlich etwas ändert, möchte ich allen Frauen am liebsten raten, sich ausschließlich mit Lehrern fortzupflanzen und am besten noch während der Befruchtung vertraglich zu vereinbaren, dass der Erzeuger die gesamte Ferien- und Hausaufgabenbetreuung übernimmt. Und natürlich das Homeschooling in Pandemie-Zeiten.

Ich nehme mir noch einmal das Buch *Generation Golf* von Florian Illies vor. Keiner hat so gut das Zeitgefühl der 80er Jahre zwischen Zauberwürfel, Golf Cabrio und Kiefernmöbeln porträtiert wie er. Es ist die Zeit, die auch mich geprägt hat. Wie bei mir waren Mütter in seiner Welt für die Pausenbrote zuständig, manchmal besuchten sie *Tupper*-Partys oder holten ihre Kinder mit dem Golf von der Schule ab. Das war normal, mehr gab es für ihn zum Thema Mütter nicht zu sagen. Abschließend schreibt er, dass für die erwachsene «Generation Golf» die «Gleichberechtigung halbwegs Wirklichkeit geworden ist»[25], und das hätte ich im Jahr 2000, als das Buch erschien, sofort unterschrieben. Damals stand ich am Beginn meines Berufslebens und hatte keine Kinder, es gab keine sichtbaren Hinweise darauf, dass ich es schwerer haben sollte als meine männlichen Kollegen. Ich lebte in einer Großstadt und fühlte mich frei, die ostfriesische Vergangenheit und die frühkindliche Prägung hatte ich weit hinter mir gelassen – dachte ich zumindest.

Illies' damalige Begründung für die Emanzipation der Frauen ist allerdings speziell: «Die Frauen wissen, dass sie sich nehmen können, was sie wollen, weil sie von Sharon Stone gelernt haben, dass man nur die Beine richtig übereinanderschlagen muss.»[26] Auch wenn ich vermute, dass Florian Illies diesen Satz heute so nicht mehr schreiben würde – oder war es Ironie? –, beneide ich Männer für diese Sicht der Dinge: Die Welt ist dadurch so leicht zu verstehen. Frauen erwerben Macht, indem sie ihre Sexualität für sich ausnutzen. Aber außer ihrem erotischen Kapital haben sie in ihren Augen nichts zu bieten. Das ist die einzige Überlegenheit, mit der Frauen die Männer aushebeln und um ihren Verstand bringen können. Nicht etwa Intelligenz, Fleiß oder Talent spielen eine Rolle, damit laufen sie den Herren der Schöpfung nicht den Rang ab, nein, es ist dieses gewisse Etwas zwischen ihren Beinen, das heterosexuelle Männer gelegentlich denkunfähig macht. Rührt aus dieser Machtlosigkeit auch ihr gelegentlicher Hass?

Männer als Tor zur Welt

Ich lernte in Ostfriesland nicht, dass Frauen einfach die Beine breit machen müssen, um alles zu erreichen. In dieser Hinsicht war die Welt zunächst noch in Ordnung. Ich sah allerdings, dass Frauen sich auszogen, sofern sie die Figur dafür hatten, wie mir der hochspannende Zeitschriftenständer im Supermarkt meiner Oma zeigte: *Quick*, *Neue Revue* und *Praline* hießen die Blätter in den 80er Jahren, die so schmuddelig wie faszinierend waren, halbnackte Frauen auf jeder Seite, die mit halbgeöffnetem Mund lasziv in die Kamera stierten. Auch die Existenzberechtigung des Seite-eins-Girls der *Bild*-Zeitung versuchte ich als kleines Mädchen verzweifelt zu ergründen: Warum nur lässt eine erwachsene Frau sich nackt fotografieren, und weshalb gucken alle Männer sich das so interessiert an? Diese Fragen kann ich zwar inzwischen beantworten, aber warum es geradezu als feministischer Akt gefeiert wurde, als im Jahr 2012 die nackte Frau von Seite eins der *Bild*-Zeitung sich nun erst ein paar Seiten später ausziehen durfte, kapiere ich bis heute nicht.

Ich lernte hingegen früh, dass Männer Frauen auf seltsame Art faszinierend fanden (zumindest die, die ihnen nicht das Essen servierten), aber sie Mädchen für wertlos hielten. Das vermittelten mir Gespräche wie dieses: Mein Vater hilft seinem Bruder, einem Supermarktbesitzer, beim Ausliefern der Ware auf dem Land. Der glückliche Empfänger des Warenkorbes fragt im plattdeutschen Smalltalk nach der Familie, mein Vater erzählt, dass er zwei Töchter habe. Die Antwort: «Blot Wichter? Dat hett dien brör ja beter henkregen.» Da kommt man als kleines Mädchen ins Grübeln: Warum hat mein Onkel, Vater eines Jungen und eines Mädchens, es besser hingekriegt als mein Vater, der «blot Wichter», also «nur Mädchen», hat?

Die Sängerin und Moderatorin Ina Müller mit ihren vier Schwestern kann Lieder von der verbalen Herabsetzung singen, die dem weiblichen Geschlecht gerade in ländlichen Regionen täglich entgegenschlägt. Natürlich hilft Humor bei der Verarbeitung solcher Alltagsbegegnungen, und auch bei uns zu Hause wurde herzlich darüber gelacht. Aber hängen blieben sie doch.

Ich bemerkte als Kind, wer die Wortführer waren, wer lauter und stimmgewaltiger war und wer sämtliche Wahrheiten zu kennen schien, wenn bei uns zu Hause Menschen zusammenkamen: Es waren die Männer. Frauen redeten über Kinder, Kochrezepte und die Verwandtschaft, Männer über alles andere. Kurzer selbstkritischer Gegenwarts-Check: Hat sich daran viel verändert? Darauf werden wir noch eingehen.

In meiner Kindheit saßen Männer jedenfalls an allen zentralen Positionen: Richard von Weizsäcker unterschrieb meine Urkunden der Bundesjugendspiele, in Bayern polterte Franz Josef Strauß, und auch auf der politischen Weltbühne sah ich nur Männer: von Kohl und Reagan über Mitterrand bis Gorbatschow. Zwischen all den Anzugträgern in der *Tagesschau* konnte auch eine Margaret Thatcher das Ruder nicht rumreißen – abgesehen davon interessierte sie sich für Gleichberechtigung genauso wenig wie unsere erste Regierungschefin Angela Merkel, die erst gegen Ende ihrer Amtszeit ein paar Worte darüber verlor.

Es waren auch Männer, die damals bei Werner Höfer im *Internationalen Frühschoppen* saßen und bei Zigaretten und Alkohol über Politik redeten. Und heute? Talkshows bemühen sich, zumindest eine Frau ins Panel zu setzen, aber gerade in der Corona-Pandemie wurden uns überwiegend Männer als Experten präsentiert, sie erklärten uns die Krise. Frauen hingegen kamen seltener zu Wort und waren vorrangig als Betroffene eingeladen, sie durften über ihre Erfahrungen als Pflegerin oder überlastete Mutter sprechen.

In den 80er und 90er Jahren wäre mir das noch nicht aufgefallen: Ab der fünften Klasse waren die meisten meiner Lehrkräfte männlich, die Schulleiter sowieso, der Großteil der Lehrenden später an der Uni auch. Der Arzt, der bei Kinderkrankheiten an meinem Bett saß, war ein Mann, mein Zahnarzt ebenfalls, sogar mein erster Frauenarzt. Ich wurde von einem Mann konfirmiert, ein Mann brachte mir das Autofahren bei, ein Mann gab mir Querflötenunterricht, ein Mann leitete unsere Tischtennis-Mannschaft und ein anderer die Leichtathletik-AG. Aber das fiel mir damals gar nicht auf, ich fand es völlig normal. Erst heute gibt mir das zu denken. Einmal habe ich mich in eine Koch-AG verirrt, die wurde natürlich von einer Frau geleitet.

Männer waren offensichtlich auch sportlicher, denn Profisport, der im Fernsehen übertragen wurde, wurde von Männern ausgeübt. Männer boxten, fuhren Formel-1-Rennwagen und wurden Fußball-Weltmeister. Beim Tennis und den Olympischen Spielen wurden endlich Frauen sichtbar, aber natürlich liefen die Männer schneller, sprangen höher, warfen weiter. Ihre Rekorde waren die Weltrekorde, die Weltrekorde der Frauen blieben die Weltrekorde der Frauen. Bis heute verdienen Frauen im Profisport deutlich weniger Geld als Männer, und es wird viel seltener über sie berichtet.

Bei uns zu Hause wurde nicht nur Sport, sondern noch mehr politisches Kabarett geguckt, Dieter Hildebrandt und Werner Schneyder, Hanns Dieter Hüsch und Gerhard Polt ließen sich über die männerdominierte Ära Kohl aus (natürlich ohne sie als männerdominiert zu empfinden), während mir Christoph und Armin in der *Sendung mit der Maus* erzählten, wie die

Welt funktioniert und Peter Lustig von *Löwenzahn* ihnen dabei tatkräftig unter die Arme griff. Am Samstagabend durften dann Hans-Joachim Kuhlenkampff, Rudi Carrell, Frank Elstner und Thomas Gottschalk für die familiäre Unterhaltung sorgen. Wenn Frauen mit von der Partie waren, boten sie tiefe Einblicke in ihr Dekolleté, brachten Gegenstände herein und hatten ansonsten nicht viel zu sagen. Frauen präsentierten sich im Fernsehen meist als halbnackte Wesen – an dieser Stelle sehe ich noch immer eine fast barbusige Ingrid Steeger in *Klimbim* vor mir, die quietscht: «Dann mach ich mir 'nen Schlitz ins Kleid und find es wunderbar!»

Mir fehlt gerade die Kraft, mich noch darüber aufzuregen, dass im Jahr 2021 junge Mädchen nur mit Badeschaum bekleidet auf den Catwalk von *Germany's Next Topmodel* geschickt werden und die Moderatorinnen aus Gleichberechtigungsgründen ebenfalls blank ziehen.

Auch Kinderserien waren keine echte Hilfe bei der Suche nach Vorbildern. Zwar war die Biene Maja deutlich pfiffiger als ihr Kumpel Willi, aber bei den Schlümpfen wurde es schon eng. Hier erkennen wir die klassische Rollenaufteilung, die sich bis heute durch Kinderserien zieht, man nennt sie auch das «Schlumpfine-Prinzip»: Auf mehrere männliche Hauptdarsteller kommt genau eine weibliche Figur. Die blonde Schlumpfine ohne nennenswerte Eigenschaften ist umgeben von lauter Schlümpfen mit Spezialkenntnissen – ich sag nur: Flötenschlumpf. Oder nehmen wir die blonde Gaby ohne Eigenschaften aus *TKKG* – wenn wir von ihrer harmlosen Tierliebe absehen –, sie läuft hinter Tim (sportlich), Karl (schlau) und Klößchen (verfressen) her, muss aber nach Hause, sobald es zu spannend wird. *Die drei ???* kamen gleich ganz ohne Mädchen aus. Bei *Wickie*, dem Wikingerkind, konnte ich mir noch einreden, dass es sich um ein Mädchen handelt, wurde aber irgendwann eines Besseren belehrt.

Auch die Schule war kein Ort der Gleichberechtigung. Ich las im Deutschunterricht lauter Bücher von Männern, sie erzählten uns die Welt aus ihrer Sicht: Goethe und Lessing, Thomas Mann, Bertolt Brecht und Friedrich Dürrenmatt. Dann gab es noch Autoren, die sich in Frauen hineinversetzten: Fontanes *Effi Briest*, Tolstois *Anna Karenina*, Flauberts *Madame Bovary*. Wie erging es den Damen, die sich nicht standesgemäß verhielten, die sich außerehelich verliebten, die Affären hatten und Freiheit wollten? Gar nicht gut: Entweder segneten sie gleich das Zeitliche oder wurden verstoßen. Zum Identifizieren waren sie jedenfalls leider äußerst schlecht geeignet. Frauen waren in der Literatur meist Objekte, sie wurden bedrängt, verführt, verbannt – und wie schon in der Bibel waren sie dem Manne untertan. Ruth Klügers kluger Text *Frauen lesen anders* ist mir viel zu spät in die Hände gefallen, sie schreibt: «Die interessanten Menschen in den Büchern, die als wertvoll gelten, sind männliche Helden. Wir identifizieren uns mit ihnen und klopfen beim Lesen jede Frauengestalt auf ihr Identifikationsangebot ab, um sie meist seufzend links liegenzulassen.»[27]

Blicken wir hoffnungsvoll auf die nächste Generation: Wird sie heute mit mehr Autorinnen und anderen Erzählperspektiven konfrontiert als ich damals? Ein Blick in die aktuellen Lehrpläne ist ernüchternd. «Wer in Deutschland Abitur macht, liest in der Schule vielleicht kein einziges Buch einer Frau»[28], konstatiert Simon Sales Prado im Jahr 2020 in der *Süddeutschen Zeitung*. Unter den verpflichtenden Lektüren, die während der letzten Schuljahre in den Deutsch-Grundkursen für das Abitur 2020 gelesen werden, ist in den meisten Bundesländern kein einziger Roman von einer Schriftstellerin, erklärt er.

Eine befreundete Deutschlehrerin erzählt mir von der Empfehlung, für den Unterricht in erster Linie Bücher von männlichen Autoren und mit männlichen Protagonisten auszuwählen, sonst würde man die Jungen gleich verlieren. Sie könnten sich in Frauenfiguren einfach nicht hineinversetzen, die armen Kerle – im Gegensatz zu den Mädchen, die es offenbar problemlos schaffen, einem männlichen Erzähler zu folgen und Empathie für eine männliche Hauptfigur aufzubringen. Kein Wunder, Mädchen haben es ja auch nicht anders gelernt. Wenn wir das nicht ändern, werden Frauen weiterhin unbewusst davon überzeugt sein, dass nur Männer Dichter und Denker sind. Und Männer werden niemals lernen, sich in Frauen hineinzuversetzen und ihre Perspektive zu verstehen.

Die Werbung ist ein noch besserer Spiegel der Gesellschaft als unser Schulkanon, schließlich wird hier das jeweilige Frauenbild überspitzt dargestellt. In der Werbung erkennen wir unseren Zeitgeist, sie orientiert sich an den Gedanken und Gefühlen, die vorherrschen. Gleichzeitig zeigt sie uns ein Ideal dessen, wie wir sein sollten und wie wir uns zu verhalten haben. Wer beeinflusst hier wen? Hat unser Verhalten tatsächlich Auswirkungen auf die Werbung, oder gibt die Werbung lediglich wieder, was wir vorleben? Da streiten sich die Geister, die Frage ist so leicht zu beantworten wie die mit dem Huhn und dem Ei. Tatsache ist jedoch: Die Werbung hat Auswirkungen auf unsere körperliche Wahrnehmung und das Selbstwertgefühl.

In meiner Kindheit in den 70er und 80er Jahren traten Frauen in der Werbung entweder als Heimchen am Herd oder als Lustobjekte in Erscheinung. Immer wieder wurde ihnen auf diese Weise gezeigt, wie sie ihre häuslichen Pflichten zu erfüllen oder sich um ihr Äußeres zu kümmern hatten. Nie punkteten sie mit Wissen, Humor oder Schlagfertigkeit, sondern immer mit Haaren, Figur oder Kleidung.

Die Welt war so einfach, als *Raider* noch nicht *Twix* hieß, das zeigt die entsprechende Keksriegel-Werbung aus dem Jahr 1988: Ausschließlich Männer sind aktiv, sie fahren Skateboard, sitzen gemeinsam in schwarzen Anzügen in Sitzungsräumen (null Prozent Frauenquote) oder unternehmen Tauchausflüge. Frauen sitzen währenddessen dekorativ im Bikini herum, sie spreizen sogar kurz die Beine – natürlich nur um den doppelten Keksriegel zu symbolisieren – und bewundern die Männer bei all ihren Aktivitäten.

Hat sich in dieser Hinsicht inzwischen etwas getan? Zumindest in der Fernsehwerbung geht es weniger sexistisch zu, man bemüht sich angestrengt, Männern Putzutensilien in die Hand zu drücken und Frauen stark erscheinen zu lassen – attraktiv und schlank müssen sie dabei natürlich trotzdem sein. Ein Blick auf die Internetseite der Initiative «Pink Stinks» zeigt allerdings, dass es noch immer gang und gäbe ist, mit halbnackten Frauenkörpern für Produkte zu werben. Hier eins meiner Lieblingsbeispiele, es findet sich zwischen lauter Brüsten, die für Getränke, Tiernahrung oder Hosen werben: Eine sehr knapp bekleidete Dame liegt am Boden, und über ihr prangt ein verblüffender Spruch: «Mit der Figur brauche ich kein Abitur.»

Oder denken wir an die Fahrradhelm-Kampagne unseres Verkehrsministeriums aus dem Jahr 2019. Andreas Scheuers Verständnis von Sicherheit im Straßenverkehr besteht offensichtlich darin, dass Models sich in Unterwäsche auf einem Bett rekeln und dabei einen Helm tragen. Diese Werbung sollte witzig sein – aber welche Art von Humor war das? War sie direkt dem Oktoberfest entsprungen?

Mein Humorverständnis wurde bereits von Männern ge-

Die Prägung **75**

prägt, bevor Andreas Scheuer Minister wurde. Ganz vorne dabei in den 80er Jahren: Loriot, immerhin mit der begnadeten Evelyn Hamann an seiner Seite, für die das «Jodeldiplom» die perfekte Möglichkeit war, auf eigenen Beinen zu stehen, wenn die Kinder aus dem Haus sein würden. Trotz all der Albernheit wurde in diesem Sketch ein feministischer Grundgedanke ausgesprochen, der wenige Sekunden später karikiert wurde, als der Ehemann der jodelnden Frau exakt dasselbe feministische Pamphlet von sich gibt wie zuvor seine Gattin, sie aber nicht mehr zu Wort kommen lässt.

Die Frau als Marionette des kleinen Mannes, selbst beim Thema Emanzipation: Der Großmeister des deutschen Humors bewies sein feines Gespür für das damalige Rollenverständnis. Auch Wolfgang Menge, der Erfinder von *Ein Herz und eine Seele* mit dem unvergesslichen «Ekel Alfred», der sich die Fußnägel am Küchentisch schnitt, seine Frau als dusselige Kuh beschimpfte und über die Dummheit seiner Tochter Rita die Augen verdrehte, überspitzte dieses Machtgefälle. Nur leider war wieder weit und breit keine weibliche Figur zu sehen, mit der man sich als Mädchen auch nur ansatzweise identifizieren mochte.

Dann beherrschte natürlich Otto Waalkes das deutsche Fernsehen, später Hape Kerkeling, und irgendwann entdeckte ich Monty Python, auch ein reiner Männerverein – wenn man von Carol Cleveland absieht, die gelegentlich sehr leicht bekleidet eine Nebenrolle einnahm.

Eine weibliche Stimme fand bei uns zu Hause allerdings Gehör, es war die von Elke Heidenreich alias Else Stratmann, die als schnoddrige Metzgersgattin das Weltgeschehen kommentierte. Doch das Lob der Erwachsenen stößt mir rückblickend sauer auf: «Die ist wirklich witzig – vor allem wenn man bedenkt, dass sie eine Frau ist!»

Männer schienen mir als Kind nicht nur humorvoller, mächtiger oder klüger zu sein, sie waren auch von größerem Interesse und hatten das Recht, alles zu beurteilen.

Wo ist das weibliche Genie?

Die Folgen meiner Sozialisation spüre ich gelegentlich bis heute. Kleines und peinliches Geständnis: Ich überfliege morgens auf *Zeit Online* die Überschriften, lese «Georg-Büchner-Preis verliehen», mein Blick wandert zu dem dazugehörigen Foto. Darauf zu sehen: Ein großer Mann in Anzug mit Maske, offensichtlich auf dem Weg zum Podium, bei ihm eingehakt eine deutlich kleinere Frau im dunklen Kleid. Und was denke ich: «Ah, nimmt der Preisträger seine Frau mit auf die Bühne? Das ist aber nett!» Interessiert lese ich also die Unterschrift und schäme mich zu Tode: Der Preis geht an die Frau, die Lyrikerin Elke Erb, der dazugehörige Mann bringt sie lediglich zum Podium. Mein Teilzeitfeministinnen-Hirn hat mal wieder zugeschlagen und in Sekundenschnelle dem Mann einen Preis verliehen. Manchmal kann man sich selbst schwer ertragen.

Wie hätte ich wohl bei dem Online-Experiment der University of Florida agiert, bei dem sich eine Doktorandin bei einem Teil der Studenten als Tutorin ausgab und bei dem anderen als Tutor – und dann ihre Arbeit evaluieren ließ?[29] Das Ergebnis ist erschütternd: Als Mann bekam sie für ihre Leistung nur eine schlechte Bewertung, als Frau hingegen musste sie sich für exakt den gleichen Kurs von fünf Teilnehmern anhören, dass ihre Arbeit nicht gut gewesen sei. Dieser Versuch stammt nicht etwa aus den 80er Jahren, sondern aus dem Jahr 2020.

Seien wir ehrlich: Wer denkt bei dem Begriff «Genie» an eine Frau? Das sind vermutlich die wenigsten, dieser Begriff ist nach wie vor männlich besetzt, mir fallen sofort Namen wie Mozart und Einstein, Leonardo da Vinci und Goethe ein. Kunst, Musik, Naturwissenschaften – überall sind es Männer gewesen, die Erstaunliches geleistet oder entdeckt haben.

Das liegt vorrangig daran, dass sie im Gegensatz zu Frauen nicht nur einen Zugang zu Bildung hatten, sondern auch jemanden, der sich im Hintergrund um «banale» Dinge wie das Essen, die Wäsche und natürlich um die Kinder kümmerte.

Aber warum denken wir bis heute nur an Männer, wenn das Wort Genie im Raum steht? Sind Frauen nicht originell, nicht kreativ, nicht mutig, nicht genial genug? Oder fehlt ihnen einfach genügend Größenwahn, um sich so zu exponieren, dass auch jeder mitbekommt, was sie auf dem Kasten haben – und dass sie alles andere stehen und liegen lassen?

Der Gedanke, dass Genie männlich ist, setzte sich zu Beginn des 19. Jahrhunderts in den Köpfen fest. Damals entstand auch das Klischee vom tugendhaften weiblichen Wesen, gegen das wir bis heute ankämpfen. Im Gegensatz zur Frau darf oder muss das Genie sogar Grenzen überschreiten, der grandiose Künstler kann nun mal gar nicht anders. Frauen werden dabei gedemütigt und ausgenutzt? Jaja, der Picasso, ein schlimmer Finger – aber ein Genie halt! Klaus Kinski vergreift sich an seinen Töchtern? Na so was – aber war er nicht doch irgendwie genial? Rainer Werner Fassbinder behandelt seine Schauspieler*innen wie den letzten Dreck – ach, dieses Enfant terrible! So läuft es doch. Ich möchte erleben, dass eine Frau sich genauso aufführt und dennoch als Genie gefeiert wird. Stellen wir uns vor, Greta Thunberg wechselt in ein paar Jahren ihre Männer schneller als man «Plastikstrohhalm» buchstabieren kann, oder malen wir uns aus, wie

Billie Eilish ihre Bandmitglieder ununterbrochen zusammenstaucht, sodass diese ihr Leben lang an Angststörungen leiden. Werden wir seufzen: «Ja, wirklich schlimm – aber sie kann nichts dafür, sie ist so begabt! Ein Genie eben!» Wohl kaum.

Die Schriftstellerin Elfriede Jelinek, die 2004 einen Literaturnobelpreis bekommen hat und spätestens dadurch offiziell als Genie gelten müsste, sagte immer wieder: «Es wird der Frau einfach kein Werk zugetraut.» Liegt da das Problem? Liegt es nicht nur daran, dass Frauen weniger Chancen hatten, etwas zu leisten und ihr Werk sichtbar zu machen, sondern am Zutrauen? Trauen weder die Männer den Frauen Genialität zu noch die Frauen sich selbst, werden sie bis heute weniger ermutigt, sich für begabt und kreativ zu halten?

An einem relativ aktuellen Beispiel sehen wir, wie stark die Idee vom männlichen Genie noch in unseren Köpfen steckt und wie die Medien dieses Bild dadurch weitertragen: Als die Nachricht vom ersten Covid-19-Impfstoff veröffentlicht wurde, wurde der Forscher Uğur Şahin als großes Genie und Erfinder gefeiert. Dass seine Ehefrau Özlem Türeci ebenfalls Forscherin und Gründerin des Unternehmens *Biontech* ist und ihre Beteiligung an der Entwicklung des Impfstoffs genauso groß, kam anfangs nicht zur Sprache. Auch Google führte sie zunächst nur als «Ehefrau von Uğur Şahin». Dabei ist die Ärztin Leiterin der Abteilung für Klinische Entwicklung bei *Biontech*, Vorsitzende eines Forschungs-Spitzenclusters des Bundesministeriums für Bildung und Forschung sowie Präsidentin von CIMT, dem größten europäischen Verband für Krebsimmuntherapie. Doch ihr Mann galt in den Medien zunächst als das große Genie, als Vater des neuen Impfstoffes, sein Foto prangte auf allen Titelseiten. Es hat ein paar Tage gedauert, bis auch seine Frau öffentlich wahrgenommen und gefeiert wurde.

Die Prägung

Erinnern wir uns daran, was passierte, als die junge Wissenschaftlerin namens Katie Bouman an der Harvard University die erste Aufnahme eines schwarzen Lochs gemacht hat – die Sensationsnachricht ging um die Welt, die Frau galt als Genie. Sofort entbrannte ein sexistischer Shitstorm gegen sie im Netz, in dem erklärt wurde, dass nicht sie, sondern der Forscher Andrew Chael der wahre Kopf des Projekts gewesen sei.

Hätten sich so viele Menschen ins Zeug gelegt und versucht, jemanden aus dem Rampenlicht zu schubsen, wenn es sich dabei nicht um eine Frau, sondern um einen Mann gehandelt hätte? Wohl kaum. Aber dass eine Frau etwas nie Dagewesenes geleistet hatte, erregte so viel Aufsehen und Hass, dass Bouman schließlich öffentlich auf Facebook erklärte: «Das heute gezeigte Bild ist eine Kombination aus Bildern, die durch unterschiedliche Methoden erzeugt wurden. Nicht ein Algorithmus oder ein Mensch haben dieses Bild ermöglicht, sondern ein Team unglaublich begabter Wissenschaftler, die über Jahre rund um den Globus hart gearbeitet haben.» Sie nahm sich selbst öffentlich zurück – ob gerechtfertigt oder nicht, immerhin bekräftigte ihr Kollege öffentlich ihre große Bedeutung für das Projekt –, aber sie stufte sich herab. Der öffentliche Hass hatte bewirkt, dass eine Frau sich kleiner macht, als sie ist.

Stellen wir uns vor, Leonardo da Vinci wäre bejubelt worden für seine Mona Lisa und hätte daraufhin gesagt: «Na ja, aber ohne die Frauen in meinem Malkurs ... und meine tolle Farbenhändlerin ... und natürlich ohne dieses geniale Modell hätte ich das gar nicht so schön hingekriegt.» Oder Mozart – er hätte sich nicht abfeiern lassen, sondern wäre zurückgerudert: «Aber meine Klavierlehrerin ... und meine Mutter nicht zu vergessen ... und das weibliche Publikum inspiriert mich immens, also mir allein dürft ihr nicht danken!»

Was für eine absurde Vorstellung! Aber bei Frauen ist das ein ganz normaler Vorgang, bei ihnen wundern wir uns gar nicht darüber. Warum sind wir so schlecht darin, Lob und Komplimente anzunehmen, und geradezu unfähig, unsere Leistung nach außen zu tragen? «Frauen und Komplimente» heißt ein wunderbarer Sketch von Maren Kroymann, in dem Frauen sich und ihre eigenen Fähigkeiten ununterbrochen degradieren – nein, eigentlich könne sie gar nicht backen, ihr gemaltes Bild sei wirklich nichts geworden, der neue Posten im Vorstand nicht erwähnenswert ... So geht es immer weiter, bis plötzlich eine der Frauen in der Runde sagt, dass sie so richtig stolz auf sich sei, sie sei wirklich großartig – und die anderen Frauen erstarren, sie sind völlig geschockt, schließlich sind sie Zeuginnen eines ganz besonderen Ereignisses, wie die Stimme aus dem Off erklärt: «Und das war das erste Mal in der Geschichte der Menschheit, dass eine Frau ein Kompliment angenommen hat.»

Ja, auf den Tag warten viele von uns nach wie vor, offensichtlich gehört es sich für Mädchen und Frauen nicht, sich selbst zu loben, die eigene Leistung großartig zu finden und sich abzufeiern. Geschieht das aus Rücksichtnahme auf die Männer, will man ihnen ein schlechtes Gefühl ersparen, sollen sie sich in ihrer Männlichkeit nicht gekränkt fühlen? Schließlich hat man von klein auf gelernt, wo man hingehört, und möchte darüber hinaus gemocht werden.

Oder ist es auch die Sorge, dass die anderen Frauen einen dann nicht mehr mögen, wenn man zu toll daherkommt? Schon gilt man als arrogant und hat Angst vor Mobbing und Geläster. Es dürfte eine gefährliche Mischung aus beidem sein, die dafür sorgt, dass Frauen ihr Potenzial nicht entfalten, dass sie zu oft mit angezogener Handbremse unterwegs sind. Lieber tiefstapeln und das Leben unter ferner liefen leben, anstatt im Mittelpunkt zu stehen, anstatt anzuecken und aufzufallen. Leider verstehe ich all das nur zu gut.

Aber, was tun? «Leg dir einfach das Selbstbewusstsein eines mittelmäßigen Mannes zu»[30], lautet das Lebensmotto der französischen Feministin Pauline Harmange, die den Essay *Ich hasse Männer* schrieb. Ich weiß, allen männlichen Geniekults zum Trotz, ganz genau, was sie mit der Mittelmäßigkeit meint und denke an Germanistik-Vorlesungen, in denen ein (natürlich männlicher) Professor vor ca. 100 Studentinnen und 20 Studenten sprach. Welche Finger gingen hoch, wenn eine Frage gestellt wurde? Die der Männer. Wer ging nach vorne, wenn es Arbeitsblätter zu verteilen gab? Männer. Ganz normale Männer, keine hochbegabten, extrem belesenen Studenten, sondern einfach junge Männer, die sich ihrer selbst sicher waren und sich wohl in ihrer Haut fühlten. Die meisten Frauen im Saal schwiegen und hatten vermutlich ähnliche Gedanken wie ich: «Ich habe ja noch gar nicht das Gesamtwerk von Goethe gelesen, wie kann ich es da wagen, mich auf eine Frage zu den *Wahlverwandtschaften* zu melden?» Oder womöglich dachten sie auch: «Ich habe heute diese Hose an, in dem mein Hintern so dick aussieht, ich bleibe lieber sitzen.» Tja, und genau so wird das nichts mit dem Aufstieg, denn wen wird der Professor wohl auswählen, wenn es um den nächsten HiWi-Job an der Uni geht? Jemanden, den er schon einmal wahrgenommen hat.

Habe ich mich besser verhalten als all die Frauen, die ich dafür kritisiere, dass sie lieber im Verborgenen büffeln, anstatt sich mit ihrem völlig ausreichenden Halbwissen hervorzutun? Nein, ich kenne all diese «weiblichen» Gedanken, diese Selbstzweifel, und ich habe bis heute Angst, über ein Thema nicht genug zu wissen, Zusammenhänge womöglich nicht bis ins letzte Detail erfasst zu haben oder in einer Diskussion über irgendwelche Zahlen zu stolpern, die ich nicht parat habe. Denn ich gehe davon aus, dass ich von vornherein nicht so ernst genommen werde wie jemand, der das Gleiche im Kopf, aber einen Penis zwischen den Beinen hat. Schließlich habe ich die Welt in den letzten 45 Jahren so wahrgenommen. Ich denke, dass mein Startblock weiter hinten liegt und ich doppelt so viel leisten muss, absolut perfekt und dabei noch nett anzusehen sein muss, um mich ebenbürtig zu fühlen mit all den mittelmäßigen Männern und ihrem riesigen Selbstbewusstsein. Ob das wirklich so ist? Schwer zu sagen, aber es fühlt sich zumindest sehr anstrengend an.

Wie die vorangegangen Seiten gezeigt haben, liegt es wohl aber doch wieder in erster Linie am Patriarchat, das Frauen seit Jahrtausenden erfolgreich vermittelt, inkompetenter und weniger wert zu sein.

Sobald sie ihre Stimme erheben, sobald ihr Kopf aus der breiten Masse hervorragt, werden sie besonders kritisch beäugt und grundsätzlich beurteilt. Aber das zu durchschauen reicht offensichtlich nicht aus, um sich selbst darüber hinwegzusetzen und all die selbstkritischen Gedanken auszublenden. Dabei hat die französische Schriftstellerin Olympe de Gouges in ihrer «Erklärung der Rechte der Frau und Bürgerin» bereits 1791 deutlich gemacht: «Die Frau hat das Recht, das Schafott zu besteigen. Gleichermaßen muss ihr das Recht zugestanden werden, eine Rednertribüne zu besteigen.»[31]

DIE FAMILIE:
KANN ICH FEMINISTIN SEIN UND IN MUTTERGEFÜHLEN VERSINKEN?

Dröseln wir weiter auf, wie ich von der gleichberechtigten Partnerin und gut verdienenden Arbeitnehmerin zur Teilzeitfeministin wurde. Eine Ursache war der Beginn einer neuen Liebe, mit der ich so nicht gerechnet habe, eine Liebe, die all meine Vorsätze und Visionen von einer gleichberechtigten Partnerschaft und von einer Karriere trotz Kind zunächst auf Eis gelegt hat: Die Liebe zu meinem Kind. Direkt nach der Geburt ist mir etwas passiert, das ich in dieser Form nicht erwartet hatte: Ich habe mich derartig verliebt in diesen neuen Menschen, den ich zur Welt gebracht hatte, dass ich mich ihm gegenüber für unverzichtbar und ihn für das wichtigste Wesen auf der ganzen Welt hielt.

Aber ist das feministisch, sich derartig von Muttergefühlen übermannen (sic!) zu lassen und alle hehren Pläne und Vorsätze für das eigene Leben über Bord zu werfen? Wie konnte das passieren?

Der Anfang vom Ende der Gleichberechtigung

Ehrlich gesagt dachte ich während der Schwangerschaft mehr über die Geburt nach als über die Zeit danach. Ob das Bergsteigern auch so geht, die einen Achttausender besteigen? Irgendwann kommen sie oben an, total erschöpft und überglücklich stehen sie auf dem Gipfel, fühlen sich unbesiegbar und mächtig, die ganze Welt liegt ihnen zu Füßen – und plötzlich fällt ihnen ein, dass sie von diesem ungemütlichen Steinhaufen ja wieder runtermüssen, und das, obwohl ihre Füße bereits zerfetzt und sämtliche Energieriegel aufgegessen sind. Aus heutiger Sicht ist es völlig lächerlich, sich so stark auf die Geburt zu konzentrieren, man kann nicht 12 Stunden Wehen gegen 18 Jahre Kinderaufzucht und vermutlich nie endende Sorgen verrechnen, doch mein Kind war für mich bis zum Kreißsaal abstrakt.

Und dann, nach einer relativ normalen Spontangeburt (Eingeweihte wissen, dass an einer Geburt so gut wie nichts spontan ist), mutierte ich beim ersten Anblick dieses glatzköpfigen, speckigen Wesens mit dem Silberblick eines Neugeborenen, das verschmiert auf meinem Bauch lag, zu einem Muttertier, das kein Dokumentarfilm über Affenliebe in der gesamten Dramatik hätte erfassen können. Vermutlich war es eine Überdosis Oxytocin, die mich überschwemmte, und dieser hormonelle Gefühlscocktail sorgte dafür, dass ich mein vorheriges Leben ... irgendwie vergaß. Das lag natürlich zum einen daran, dass ein Neugeborenes extrem viel Arbeit macht und einem sämtlichen Schlaf raubt, aber zum anderen interessierte mich die Welt da draußen wirklich nicht mehr. Ich zog mich in meine Höhle zurück, leckte meine Wunden und das Neugeborene. Ich las keine Tageszeitungen mehr, ich guckte keine der Sendungen, deren Vorbereitung mich bis vor kurzem Tag und Nacht beschäftigten, ich vergaß, auf welcher Seite die Einschaltquoten standen, die ich sonst jeden Morgen überprüft hatte, und wusste von einem Tag auf den anderen nicht mehr, was auf diesem Planeten vor sich ging. Mein Horizont endete an der Oberkante des *Babybay*. Ich war die nächsten Monate damit beschäftigt, mir Quark auf die vom Milchstau schmerzenden Riesenbrüste zu schmieren (half nicht), endlich herauszufinden, wann das Baby schläft (gar nicht) und gut gemeinte Ratschläge meiner Mitmenschen zu ignorieren (gelang mir nicht). Sobald das Kind doch einen Moment die Augen schloss, stöpselte ich Telefon und Klingel aus und starrte es an.

Mit anderen Worten: Ich war schockverliebtes Wrack und Löwenmutter in einem, ging ununterbrochen davon aus, dass mein Kind jeden Moment sterben würde, und wollte all denen den Kopf abbeißen, die dieses Wunder von Mensch auch nur ansatzweise schräg anguckten.

Die erste Folge dieses Anfängerfehlers: Das Kind war völlig auf mich fixiert. Und ich auf das Kind. Einen Teil der Aufgaben abgeben oder sogar das Kind selbst? Das erschien mir in den ersten Monaten unmöglich, aus den Augenwinkeln beobachtete ich immer kritisch, wie jemand mein Kind hielt, fütterte, wickelte – selbst wenn dieser Jemand an der Produktion dieses Winzlings aktiv beteiligt gewesen war. «Maternal Gatekeeping» nennen Soziologen dieses Phänomen, aber es ist natürlich auch Sexismus, wenn man Männern nicht zutraut, sich genauso gut um Kinder kümmern zu können wie Frauen. Ich war eine unerträgliche Besserwisserin, die sich zugleich gelegentlich im Selbstmitleid suhlte. Ich war eine Märtyrerin, ich opferte mich auf, vergaß mich selbst und fand das völlig normal.

Zur Beruhigung: Dieses Verhalten schleicht sich in den meisten Fällen mit der Zeit aus. Eines schönen Tages fällt einem ein, dass das andere Leben, in dem Brüste keine Dauerlutscher waren und man den Beckenboden noch für einen Teil des Schlagzeugs hielt, auch ganz erfrischend war.

Spätestens wenn der Nachwuchs größere Füße hat als man selbst, dürfte die Hochphase der Bemutterung vorbei sein. Und es geht auch anders, denn von Männern lernen heißt manchmal entspannen lernen. Wenn mein Mann mit den Kindern loszieht, denkt er weder an etwas zu trinken, geschweige denn etwas zu essen, und Ersatzklamotten für die Kleine packt er sowieso nicht ein. Wo sollte er sie auch reintun, er nimmt ja keine Tasche mit.

Ich gehe vorher alles im Geiste durch, um potenzielle Probleme in meiner mütterlichen Glaskugel vorherzusehen und zu vermeiden, die aber in den meisten Fällen nie auftreten. Früher sah ich beim Verlassen des Hauses aus, als würde ich gleich zu Fuß die Grenze von China nach Tibet überwinden, anstatt auf den kleinen Spielplatz im Viertel zu gehen. Und einen Hauch von Märtyrertum entdecke ich in Krisensituationen bis heute an mir.

Das beste oder eher schlimmste Beispiel für dieses Märtyrertum ist die Corona-Pandemie, die Mütter um Lichtjahre zurückgeworfen hat. Für mich fühlte sich der erste Lockdown an wie Elternzeit unter erschwerten Bedingungen: Ich muss meine Kinder (damals sechs und zehn Jahre alt) ununterbrochen zu Hause betreuen, bekomme dafür aber kein Elterngeld, sondern darf gleichzeitig irgendwie meinen Lebensunterhalt erwirtschaften. Die Kinder nannten diesen Zustand Corona-Ferien, für mich war es die wohl längste Geduldsprobe der Welt. Auf die Verbeamtung im Frühjahr 2021 nach einem Jahr Hilfslehrerschaft, die allen Eltern sowohl die Besoldungsgruppe A12 als auch großzügige Urlaubsregelungen gewährt, warte ich bis heute.

Diesen Wahnsinn muss ich nicht länger erklären, er steckt uns allen noch in den Knochen. Zahlreiche Studien belegen jedoch, dass es in erster Linie die Frauen waren, die zurücksteckten, um den Kindern und dem Aufrechterhalten eines halbwegs geordneten Alltags in der Notsituation gerecht zu werden. Laut einer Studie der Bertelsmann-Stiftung gaben 69 Prozent der Frauen an, die generelle Hausarbeit zu erledigen, aber nur 11 Prozent der Männer.[32] Bei den Untersuchungen zeigte sich jedoch etwas noch Erschütternderes: Wir haben während der Pandemie keinen wirklichen Rückschritt gemacht, sondern waren auch vorher von der Gleichberechtigung meilenweit entfernt. Mit Beginn der Pandemie übernahmen Frauen einfach wieder das, was vorher in Kitas, Schulen oder an Großeltern ausgelagert worden war, nicht an den Partner: Erziehen, Beschulen, Beschäftigen, Bekochen und Hinter-den-Kleinen-Herräumen. Als all das extern nicht mehr geleistet werden konnte, waren es automatisch die Mütter, auf die diese Aufgaben zurückfielen.

In den sozialen Netzwerken ließ sich hervorragend beobachten, dass in erster Linie Frauen seit Beginn der Kontaktsperre Basteltipps und Bewegungsspiele teilten, Links zu brauchbaren Kindersendungen verschickten und Tagespläne erstellten, um Strukturen zu schaffen. Es schien eindeutig ihre Aufgabe zu sein, die Arbeit mit der Kinderbetreuung in Einklang zu bringen, nachdem Kitas und Schulen dichtgemacht hatten. Homeoffice und Homeschooling könne zu einer neuen Work-Life-Balance führen, erklärte Ministerpräsident Markus Söder auf dem ersten Höhepunkt der Krise, und ich hätte ihm am liebsten meine beiden Kinder direkt auf den Schoß gesetzt – dann hätte in Bayern endlich Funkstille geherrscht.

Dass Kinderbetreuung und Homeoffice sich so gut vereinbaren lassen wie Kopfrechnen und dabei ein Lied singen, hat bis heute kaum ein Politiker verstanden. Mütter jedoch versuchten sich weiterhin an dieser Quadratur des Kreises, während ihre Partner sich weniger eingeschränkt um ihre Arbeit kümmerten. Dabei schwebten unausgesprochen die Fragen im Raum, die schon im normalen Alltag für Zündstoff sorgen: Wessen Job ist wichtiger, wessen Zeit wertvoller? Wer ist flexibler und kann besser zurückstecken?

Von einem Tag auf den anderen waren meine Kinder immer zu Hause, und alle ihre Fragen begannen mit «Mamaaaaaa?».

«Mamaaaaaa?», hieß es von morgens bis abends, ganz egal, ob es um eine zweite Socke oder die dritte Ableitung ging. Bei jedem «Mamaaaaaa?» beschleunigt sich mein Herzschlag, und meine Konzentration auf das, was ich bis zu dem Moment gemacht habe, löst sich automatisch in Luft auf. Würden Mütter für jedes «Mamaaaaaa?» einen Cent bekommen, wäre das Problem der Altersarmut gelöst – nur leider verwandelt sich dieser Ausruf nicht automatisch in ein «Papaaaaaa?», wenn der Erzeuger ebenfalls zu Hause ist. Und der Erzeuger meiner Kinder verlegte sein Büro ins Souterrain, während mein Arbeitszimmer sich direkt neben der Küche befindet. Finde den Fehler.

An dem ewigen «Mamaaaaaa?» sind natürlich nicht die Kinder schuld, sondern die über Jahre gewachsenen Strukturen: Wer häufiger da ist, wird erster Ansprechpartner. Wer sich mehr kümmert, kennt sich aus. Es funktionierte am reibungslosesten, wenn ich mich um alles kümmerte – und die Kinder leiden sowieso schon unter der Situation, dachte ich, also mach ich das schnell. Und das ... und das noch. Ach so, ich leide auch, stimmt ... Aber die Märtyrerin war zurück, ich hatte sie wieder zum Leben erweckt, diese übermächtige Mama-Mumie aus ihrem Sarkophag gelassen, und stellte meine Bedürfnisse und meine Berufstätigkeit hintenan. Für ein paar Monate würde das schon gehen, dachte ich und schrieb meine Texte morgens um vier und wunderte mich, wie lahm sie waren. Ich führte Interviews, während ich Ausmalbilder ausdruckte oder Brote schmierte, und dachte beim Redigieren, dass ich besser hätte nachfragen sollen. Aber mein Job war offensichtlich weniger wichtig als der meines Mannes, das müssen die Restgedanken gewesen sein, die mein von Corona vernebeltes Hirn hervorbrachte. Ich schrieb als Solo-Selbständige schließlich nur für ein paar Auftraggeber, er musste auch für das Wohl seiner Mitarbeiter sorgen. Mein Einkommen sicherte die Großeinkäufe, den Klavierunterricht und die Aktivitäten rund um Schule und Freizeit, seins zahlte den Hauskredit ab sowie alle laufenden Kosten – und schon kam ich mir weniger wert vor. Eine irrsinnige Rechnung, in der die gesamte Care-Arbeit einfach unter den Tisch fällt. Würde ich alle Arbeitsstunden, die ich für die Aufzucht und Pflege unserer Brut aufbringe, finanziell in diese Rechnung mit einbeziehen, wäre mein Job kein bisschen weniger wertvoll, das deckt der «CareRechner» gnadenlos auf. Diese App berechnet den Wert der geleisteten, unbezahlten Fürsorgearbeit – aber Achtung, man sollte emotional sehr gefestigt sein, wenn man seine Daten dort eingibt! Plötzlich wird einem klar, dass man in diesem Moment in einer abbezahlten Eigentumswohnung sitzen würde, wenn man nicht die letzten 15 Jahre unentgeltlich seiner Familie hinterhergeräumt hätte.

Der emotionale Wert, den die Fürsorgearbeit für die Kinder hat, ist darüber hinaus sowieso unbezahlbar.

Eines Corona-Mittags kam mein Mann aus seinem Büro hoch und sah an meinem irren Blick, dass etwas nicht in Ordnung war. Er war sich vermutlich nicht sicher, ob ich gleich die Kinder zur Adoption freigeben, die dreckige Küche in die Luft sprengen oder mich freiwillig mit Corona infizieren würde, um endlich in Quarantäne zu kommen. Aber er sagte in seiner ruhigen Art nur: «So, ab heute wechseln wir uns ab mit dem Büro unten – und du gehst jetzt direkt dorthin.» Es klang, als hätte ich eine Corona-Ereigniskarte gezogen: «Gehe in den Keller. Begib dich direkt dorthin. Gehe nicht über Los. Ziehe nicht 200 Euro ein.» Aber noch nie hat sich der Weg nach unten so befreiend angefühlt.

Warum bitte habe ich Möchtegern-Feministin gewartet, bis mein Mann diesen völlig richtigen und vernünftigen Vorschlag gemacht hat? Warum musste ich erst auf allen vieren in Richtung Burn-out krauchen und von ihm gerettet werden, während ich wie Aschenbrödel auf dem Fußboden saß und versuchte, die Englisch-Vokabeln in das Töpfchen und die Steckperlen in das Kröpfchen zu sortieren? Warum musste erst ein Prinz angeritten kommen und mich ins Kellerbüro befördern? Ich hätte doch auch selbst den Mund aufmachen und sagen können: Stopp, hier läuft was schief!

Ich denke nicht, dass ich sonderlich auf den Mund gefallen bin, und mein Mann ist alles andere als ein dominanter Despot, der mich am liebsten in der Küche anketten möchte. Aber ich war mal wieder gefangen in meiner Sozialisation, in meinem Mutter-Märtyrertum und in dem Irrsinn, es allen beweisen zu müssen und gerade in der Krise zu zeigen, dass ich einfach alles kann: Kinder, Küche, Karriere – und Corona natürlich auch.

Fingerdicke Mutterliebe

Bevor ich selbst Mutter wurde, habe ich nie verstanden, warum Frauen sich für ihre Kinder so sehr zurücknahmen und gleichzeitig aufopferten. Mir kam der ganze Wahnsinn rund um den Nachwuchs ziemlich übertrieben vor. Ich würde meine völlig unkomplizierten Kinder einfach überall mit hinnehmen, dachte ich großspurig, und schlafen können die schließlich auch auf fremden Sofas. Was würde ich darum geben, nur einen Tag lang so naiv und unbedarft zu sein wie damals!

Obwohl ich nicht wusste, was ich werden wollte, so wusste ich immer genau, welches Leben ich *nicht* führen wollte: das meiner Mutter. Sie ging keiner bezahlten Arbeit nach, sondern steckte ihre gesamte Energie in den Haushalt, ununterbrochen wurde bei uns aufgeräumt und geputzt, jeden Tag frisch eingekauft und gekocht – und auf unserer Küchenarbeitsfläche hätte man zwischen Mittagessen und Abendbrot problemlos eine Operation am offenen Herzen durchführen können, so steril war sie. Meine Mutter war immer beschäftigt, aber wenn sie von ihrem Leben vor uns Kindern erzählte, von ihrer Arbeit als Schneiderin in Bremen und Hamburg, leuchteten ihre Augen anders als sonst. Sie war eine Großstadtpflanze mit selbstgenähten Klamotten und lackierten Fingernägeln gewesen, aber nachdem sie mit zwei kleinen Kindern in Ostfriesland gelandet war, passte sie sich dem dortigen Lebensstil an und fing an zu kochen. Und zu backen. Und zu putzen. Und zu gärtnern. Ob sie sich ihr Leben ursprünglich anders vorgestellt hatte? Ich kann nur mit Gewissheit sagen, dass sie glücklich war, ihren Töchtern mehr Entfaltungsmöglichkeiten geben zu können.

Aber ich muss an Isadora Wing denken, die Protagonistin aus Erica Jongs Bestseller *Angst vorm Fliegen*. In diesem Buch geht es nicht nur um Sex, wie gern behauptet wird – die Protagonistin ringt mit ihrer Rolle als selbstbestimmte Frau, auch im Hinblick auf ihre Mutter, die zwei ganz unterschiedliche Seiten hatte: «Meine böse Mutter hielt mir vor, dass sie, wenn es mich nicht gegeben hätte, eine berühmte Künstlerin geworden wäre, und meine gute Mutter vergötterte mich und hätte mich um nichts in der Welt missen mögen.»[33] Isabella erlebt ihre Mutter als gequält, frustriert, ständig gereizt und verärgert. Frau sein bedeute, aus zwei unvereinbaren Hälften zu bestehen, erklärt sie. Und sie stellt resigniert fest, dass sie es nie geschafft habe, diese beiden Hälften zu vereinen. «Vielleicht glückt es dir besser»[34], sagt sie hoffnungsvoll zu ihrer Tochter, und ich weiß, dass meine Mutter sich das für mich auch gewünscht hat. Ich bin mir nur nicht sicher, ob ich ihr diesen Wunsch erfüllen kann, denn seit ich Kinder habe, fühle ich mich gelegentlich genauso gespalten wie all die Frauen vor mir.

Bis heute habe ich eine tiefsitzende Angst, mich eines Morgens auf einem Abstellgleis mit eingebauter Kochzeile wiederzufinden, ein paar Kinder am Rockzipfel und völlig ab von dem Schuss, den mir mein recht lebendiges Leben bis dahin täglich verpasst hatte. Die Corona-Pandemie hat diese Angst verstärkt.

«Nichts hat einen stärkeren psychischen Einfluss auf die Kinder als das ungelebte Leben der Eltern», hat der Psychoanalytiker C.G. Jung gesagt, und ich weiß genau, was er meint, wenn ich an all die Frauen und insbesondere die Mütter denke, die für ihre Kinder zurückgesteckt haben und noch immer zurückstecken. Ich will kein ungelebtes Leben, und ich will meine Kinder nicht dadurch traumatisieren, dass ich ihnen suggeriere, mich ausgebremst zu haben. Sie haben mich nicht darum gebeten, auf die Welt zu kommen. Und ich will nicht unter meinen Möglichkeiten bleiben, nur weil ich eine Gebärmutter habe. Darum versuche ich ununterbrochen in zu viele Richtungen gleichzeitig zu rennen und dabei sämtliche Bälle in der Luft zu halten. Von der Stelle komme ich auf diese Weise allerdings nicht, denke ich manchmal. Das ist nicht nur meine Schuld: Natürlich könnte ich mich manchmal freier machen im Kopf, aber es sind auch die gesellschaftlichen Strukturen, die männlich geprägte Arbeitswelt und unser Muttermythos, die dazu führen, dass Frauen mit Kindern bis heute nur schwer vom Fleck kommen.

Wo bitte geht's zum Vaterinstinkt?

Bevor ich Kinder hatte, liebte ich meine Arbeit als Talkshow-Redakteurin. Bei allem, was ich sah, hörte oder las, dachte ich darüber nach, ob sich das für eine Sendung eignen würde, und war überglücklich, wenn ich ein tolles Thema umsetzen konnte. Es gab kaum einen Abend, an dem ich vor 21 Uhr zu Hause war, doch ich empfand das nur selten als Belastung. Ich war ehrgeizig, und ich zog mein Glück und mein Selbstwertgefühl aus meinem Beruf. Das mag rückblickend weder gesund noch sonderlich klug gewesen sein. Heute erkenne ich, dass ich damals überzeugt war, nicht verletzlich sein, keine «weibliche» Schwäche zeigen zu dürfen, um im Beruf ernst genommen zu werden und weiterzukommen.

Ich fand Kinder durchaus witzig und konnte mir vorstellen, eines Tages welche zu haben, aber einen biologischen Mutterinstinkt zweifelte ich an. Warum sollten wir Frauen Aufzuchtspezialistinnen und Zärtlichkeitslieferantinnen sein? Wir gelten doch nur als fürsorglich, empathisch und liebevoll, weil uns das so beigebracht wurde. Wieso redet niemand vom Vaterinstinkt – den musste es doch genauso geben!

Doch dann wurde ich Mutter und tat genau das, was man hierzulande von einer «guten Mutter» erwartet – allein dieser Begriff lässt mich heute zusammenzucken ... Gute Mutter, das klingt wie gute Butter. Wir können gar nicht genug davon kriegen, fingerdick muss die Mutterliebe auf alles geschmiert werden, was nach Familie aussieht. Ich machte genau das, was ich mein Leben lang gesehen und erlebt habe: dass eine Mutter das Leben, das sie erschafft, liebt und beschützt – bis hin zur völligen Selbstaufgabe.

Dieses Phänomen scheint in einigen Ländern besonders verbreitet zu sein, leider gehört Deutschland dazu: «Sobald Deutsche, Italienerinnen oder Japanerinnen Mütter werden, verkümmert ihre Rolle als Frau oft – anders als in der französischen Tradition – so weit, dass kaum mehr Platz für ihre persönlichen Interessen und Ambitionen bleibt»[35], schreibt die französische Philosophieprofessorin Elisabeth Badinter in ihrem Buch *Der Konflikt. Die Frau und die Mutter*. Das ist wahr, gerade in den ersten Jahren stellen Mütter ihre Bedürfnisse zurück, plötzlich haben die Frauen keine Hobbys mehr, melden sich vom Sportkurs ab und verschieben immer wieder die Treffen mit ihren Freundinnen. Ich kenne das alles: Entweder meint man, sich einfach nicht mehr aufraffen zu können, weil der Tag anstrengend genug war, vielleicht hat man auch keine Lust, den Partner für diesen Zeitraum zu instruieren. Oder man weiß, dass das Ins-Bett-geh-Theater groß wird, wenn Mutti nicht da ist. Das ist so verständlich wie bescheuert, denn jede Abwechslung tut gut und gibt neue Energie im Alltagstrott. Das bestätigt auch die Psychologin und Bestseller-Autorin Patricia Cammarata, die ich zwischen dem ersten und zweiten Lockdown nach Tipps für erschöpfte Eltern gefragt habe: «Wenn Kinder geboren werden, gehen Männer meist ihrem Hobby weiter nach und nehmen das bewusst als Ausgleich. Frauen geben häufiger ihr Hobby eher auf, was aber nicht guttut. Gerade in einer belasteten Zeit erscheint es paradox, einem Freizeitvergnügen nachzugehen, weil das ein Zusatzaufwand ist. Aber es ist erholsam, mal aus dem Hamsterrad herauszukommen.»[36]

Was war mit mir los, wenn ich verzückt an den schorfigen Köpfen meiner Kinder schnupperte oder ungefragt Fotos von diesen segelohrigen, hamsterbackigen und von Neugeborenen-Akne gezeichneten Wesen mit Mönchstonsur verschickte? Ich war mir damals absolut sicher, die schönsten Kinder der Welt geboren zu haben. Wenn ich heute einige dieser Bilder sehe, muss ich lachen und denke: Na ja ... für eine *Pampers*-Werbung hätte die niemand gecastet.

Waren das damals die vielgepriesenen Muttergefühle, die von mir Besitz ergriffen hatten? Im Duden steht das Wort Muttergefühle ganz dicht bei der «Mutter Gottes» – aber das «Muttergenesungsheim» ist auch nicht weit. Jede Mutter weiß, dass mehr Wahrheit als Ironie in dieser Nähe zwischen den Buchdeckeln liegt. Für die Duden-Redaktion ist das Muttergefühl das «von einer Mutter ihrem Kind entgegengebrachte Gefühl der Zuwendung, Fürsorglichkeit o.Ä.». Ein Vatergefühl gibt es in diesem Nachschlagewerk nicht, und auch im täglichen Sprachgebrauch ist das Wort nicht fest verankert. Die meisten Menschen würden ein Vatergefühl wohl in erster Linie mit Stolz assoziieren und nicht mit irrationaler, überschwänglicher Liebe. Dass die Erwartungen an das mütterliche Verhalten vielschichtiger und größer sind als die an Väter, zeigen weitere Wortkreationen: Rabenmutter klingt viel böser als Rabenvater, und es gibt zwar Karrieremütter, aber keine Karriereväter, denn Männer können offensichtlich Karriere machen und Vater sein, ohne dass das erwähnenswert ist. Familienväter gibt es wiederum, während das Wort Familienmutter in unseren unemanzipierten Ohren keinen Sinn macht. Auch der englische Begriff «Working Mum» sucht verzweifelt nach seinem Pendant, «Working Dad» kommt uns albern vor, das ist doch doppelt-gemoppelt, Tautologie und nicht Oxymoron. Selbst «Walking Dead» klingt für uns vertrauter als «Working Dad» – eine Zombie-Apokalypse erscheint naheliegender als ein Mann, der in erster Linie Vater und nur im Attribut arbeitend ist.

Dass Muttergefühle nicht nur sprachlich existieren, sondern auch das rationale Denken gelegentlich ausschalten, werden viele Mütter bestätigen können. Anders lässt sich nicht erklären, dass wir jede Kita-Aufführung nur unscharf sehen, weil uns ununterbrochen das Wasser in den Augen steht, sobald die Kleinen zu einer Art Gesang anstimmen, die nur Eingeweihte als Weihnachtslied identifizieren können. Und ich weiß noch genau, wie mein Sohn im Alter von drei Jahren zum ersten Mal allein auf dem Weihnachtsmarkt in einem winzigen Babykarussell saß – und losfuhr! Einfach so, hinaus in die große weite Welt, ganz allein! Wo wollte er bloß hin? Würde ich ihn jemals wiedersehen? Ich schluckte. Ach ja, da war er schon wieder, so ein Karussell dreht sich bekanntlich nur im Kreis und hält nach 15 Sekunden wieder an, das hatte ich einen melodramatischen Moment lang vergessen.

Manchmal habe ich gedacht, dass die sich über Wochen hinziehende Kita-Eingewöhnung gar nicht für die Kinder gemacht wird, sondern für Mütter wie mich. Nur so können sie sich langsam entwöhnen, man muss den kalten Entzug vermeiden, indem man ihnen die Droge, an der sie zu gern schnuppern, langsam entzieht. Da saß ich plötzlich für eine Stunde ganz allein im Café, wie sehr hatte ich diesen Moment herbeigesehnt, wie gut sich das anfühlte! Doch vor meinem geistigen Auge sah ich immer noch den Kleinen, der die Arme nach mir ausgestreckt und geweint hatte, als ich die Kita verließ.

War ich mehr auf Fortpflanzung und Brutpflege programmiert, als meinem Verstand lieb ist? Und ist das eher meiner Sozialisation zuzuschreiben, oder liegt es doch in den Genen? Wie viel Einfluss hat die Biologie auf mein Verhalten?

Fangen wir mit dem Klassiker an, dem Oxytocin. Die Ausschüttung des Hormons Oxytocin bei der Geburt und beim Stillen sorgt dafür, dass wir uns mit unserem Nachwuchs verbunden fühlen. Es ist aber kein Frauenhormon, wie gern gesagt wird, denn Männer produzieren dieses «Kuschelhormon» ebenfalls, und was das bedeutet, erklärt die Wissenschaftsjournalistin Mai Thi Nguyen-Kim sehr anschaulich in ihrem Video «Sind Väter die schlechteren Eltern?»[37]. Sie zitiert darin eine Studie, in der nachgewiesen wird, dass sich der Oxytocinspiegel von Müttern und Vätern während und sechs Monate nach der Geburt des Kindes nicht unterscheidet. Oxytocin wird ausgeschüttet, wenn man sich mit seinem Kind beschäftigt, mit ihm schmust, es füttert oder mit ihm spielt. Nicht weil man eine Vagina hat. Und je mehr Zeit Väter mit ihren Kindern verbringen, umso stärker sinkt auch ihr Testosteronspiegel, das wurde ebenfalls nachgewiesen. Das bedeutet: Ein Mann muss nicht schwanger sein oder stillen können, um eine körperliche Veränderung durch die Geburt eines Kindes zu erfahren, und wir alle wachsen in die Elternrolle hinein. Manche schnell und manchmal vielleicht zu leidenschaftlich, so wie ich beim ersten Kind. Anderen wiederum fällt es schwer, die Rolle überhaupt anzunehmen, schließlich gibt es Mütter mit postnatalen Depressionen – und einigen Frauen gelingt es nie. Das Thema ist nach wie vor ein Tabu, und wem nach der Geburt nicht das Glück aus allen Poren schießt oder wer sich als Mutter gar im Laufe seines Lebens von seinem Sprössling distanziert, wird gesellschaftlich geächtet.

Adoptiveltern wiederum können ihr Kind genauso lieben wie leibliche Eltern, ohne den ganzen hormonellen Wahnsinn von

Schwangerschaft und Geburt erlebt haben zu müssen, alleinerziehende Väter oder homosexuelle Paare mit Kind ebenfalls. Wir können also nicht von einem angeborenen Mutterinstinkt sprechen, sondern von einem erlernten, dafür spricht auch die Studie «Father's brain is sensitive to childcare experiences», die die Aktivierung der unterschiedlichen Gehirnregionen von Eltern untersucht hat.[38] Die Wissenschaftler haben dabei herausgefunden, dass bei einem der Elternteile die Amygdala stärker aktiviert war, also die mandelförmige Region in der Mitte des Gehirns, die für die Verarbeitung von Emotionen zuständig ist. Stellen wir uns vor, das Kind weint – in dem Moment signalisiert die Amygdala als Stressbewertungssystem, dass eine Notsituation vorliegt und Handlungsbedarf besteht. Passiert so etwas täglich mehrmals – wie es bei Säuglingen nun einmal ist –, läuft dieser Teil des Gehirns quasi ständig einen Marathon und ist entsprechend trainiert.

Nun wird es interessant: Bei den heterosexuellen Paaren, die untersucht wurden, waren es die Frauen, deren Amygdala auf Hochtouren lief – und nun könnte man sagen: Na also, das Gehirn der Frau ist doch angelegt auf Familie und Gedöns! Doch bei all den untersuchten heterosexuellen Paaren waren es auch die Frauen, die den «klassischen» Part übernommen hatten, die sich also die meiste Zeit um den Nachwuchs kümmerten. Zum Vergleich wurden in der Studie homosexuelle Väter untersucht, und hier zeigte sich, dass bei den Männerpaaren auch nur einer der beiden Partner mit einer stärker aktivierten Amygdala herumlief: Es war ebenfalls derjenige, der die meiste Zeit mit dem Kind verbrachte, ihre Amygdala-Aktivierung entsprach der der Mütter, die die gleiche Rolle eingenommen hatten. Sogenannte Muttergefühle entstehen also als Folge von miteinander verbrachter Zeit und hängen ab von der Intensität des Zusammenseins, nicht von Geschlechtschromosomen – und sowieso sollten wir sie dringend in «Elterngefühle» umbenennen. Und wo wir schon dabei sind: Auch aus dem Mutterinstinkt darf ein Elterninstinkt werden.

Hinzu kommt ein weiterer Faktor: Es gibt sowohl weltweit als auch von Generation zu Generation große Unterschiede in der Auffassung, wie man sich richtig um sein Baby kümmert – wer hat denn da bitte den «richtigen» Mutterinstinkt?

Blicken wir in die 70er Jahre zurück: Stillen galt als ungesund, meine Generation wurde vorwiegend mit künstlichem Milchpulver großgezogen. Verwöhnen war die achte Todsünde, ein Baby durfte nicht verhätschelt werden und man musste es auch mal schreien lassen, sonst würde es einem eines Tages auf der Nase herumtanzen. Über Tragetücher hätte man sich genauso lustig gemacht wie über das Wort Bonding oder gar Attachment Parenting. Möchte man den Müttern von damals ihren Instinkt absprechen? Aus heutiger Sicht am liebsten schon, aber das würden sie nicht gelten lassen, denn einige von ihnen halten sich bis heute für die besseren Mütter als ihre Töchter, die in ihren Augen den Nachwuchs bei jedem kleinsten Mucks an sich pressen. Abgesehen davon unterdrückt man seine Instinkte ja gelegentlich, dafür muss die Verzweiflung nur groß genug sein. Denken wir an den Ratgeber-Klassiker *Jedes Kind kann schlafen lernen*. Wer ein paar Monate lang die Nächte durchgemacht hat, hält es plötzlich für die genialste Idee der Welt, sein Kind hinter verschlossener Tür so lange schreien zu lassen, bis es selbst in den Schlaf findet. Nach einer halben Stunde erträgt man das Gebrüll allerdings nicht mehr, sodass man das Experiment abbricht und allen «Expert*innen»-Warnungen zum Trotz das Kind aus dem Bettchen hebt und an sich drückt ... ich weiß, wovon ich schreibe.

Sehen afrikanische Mütter Videos von europäischen Frauen, die sich über ihre auf dem Boden liegenden Kinder beugen oder diese zum Schlafen in ein eigenes Zimmer bringen, sind sie entsetzt. In der afrikanischen Kultur grenzt es an Kindesmisshandlung, ein Baby allein schlafen zu lassen, gleichzeitig muss der Nachwuchs in den dörflichen Regionen Afrikas und Asiens schnell selbständig werden, er wird zum frühen Sitzen animiert, erklärt die Entwicklungspsychologin Heidi Keller.[39]

Es kann also nicht schaden, das eigene Mutterbild gelegentlich kritisch zu hinterfragen und über den Tellerrand hinauszublicken, sobald das Oxytocin das zulässt. Noch besser ist es, sich regelmäßig für mindestens drei Tage aus dem Familienzirkus herauszuziehen und den Partner zur ersten Geige zu erklären (nein, er darf in dieser Zeit nicht zu seinen Eltern fahren und sich dort von seiner Mutter bedienen lassen).

Nachdem ich zum ersten Mal in unserem Familienleben eine ganze Woche weg war, saß ich am nächsten Morgen allein mit meinem Sohn am Frühstückstisch. Er wollte irgendetwas, aber anstatt wie sonst den Satz mit «Mamaaaa?» anzufangen, sagte er ganz instinktiv «Papaaaa?» zu mir. Ich jubelte und malte mir ein rotes P in den Kalender – was für ein Feiertag, kaum ist man mehrere Tage nicht zuständig, schon hört das GeMamaaaa?re von ganz alleine auf. Diese Lektion hätte ich gern ein paar Jahre früher gelernt.

Ein noch entscheidenderer Punkt ist natürlich die gerechte Aufteilung der Elternzeit, erst wenn Väter nicht nur ihre zwei Alibimonate für einen Familientrip nach Thailand nutzen (na, wer denkt wohl an die Baby-Sonnencreme und die Schwimmwindeln?), sondern mindestens ein halbes Jahr lang in der Zeit diese ganz spezielle Mischung aus Überforderung und Langeweile erleben, die der Alltag mit Baby bereithält, kann sich langfristig etwas ändern. Die Politik sollte entsprechende Anreize setzen, hier ein paar Vorschläge:

Weg mit dem Ehegattensplitting. Es degradiert Frauen zu zweitrangigen Hinzuverdienerinnen, es trichtert ihnen ein: Arbeiten lohnt sich nicht! Also arbeiten viele Frauen in Teilzeit- oder Minijobs und landen in der schlechteren Steuerklasse. Das bedeutet, dass sie weniger vom sowieso schon geringeren Nettoeinkommen haben – wie ungerecht ist das bitte? Die langfristige Folge dieser Arbeitsverhältnisse heißt Altersarmut. Frauen bekommen in Deutschland 53 Prozent weniger Rente als Männer – das ist der Dank dafür, dass sie beruflich kürzertreten, um die Rentenzahler von morgen großzuziehen. Nicht nur in der Familie muss geregelt werden, wie man Rentenansprüche gerecht aufteilt, auch die Care-Arbeit muss sich positiv auf die Rente auswirken.

Die Lohnlücke liegt bei 18 Prozent, wir müssen diese Lohndifferenz endlich durch mehr Transparenz und bessere Bezahlung in sogenannten Frauenberufen abschaffen. Erst wenn Frauen gleichberechtigt entlohnt werden, sind Eltern frei in ihrer Entscheidung, wie sie Eltern- und Arbeitszeiten aufteilen.

Vielleicht brauchen wir sogar eine Männerquote in Frauenberufen? Dann würden wir dort auch das Lohnniveau heben, denn es steigt interessanterweise dort, wo mehr Männer arbeiten.

Die Elternzeit muss anders gefördert werden, damit die Hauptlast nicht bei den Frauen bleibt. Warum bekommt man nicht die volle Summe nur dann, wenn die Monate gleichberechtigt aufgeteilt werden?

Wirklich gelingen würde die faire Kombination von Familie und Erwerbstätigkeit nur, wenn beide Partner in den ersten Jahren mit Kindern maximal 30 Stunden arbeiten würden.

Eltern brauchen Zeit, und unsere Arbeitswelt darf nicht ausschließlich auf Menschen zugeschnitten sein, die niemals aussetzen oder Stunden reduzieren.

Erst durch solche Veränderungen leben wir der nächsten Generation mehr Gleichberechtigung vor, Väter kennen den Alltag mit Kindern und Mütter werden entlastet.

Das Private ist politisch, nicht umsonst prägte dieser vielzitierte Leitspruch die Frauenbewegung der 70er Jahre, und er hat nicht an Bedeutung verloren. Auch mein Teilzeitfeminismus ist politisch. Wie sollen wir Frauen in der Gesellschaft die Hälfte der Macht bekommen, wenn wir das nicht einmal zu Hause schaffen, mit unserem Partner? Aber stopp! Warum müssen wir Frauen das schon wieder schaffen, warum ist es nicht auch das Anliegen der Männer, dass in den eigenen vier Wänden Gleichberechtigung herrscht? Unsere Alltagsprobleme sind ein Politikum, wir brauchen nicht nur individuelle Lösungen in den Familien, sondern auch gesellschaftspolitische. Sonst bleibt wieder alles an den Frauen hängen, die denken, sie seien schlecht organisiert und nicht tough genug, weil sie immer wieder an der Vereinbarkeit von Familie und Beruf scheitern.

Nur wenn wir diese Problematik heute in Angriff nehmen, verändern wir die Gesellschaft von morgen.

DER HAUSHALT:
KANN ICH FEMINISTIN SEIN UND TROTZDEM LIEBER HAUSFRAU?

Als ich 1975 geboren wurde, erschien Alice Schwarzers Werk *Der kleine Unterschied und seine großen Folgen*. Es machte Schwarzer berühmt und zum Hassobjekt der Bundesrepublik, sie wurde wüst beschimpft und kann im Nachhinein froh sein, dass es noch keine sozialen Medien gab, denn der entsprechende Shitstorm wäre vermutlich kaum zu ertragen gewesen. Das Buch war damals ein Skandal, dabei war es nichts anderes als eine Aneinanderreihung von Gesprächsprotokollen von 17 sehr unterschiedlichen Frauen, die grundehrlich über ihr Leben, die Arbeit, Partnerschaften und ihre Sexualität sprachen. Aber diese Geständnisse hatten es in sich, denn sie offenbarten, wie Frauen sich fühlten: minderwertig, benutzt und missbraucht, unterdrückt, kurz: wertlos. Alice Schwarzer schreibt im Vorwort: «Ich habe viel dabei gelernt, war wieder einmal überrascht, in welchem Ausmaß Zeit und Angst bei Frauengesprächen zum Problem wird. Zeit, weil Frauen nie Zeit und immer zu tun haben, immer hetzen müssen, zur Arbeit, zu wartenden Kindern und Männern. Angst, weil Frauen Angst vor Männern, vor ihren Männern haben, denn sie sind emotional, sozial und meist auch ökonomisch von ihnen abhängig.»[40]

Der kleine Unterschied hat immer noch Folgen

Sind diese Beschreibungen Schnee von gestern? Schön wär's, zumindest an der Sache mit der Zeit hat sich bis heute nicht viel verändert, die meisten Frauen, die ich kenne, sind ununterbrochen im Schweinsgalopp unterwegs, um allen gerecht zu werden. Genau wie ich. Auch ökonomisch abhängig sind die meisten, denn von ihrem Teilzeitgehalt oder ihrem Lohn in den schlecht bezahlten «weiblichen» Berufen wie Pflege etc. könnten sie sich und die Kinder nicht allein durchbringen.

Seit der Reform des Scheidungs- und Unterhaltsrechts 2008 sind geschiedene Partner für ihren Lebensunterhalt selbst verantwortlich, wenn keine Kinder unter drei Jahren betreut werden. Mit anderen Worten: Die alleinerziehenden Mütter können zusehen, dass sie ihren Beruf und die Kinderbetreuung allein auf die Reihe kriegen und irgendwie von dem leben, was sie bei dem Spagat erwirtschaften.

Im Hinblick auf die von Schwarzer zitierte Angst bin ich verleitet zu sagen: Na ja, also Angst ... vor dem eigenen Mann? Ernsthaft? Aber dann wird mir wieder bewusst, wie groß die Gewalt gegen Frauen gerade in den eigenen Familien ist. Im Jahr 2019 wurden laut Bundeskriminalamt 14 792 Menschen Opfer von Gewaltdelikten ihrer Partner oder ehemaligen Partner, davon mehr als 80 Prozent Frauen.[41] Wohlgemerkt: Das ist die Anzahl der Menschen, die tatsächlich Anzeige erstattet hat, die meisten tun es nicht, ob aus Angst vor weiteren Übergriffen, aus Scham oder aus finanzieller Abhängigkeit. Am internationalen Tag gegen Gewalt an Frauen informierte Angela Merkel darüber, dass jede dritte Frau in Deutschland mindestens einmal im Leben von physischer oder sexualisierter Gewalt betroffen sei und alle 45 Minuten eine Frau durch aktuelle oder ehemalige

Partner verletzt oder angegriffen werde.[42] Den Aufschrei nach dieser Meldung habe ich wohl irgendwie verpasst.

Das eigene Zuhause ist nicht für alle Menschen ein Ort der Entspannung und des Rückzugs, im Gegenteil. Ein Drittel der Gewalt gegen Frauen wird hier verübt: von Partnern, Vätern oder auch Brüdern, die sie schlagen, unterdrücken oder misshandeln. Die Corona-Krise hat die Situation noch verschärft – und damit stirbt auch die Hoffnung, dass die von Alice Schwarzer aufgezeigten Missstände aus dem Jahr 1975 olle Kamellen sind. Frauen haben immer noch keine Zeit, und sie sind noch lange nicht frei von Angst.

Darüber hinaus sind viele Frauen meiner Generation Töchter und Enkelinnen von ängstlichen Frauen, von unterdrückten Frauen, von misshandelten Frauen, von ungeliebten Frauen. Ein Blick in meine eigene Familie reicht, um das zu erkennen. Meine Mutter wurde von einem herrischen Vater erzogen, der sich von vorn bis hinten hat bedienen lassen und nicht einmal in der Lage war, sich allein einen Tee zu kochen. Und sie wurde von einer Mutter geprägt, die aus einem ganz einfachen Grund von ihrer Mutter nie geliebt worden war: weil sie nicht das erwünschte Geschlecht hatte. Das bekam meine Oma nicht nur indirekt zu spüren: Es wurde ihr ganz klipp und klar gesagt, dass sie als Mädchen nichts wert und nicht erwünscht sei. Dass die meisten meiner Vorfahrinnen mehr Ablehnung als Liebe, mehr Unterdrückung als Freiheit und gelegentlich sogar Gewalt zu spüren bekamen, ist kein Geheimnis.

Inzwischen gibt es Untersuchungen darüber, dass Traumata an die nächsten Generationen weitergegeben werden können. In der Epigenetik wird erforscht, wie Erlebnisse und Verhaltensweisen unsere DNA beeinflussen und verändern und dadurch vererbt werden können. Die nächste oder gar übernächste Generation kann also über Spuren eines Traumas im Erbgut verfügen, ohne es selbst erlebt zu haben.

Die Schriftstellerin Lily Brett beschreibt das in ihren Werken immer wieder; als Kind jüdischer Eltern, die den Holocaust überlebten, leidet sie ihr Leben lang unter diffusen Ängsten und an Depression grenzender Traurigkeit, obwohl sie erst nach dem Zweiten Weltkrieg geboren wurde.

Nicht nur Kriegserlebnisse, sondern auch eine Hungersnot oder persönliche traumatische Erfahrungen werden als unangenehme Gefühle oder Ängste im Erbgut gespeichert und an die nächste Generation weitergegeben. Offensichtlich hinterlassen einige Ereignisse also nicht nur Narben auf der Seele, sondern auch in der DNA, und diese Veränderungen können bis über drei Generationen hinweg verfolgt werden.

Ich frage mich im Hinblick auf diese Erkenntnisse, welchen Einfluss die Erlebnisse unserer Mütter und Großmütter auf die nächste Generation und womöglich speziell auf die Frauen haben. Ist es wirklich bereits mit mehr Frauenrechten getan, sind wir frei, weil wir im Gegensatz zu unseren Vorfahrinnen wählen dürfen, Berufe ausüben oder uns gegen Kinder entscheiden können? Womöglich schleppen wir noch etwas von ihren Verwundungen, ihrer Ohnmacht und ihrem Gefühl, minderwertig zu sein, mit uns herum. Es gibt bisher keine gezielte Forschung dazu, inwiefern solche Altlasten uns möglicherweise prägen. Aber sobald ich mich frage, warum viele Frauen weniger selbstbewusst sind als Männer, konfliktscheuer und angepasster, denke ich über genau diesen Punkt nach.

Wenn ich etwas nachsichtiger wäre, könnte ich mit diesem Blick in die Geschichte besser verstehen, warum weder in unserer Gesellschaft noch in meinem Kopf alles gleichberechtigt zugeht. Doch das klappt nicht, ich werde nicht versöhnter, sondern wütender. Gleichberechtigung hat keine Tradition, sie wurde nicht als etwas Selbstverständliches und Allgemeingültiges von Generation zu Generation weitergegeben. Es gibt kein Schulfach, das Gleichberechtigung lehrt.

Sobald ich meinen Alltag genauer unter die Lupe nehme, merke ich, dass ich das Erbe meiner Mutter angetreten habe. Ich habe von ihr weder Immobilien noch Schmuck oder Ersparnisse geerbt, sondern ihr Pflichtgefühl und damit alle Aufgaben, die sie früher erledigt hat.

Es gibt allerdings einen entscheidenden Unterschied: Meine Mutter war Hausfrau, sie hatte also deutlich mehr Zeit, sich um all das zu kümmern. Gleichzeitig unterlag sie anderen gesellschaftlichen Ansprüchen. Es war damals nicht nur akzeptiert, sondern sogar gewünscht, «nur» Hausfrau und «nur» Mutter zu sein, und es war die Zeit, in der von einer Frau, die mehrere Kinder geboren hatte, keine Model-Figur erwartet wurde. Das Wort «MILF» war noch nicht erfunden, also die irrwitzige Idee, eine «Mum I'd like to fuck» sein zu müssen, eine Mutter, die so heiß aussieht, dass Männer bei ihrem Anblick nur daran denken, sie schnellstmöglich flachzulegen. Die Frau hat neun Monate ein Kind ausgetragen und unter Schmerzen geboren – und nun soll sie bitte so schnell wie möglich wieder «fuckable» werden? In dieses Denkmuster passt auch der sogenannte Husband Stitch, denen Frauen bis heute im Kreißsaal zum Opfer fallen, nachdem sie gerade ein Kind zur Welt gebracht haben. Wenn das Gewebe zwischen Vagina und After durch die Geburt verletzt wurde, wird es anschließend genäht. Dabei kann es vorkommen, dass ein Stich mehr gemacht wird als medizinisch nötig, dass die Frau also «enger genäht» wird – dem Ehemann zuliebe. Das ist menschenverachtend und sexistisch und bereitet den Frauen darüber hinaus Schmerzen beim Sex. Wie wäre es mit einer Folterkammer direkt neben dem Kreißsaal für jeden Arzt, der das macht, und für jeden frischgebackenen Vater, der auch nur wagt, danach zu fragen?

Kehren wir zurück in die 80er Jahre, als Frauen mit Fußstulpen und Stirnband in stickigen Turnhallen auf den Spuren Jane Fondas herumhampelten. Sie dachten weder über die Form ihrer Vulvalippen nach (schließlich trug man damals einen alles verdeckenden Busch) noch über Gluten oder Laktose im Kinderessen. Zucker war damals keine Droge, und ein Kind konnte zur Real- oder Hauptschule gehen, ohne als Versager zu gelten. Mit anderen Worten: In den 70er und 80er Jahren Hausfrau und Mutter zu sein – insbesondere in einer ländlichen Gegend –, klingt auf den ersten Blick nach einem vergleichsweise entspannten Leben. Zumindest solange keine Fragen nach Sinn und Freiheit, nach Wertschätzung und finanzieller Unabhängigkeit gestellt werden.

Die Hausfrau und der Sinn

Die Frage nach dem Sinn des Hausfrauendaseins stellte die US-Amerikanerin Erma Bombeck schon in den 60er Jahren. Berühmt wurde sie mit ihrem Buch *Nur der Pudding hört mein Seufzen*, in dem sie über ihr Leben als Hausfrau und Mutter berichtete. Mit viel Ironie und gelegentlichem Zynismus beschreibt sie den täglichen Wahnsinn zwischen Kinderaufzucht und Instandhaltung von Haus und Hof, bei dem sie selbst auf der Strecke bleibt. Sie erklärt, dass jede Frau ab und an gegen depressive Zustände ankämpft: «Gelegentlich wird einer Mutter schlagartig klar, dass alle auf ihr herumtrampeln, sich an ihr die Füße abputzen, dass keiner an sie denkt. Damit beginnt eine Periode fürchterlichsten Selbstmitleids, die sie sehr genießt.»[43] Na ja, denke ich zunächst beim Lesen dieses kurzweiligen Buches, das ist natürlich eine ganz andere und längst vergangene Zeit: Bombeck lebte in den 60er Jahren in der amerikanischen Provinz, es war die gesellschaftlich vorgeschriebene Rolle der Frau, sich um Kinder und Küche zu kümmern, sie hatte kaum eine andere Perspektive (selbst wenn sie arbeitete, fiel das in ihren Verantwortungsbereich). Kein Wunder, dass sie durchdreht und ihre Situation nur mit Humor und Alkohol erträgt. Ich habe sofort Francesca vor Augen, die unglückliche Hausfrau in dem Film *Die Brücken am Fluss*, die sich in einen durchreisenden Fremden verliebt, als sie endlich einmal ein paar Tage allein ist. Und weil der Fremde Clint Eastwood ist und schön fotografiert und so gar keine Ähnlichkeit mit ihrem lieblosen Ehemann hat, denkt sie ernsthaft darüber nach, ihr tristes Leben für ihn zu verlassen. Sofort möchte ich jeder amerikanischen Hausfrau (und gelegentlich mir selbst) einen Clint Eastwood vorbeischicken, mit dem sie dann aber bitte auch durchbrennt, beherzt in seinen alten Pick-up springt und sich auf den Weg macht, ein paar neue Brücken zu überqueren. Moment – wünsche ich mir gerade schon wieder, von einem Mann gerettet zu werden?

Haben sich die Zeiten denn gar nicht geändert seit den 60ern? Erma Bombeck beschreibt noch etwas, das mir bekannt vorkommt: «Jeden November passiert es wieder. Warum, weiß ich auch nicht. Plötzlich überfällt mich eine Art Hausfrauenkoller. Ich möchte in gestärkter Schürze herumwirtschaften, Brot backen, Leintücher handbügeln und meine eigene Seife kochen.»[44] Hausfrauensyndrom nennt Bombeck ihr merkwürdiges Verhalten, das auch dazu führt, dass sie Bohnen einweckt, Blumen in einer Vase arrangiert und ein Buch «für stille Stunden» danebendrapiert in der Illusion, dass es diesen Moment eines Tages geben wird.

Ich weiß leider genau, was sie meint. Auch wenn ich außerordentlich ungern putze, geschweige denn jemals auf die Idee kommen würde, Handtücher zu bügeln oder Seife zu kochen, kenne ich das Bedürfnis, es allen in der Vorweihnachtszeit «schön» zu machen. Es ist eine seltsame Form des Nestbautriebs, die einsetzt, getriggert von einer fragwürdigen Heile-Welt-Phantasie. Ich lese mit den Kindern, wie auf Bullerbü die Flickenteppiche gewaschen und die Pfefferkuchen gebacken werden, und möchte ihnen ein Heim schaffen, in dem alles glänzt und nach Selbstgebackenem riecht und sämtliche Dinge ihren Platz haben. Welche ungestillte Sehnsucht wird da wach? Ist das das Leben, das ich nie hatte und nach dem ich insgeheim strebe? Warum möchte ich plötzlich aufspringen und Gardinen waschen, obwohl vor unseren Fenstern gar keine hängen?

Ich denke an die letzte Vorweihnachtszeit zurück und erinnere mich, dass diese angeblich besinnliche Zeit lediglich der absurde Höhepunkt der Familienorganisation ist. Die vermeintlich schönste Zeit des Jahres bringt Mütter komplett an ihre Grenzen. Die Kinder erwarten einen Adventskalender, und wer es nicht geschafft hat, auf die gekaufte Schokoladenvariante für 99 Cent umzusteigen, bevor das kindliche Erinnerungsvermögen einsetzt, verbringt mehrere Tage, um passende Kleinteile aufzuspüren und einzeln zu verpacken. Ein Adventskranz muss her – selbstgemacht oder gekauft? –, die Geschenkeanfragen von Omas und Opas trudeln direkt auf dem mütterlichen Handy ein, die alten Herrschaften sind hilflos: Wo kriegt man das bloß? Kannst du das nicht gleich besorgen? Im Hintergrund lauert die schwierige Frage, welcher Weihnachtsfeiertag bei wem verbracht wird – und was essen wir wann? (Einkaufsliste!) –, und zwischendurch kündigt sich der Nikolaus an, leider nur in der Theorie, in der Praxis ist es die Mutter, die den Stiefel befüllt, während ein alter weißer Mann den Ruhm dafür einheimst. Schon beim Gedanken an die nächste Vorweihnachtszeit kriege ich Herzrasen – und zwar nicht aus Vorfreude.

Letzten Dezember habe ich einen beruflichen Auftrag abgesagt, weil ich wusste, dass mich eine weitere Aufgabe in einem Monat, der von Basteleien, Weihnachtsfeiern, Geschenkebesorgen und Essensplanung unterwandert ist, endgültig in die Knie zwingen würde. So wird das nichts mit dem Feminismus. Andererseits lässt sich aus dieser Perspektive betrachtet meine Bullerbü-Realitätsflucht viel besser erklären. Sie ist nicht nur dem leicht nachvollziehbaren Wunsch geschuldet, in einer aufgeräumten und nichtklebrigen Umgebung zu leben. Sie entspricht auch einer Sehnsucht nach Ruhe, nach einem Rückzugsort, in dem einfach mal alles erledigt ist, in dem einem nicht morgens um 7.30 Uhr beim gemeinsamen Verlassen des Hauses einfällt, dass das Kind heute fertigen Plätzchenteig mit zur Schule bringen muss, und wo nicht in letzter Sekunde die Weihnachtsgeschenke per *Amazon Prime* eintrudeln. Vielen Frauen meiner Generation fehlt die Zeit für einen gepflegten Haushalt und vermutlich nicht nur mir auch gelegentlich das Fachwissen. Insgeheim spüren wir womöglich, dass es bei uns zu Hause früher gemütlicher, geordneter, irgendwie anders war, aber wir können nur mutmaßen, woher unsere Mütter wussten, wann es an der Zeit war, die Oberflächen der Küchenschränke abzuwischen oder die Betten frisch zu beziehen. Gelegentlich versuche ich, dieses Rätsel zu lösen, und stoße dabei auf Familienplanungs-Apps, ich finde *Pinterest*-Putzpläne und gucke gebannt zu, wie Marie Kondo T-Shirts aufrollt und farblich sortiert in Kisten steckt.

Ist Marie Kondo eigentlich eine Vorzeige-Feministin, weil sie ihr eigenes Imperium erschaffen hat und damit Millionen verdient – oder ist sie genau das Gegenteil? Verrät sie unsere unaufgeräumte Freiheit, indem sie die Themen Haushalt und Putzen perfektioniert? Immerhin richtet sie sich nicht explizit an Frauen, sondern bezieht in ihrer *Netflix*-Serie beide Partner mit ein. Abgesehen davon entlarvt die Fragestellung mich und nicht Marie Kondo: Wie komme ich überhaupt darauf, dass Haushalt und Putzen Frauensachen sind? Gäbe es keine Frauen auf dieser Welt, müssten die verbleibenden Männer auch ihren Kram beieinanderhalten, sich etwas zu essen machen und irgendwann hinter sich aufräumen, um nicht unterzugehen. Und natürlich würde das funktionieren. Abgesehen davon beweisen Single-Männer jeden Tag, dass ihre Spezies überlebensfähig ist – also weg mit diesem vorsintflutlichen Gedankengut.

Trotzdem kaufe ich Teilzeitfeministin Bücher, auf denen *Schneller putzen, mehr leben* steht und lasse mir von Expertinnen raten, neue Alltagsroutinen einzuplanen. Ich möge am besten gleich morgens eine Waschmaschine anschmeißen und immer nach dem Händewaschen das Waschbecken kurz durchwischen, steht da – dann würde ich auch nachmittags genügend Zeit haben, um mit den Kindern Badepralinen zu basteln. Badepralinen! Wer braucht die und wozu der Aufwand? Ich höre das Blut in meinen Ohren schon rauschen bei der Vorstellung, der Tinnitus ist nicht weit. Die Vorschläge werden immer wilder: Wie wäre es, am Wochenende aus regionalen Zutaten für die ganze Woche vorzukochen? Einfach mal vier Stunden schnibbeln, kochen, wegtuppern – und die neue Woche kann gesund beginnen! Allein die Vorstellung macht mir schlechte Laune.

Ich soll mir auch einen Timer auf 15 Minuten stellen und in

dieser Zeit wie ein geölter Blitz durchs Haus sausen alles aufräumen, was mir in die hektischen Finger kommt.

Das mag alles wahnsinnig gut gemeint sein, doch diese Ansätze lösen das Grundproblem nicht, dass Frauen immer alles auf dem Zettel haben und sich grundsätzlich zuständig fühlen. Im Gegenteil, wenn wir immer weiter versuchen, auf diese Weise uns und unser Leben zu optimieren, landen wir schneller in der Burn-out-Klinik, als Marie Kondo unsere sieben Packungen Badesalz wegschmeißen kann, die wir nur gekauft haben, weil «Entspannung» oder «Zeit für Sie» draufstand.

Aber wer hatte es nun besser: Meine Mutter, die «nur» Hausfrau war und deshalb zwar nicht zeitlich, aber bestimmt emotional gestresst war? Oder ich, die viel mehr Wahlmöglichkeiten hat und sich vielleicht mal locker machen sollte?

Letzte Ausfahrt Tradwife?

Warum muss ich überhaupt arbeiten gehen und zusätzlich noch den ganzen Haushalt an der Backe haben? Dafür aber nur einen Hungerlohn kriegen und gleichzeitig vom Mann als Ernährer abhängig bleiben, was für ein Irrsinn! Die britische Kolumnistin Laurie Penny schreibt: «Wenn der Feminismus uns nicht mehr gebracht als das Recht auf Lohnarbeit, so kommt durchaus zu Recht das Gefühl auf, dass es mit der Emanzipation nicht so weit her ist und dass die Frauen, die sich für den attraktiven Prinzen und die Hausfrauenrolle entschieden, vielleicht doch die richtige Wahl trafen.»[45]

Damit sind wir bei den sogenannten Tradwives, diese selbsternannten traditionellen Ehefrauen propagieren in den USA und Großbritannien neuerdings ein aus feministischer Perspektive ziemlich fragwürdiges Frauenbild. In Petticoats, mit betonierten Haartollen und selbstgebackenem Kuchen in der Hand inszenieren sie eine heile Welt, die sie eigenhändig erschaffen. Ihr Rezept dafür ist ganz einfach: Sie gehen keiner Erwerbstätigkeit nach und haben dadurch genügend Zeit, sich aufopferungsvoll um die eigenen vier Wände, den Nachwuchs und natürlich den schwer schuftenden Ehemann zu kümmern. Und am Ende um sich selbst, aber nur, um dem Gatten einen erfreulichen Anblick zu bieten. Der Mann muss allerdings tatsächlich performen, denn eine Familie von nur einem Gehalt zu ernähren, ist in den letzten Jahrzehnten zunehmend schwieriger geworden und für viele gar nicht möglich. Sich überhaupt dafür entscheiden zu können, zu Hause zu bleiben, ist extrem privilegiert.

Ein Werbespot aus den 50er Jahren, dem geistigen Eldorado der Tradwives, offenbart die Anforderungen und Erwartungen an die Frauen von damals: Die Hausfrau wirbelt in Schürze mit dem Staubtuch herum, während auf dem Herd das Essen brodelt. Nur vor einem alten Porträt von sich hält sie kurz inne, und eine dramatische Frage tut sich auf: «Bist du etwa nicht mehr so hübsch wie damals?»[46] Aber dann wird der verblüffende Lösungsansatz präsentiert: *Frauengold*, eine Art Herz-Kreislauf-Tonikum. Dieser Kräutertrunk galt damals als das perfekte Stärkungsmittel für Frauen, die von ihrem Alltag überfordert waren. In dem Clip wird gezeigt, dass es der gestressten Hausfrau dank der Einnahme von *Frauengold* so gut geht, dass sie nicht wie früher mit dem ungeschickten Ehemann schimpft, wenn er etwas umwirft, sondern stattdessen die Sauerei geschwind aufwischt, um sich danach direkt von ihm ins Bett tragen zu lassen. Dazu die besänftigende Stimme aus dem Off:

Der Haushalt

«Durch eine Kur mit *Frauengold* wirst du glücklich gemacht und wirst glücklich machen.»

Natürlich war *Frauengold* nichts anderes als gut getarnter Alkohol, mit dem die deutschen Frauen sich ihren Alltag als «Heimchen am Herd» schön saufen durften.

Über den Alkohol sollten wir an dieser Stelle ein paar Zeilen verlieren, auch wenn es ungemütlich wird, denn in Sachen Alkoholsucht holen Frauen auf: Ausgerechnet hier sind wir nicht mehr weit von der Gleichberechtigung entfernt. «Vor etwa zehn Jahren kam auf 3,5 alkoholkranke Männer eine Frau, heute kommt eine Frau auf 2,4 Männer»[47], heißt es in der *Süddeutschen Zeitung* in einem bewegenden Text über eine berufstätige Mutter, die ihre Überforderung jeden Tag wegtrinkt und weiß, dass sie damit ein Problem hat. Es sind junge, gut ausgebildete und emanzipierte Frauen wie sie, für die es nur dieses Ventil gibt, um den täglichen Druck abzubauen, allen gerecht werden zu müssen: dem Arbeitgeber, dem Partner, dem Kind und der Gesellschaft.

Jürgen Rehm, Professor am Institut für Klinische Psychologie und Psychotherapie an der TU Dresden und einer der führenden Forscher für Alkoholsucht, erklärt: «Es besteht ein nachweisbarer Zusammenhang zwischen dem Grad an Emanzipation in einem Land und dem Anteil an Alkohol, den Frauen dort konsumieren.»[48] Darauf einen *Dujardin*, die Emanzipation bringt die Frauen an die Flasche, das hat uns gerade noch gefehlt. Es ist aber vordergründig auch zu hilfreich, sich mit einem Gläschen zu belohnen (allein die Verharmlosung durch das Diminutiv lässt tief blicken), wenn wieder ein völlig überladener Tag geschafft ist und die Kinder in ihren Betten liegen. Ich kenne das Gefühl. Gerade in der Corona-Krise fiel der Griff zur Weinflasche leicht, und wenn man sich im Freundeskreis umhörte, schien es sich bei diesem Verhalten nicht um ein seltenes Naturschauspiel zu handeln, das ausschließlich auf unserem heimischen Sofa stattfand. Der Alkohol war Entspannung und Belohnung nach einem viel zu vollen und gefühlt dennoch leeren Tag, er läutete eine Art Feierabend ein und sollte uns beweisen, dass wir nicht nur lebendig, sondern trotz allem immer noch lustig waren.

Es muss doch inzwischen eine Möglichkeit geben, Frau, Mutter und Arbeitnehmerin zu sein – in welcher Reihenfolge auch immer –, ohne im Suff zu enden!

Ob es den «modernen» Tradwives gelingen mag, ihre konservative Lebensform ohne Alkohol zu ertragen? Immerhin betonen sie, dass sie die wahre Selbstbestimmung leben, und fordern gesellschaftliche Anerkennung für dieses Modell. Sie begreifen ihr Tun sogar als feministisch: «Just because we've chosen the ironing board, instead of the boardroom – doesn't mean we don't care about women's rights or female empowerment», heißt es auf dem *Instagram*-Account von #apronCladArmy.

«Nur weil wir das Bügelbrett statt des Sitzungssaals gewählt haben, heißt das nicht, dass wir uns nicht um Frauenrechte oder die Stärkung von Frauen kümmern» – wie das genau vom Bügelbrett aus geht, beschreibt die Dame allerdings nicht. Ich hege die geheime Hoffnung, dass die Töchter dieser Tradwives als Akt der Auflehnung mit nie da gewesener Energie und Durchschlagskraft für die Rechte der Frauen kämpfen werden. Ich freue mich schon auf sie.

Die Tradwives betonen indes, dass die Verehrung des Patriarchats, das freiwillige Zurücktreten hinter dem Mann und das Zurückziehen in das warme Nest ihr eigener Wunsch sei – und das mag bei den Frauen, die sich entsprechend in den sozialen Medien inszenieren, auch zutreffen. Womöglich ist es gelegentlich sogar befreiend, in einer immer unübersichtlicher werdenden Welt genau zu wissen, wo man hingehört. Feminismus bedeutet Freiheit und Selbstbestimmung für jede einzelne Frau, insofern wäre es falsch, die Tradwives und ihre Lebensform zu verurteilen. Zumindest solange sie sich von rechtsradikalem Gedankengut distanzieren, denn gewisse Assoziationen werden bei ihren inszenierten Bildern vom blonden Mutterglück durchaus wach.

Jede Frau soll Hausfrau sein dürfen, solange es nicht die äußeren Umstände sind, die sie dazu zwingen. Die Frage ist nur: Gefällt es den Frauen tatsächlich, sich den ganzen Tag um ihre Kinder zu kümmern, oder haben sie einfach keinen Kita-Platz bekommen? Putzen sie wirklich lieber den Kühlschrank, anstatt einen Beruf zu haben? Sind sie bequem und wollen sie sich schlichtweg dem Leistungsdruck «da draußen» nicht aussetzen? (Wir kommen dazu noch im nächsten Kapitel.) Oder sind sie schlichtweg nicht bereit, sich irgendwo zwischen befristeten Arbeitsverträgen oder Selbständigkeit einen Platz erkämpfen zu müssen, der auch noch mit Kita-Schließzeiten und außerschulischer Betreuung in Einklang zu bringen wäre?

Haben die freiwilligen Hausfrauen einfach kapituliert, verzichten sie darauf, sich zwischen Beruf und Familie aufzureiben, machen sie lieber die eine Sache perfekt, anstatt sich täglich für wenig Geld in einen Job zu werfen und zu wissen, dass die große Karriere wahrscheinlich eh nie kommen wird?

Es wäre verlogen, wenn ich sagen würde, dass ich nichts davon nachvollziehen könnte. Gleichzeitig schwingt bei mir an dieser Stelle immer der wunderbare Buchtitel von Helma Sick mit: *Ein Mann ist keine Altersvorsorge*. Denn sobald der wohlumsorgte Mann einer Tradwife den Kuchen seiner Nachbarin leckerer findet oder er frühzeitig das Zeitliche segnet, geht das Hausmütterchen-Konzept nicht mehr auf. Und wenn es die äußeren Umstände wie Kita-Schließzeiten, Ausgrenzung am Arbeitsplatz, fehlende Aufstiegschancen, zu geringes Gehalt und zu wenig Unterstützung vom Partner sind, die Frauen dazu treiben, sich in die eigenen vier Wände zurückzuziehen, müssen wir die äußeren Umstände ändern, anstatt uns anzupassen und uns unsichtbar zu machen.

Natürlich soll jede Frau sich für ein Hausfrauen-Modell entscheiden dürfen, wenn sie es wirklich möchte – genauso wie es jedem Vater erlaubt sein muss, zu Hause zu bleiben, ohne auf gesellschaftliches Unverständnis zu stoßen. Ein Mann, der einer Frau zuliebe ein Tradwife-Leben führt, würde dafür als Feminist gefeiert werden. Eine Frau wird für genau dasselbe Verhalten schnell verurteilt. Das ist keine Gleichberechtigung. Würden wir uns alle in erster Linie als Menschen betrachten, von denen diejenigen mehr Familienarbeit leisten, denen es mehr Freude bereitet oder in dessen Lebensplanung es gerade besser reinpasst – völlig unabhängig davon, welche Form die Organe zwischen ihren Beinen haben –, wäre unser aller Leben leichter.

Der Weiblichkeitswahn ist noch da

Wir müssen über die Verklärung des Hausfrauendaseins reden, das in chaotischen Stunden der Überforderung mein Hirn umnebelt, denn die heile Vanillepudding-Welt entspricht nicht der Realität. Die Tradwives scheinen dem Weiblichkeitswahn zu unterliegen, den die Publizistin Betty Friedan 1963 in ihrem gleichnamigen Bestseller *Der Weiblichkeitswahn. Ein vehementer Protest gegen das Wunschbild von der Frau* beschrieb. Sie erklärt darin, wie Frauen durch die Gesellschaft und die Werbung auf die Rolle der Hausfrau und Mutter reduziert werden, um sie zu kaufkräftigen Konsumentinnen und Sauberkeitsexpertinnen zu machen. Eine geniale Taktik, denn so kurbeln Frauen die Wirtschaft an, halten sich aber gleichzeitig im Haushalt für unersetzlich, kümmern sich unentgeltlich um Kinder und Küche und überlassen den Männern den Arbeitsmarkt. Die amerikanischen Frauen, für die es in den 50er Jahren schon lange selbstverständlich war, zu wählen und Universitäten besuchen zu können, verzichteten plötzlich freiwillig auf eine Berufsausbildung oder ein Studium. Stattdessen heirateten sie jung und setzten ein Kind nach dem anderen in die Welt. Man flüsterte ihnen ein, eine glückliche Hausfrau und Mutter zu sein, man suggerierte ihnen, dass es gar kein besseres Dasein geben könne, als in einem Vorort zu leben und sich einzig und allein dem Nachwuchs und den eigenen vier Wänden zu widmen. Dieses Modell wurde tatsächlich als Höhepunkt der Evolution gefeiert, diese Frauen müssten doch wahnsinnig glücklich sein, dachte man. Ernsthaft. Und dann kam nach und nach ans Licht, dass diese Frauen leider kein bisschen glücklich waren, auch wenn es ihnen anfangs schwerfiel, das zuzugeben. Sie litten unter einem «Problem ohne Namen», wie Friedan schreibt, sie fühlten sich leer und unvollständig, hatten Kopfschmerzen und Schlafstörungen, viele nahmen Beruhigungstabletten oder tranken zu viel Alkohol, andere waren nur noch antriebslos und wurden depressiv. «Hausfrauensyndrom» nannte ein Arzt diese mysteriöse Krankheit, aber eine Erklärung fanden die männlichen Ärzte und Psychotherapeuten zunächst nicht, diese unglücklichen Hausfrauen stellten sie vor das größte Rätsel ihrer Berufslaufbahn.

Genau das macht einen beim Lesen von Betty Friedans Klassiker heute so sprachlos: Das Buch verdeutlicht, dass Frauen als befremdliche Wesen zweiter Klasse angesehen wurden, nicht als gleichberechtigte Menschen mit eigenen Bedürfnissen. Aus heutiger Sicht ist das Rätsel um die Hausfrauen leicht zu lösen, es ging um eine ganz einfache Frage, die in all den unglücklichen Müttern in ihren goldenen Käfigen gärte und die vielen Frauen nach wie vor bekannt vorkommen dürfte: «Ist das alles?»[49] War das ihr Leben, diese Existenz zwischen Schulbroten, Herd und Waschmaschine, wo der Höhepunkt des Tages in einem Plausch über die Hecke mit der Nachbarin bestand und das Tagesziel erreicht war, wenn man dem Gatten abends das Essen servierte? Ja, es sah leider ganz danach aus.

Wer mehrere Monate am Stück jeden Tag vom Morgengrauen bis zum Einschlafritual ausschließlich in Gesellschaft eines Kleinkindes verbracht hat, weiß genau, warum die Schriftstellerin Doris Lessing es als «Himalaya der Langeweile»[50] bezeichnet hat, Mutter von kleinen Kindern zu sein. Simone de Beauvoir reichte bereits ihr Haushalt, um sich genervt zu fühlen, sie sagte: «Es gibt wenig Aufgaben, die der Sisyphus-Qual verwandter sind als die Hausfrauenarbeit.»[51] Die Ärmste konnte damals noch nicht einmal Podcasts beim Putzen hören, und ich werde den Eindruck nicht los, dass ihr Jean-Paul Sartre eher nicht der Typ war, der im Vorbeigehen die Kaffeetassen abgespült oder die Betten frisch bezogen hat.

Doch der Vergleich mit Sisyphus, der seinen riesigen Stein immer wieder unter größter Kraftanstrengung auf den Berg schieben musste, kommt mir fast zu einfach vor. Gut, ein paar egozentrische Götter zerrten an dem armen Kerl, aber dafür hatte er auch nur eine einzige Aufgabe zu erledigen. Seine To-do-Liste war extrem überschaubar. Eine Hausfrau und Mutter hat unzählige Tasks, niemals wird ihre Liste sich auch nur ansatzweise lichten, und nur selten erfährt sie Dank für die oft unsichtbare Arbeit, die sie von morgens bis abends verrichtet und ohne die das System Familie zusammenbrechen würde.

Albert Camus betrachtete Sisyphus als glücklichen Menschen, weil er die Sinnlosigkeit seiner Handlung voll und ganz akzeptiert hatte und sich dadurch befreite. Könnten nach dieser Logik Tradwives die wahren Existenzialistinnen sein, weil sie die Sinnlosigkeit ihres Tuns erkannt haben? Sind sie am Ende die glücklicheren Frauen?

Solange wir Grabenkämpfe um das «richtige» Leben als Frau führen und die Mutterschaft idealisieren, brauchen wir uns dem Begriff Freiheit gar nicht zu nähern. Abgesehen davon nützt einem ohne Rente auch die größte innere Freiheit nichts – oder wollen wir Frauen im Alter wie Diogenes in der Tonne sitzen: bedürfnislos, nur die Trinkschale ist uns geblieben?

Den Weiblichkeitswahn der 50er Jahre mag es zumindest hierzulande heute nicht mehr geben, allerdings hat er sich nicht aufgelöst, sondern weiterentwickelt. Die perfekte Frau ist sexy, erfolgreich und liebevolle Mutter zugleich. Ich weiß gar nicht, welche dieser Rollen mich am meisten stresst. Ich fürchte, es ist die klassische Mutterrolle, denn ich war zu lange davon überzeugt, dass ich in genau diese Falle niemals tappen würde. Aber selbst, wenn ich mich das ganze Jahr über von keinem mütterlichen Social-Media-Post habe in die Enge treiben lassen, kann es in der Vorweihnachtszeit damit vorbei sein. Plötzlich schiele ich neidisch auf *Instagram*-Bilder von Müttern, die ihre handgeklöppelte Weihnachtsdeko präsentieren. Ich hasse basteln, ich kann nicht nähen, ich werde aggressiv, sobald ich etwas ausschneiden, zusammenkleben und womöglich auch noch Fäden durch das Gesamtkunstwerk ziehen muss. Also schaue ich lieber noch einmal in das Buch von Erma Bombeck: Wie hat sie gegen ihre Unausstehlichkeit in der Vorweihnachtszeit gekämpft? «Ich habe festgestellt, dass eine kalte Dusche mich in meine gewohnte Nachlässigkeit zurückkatapultiert.»[52] Sie hat recht, aber ich muss nicht unter die Dusche, sondern endlich zurück zur Nachlässigkeit. Ich bin mir sowieso viel sympathischer, wenn ich meine Ideale über Bord werfe. Ich kaufe beim Discounter einen Adventskranz für 5,99 Euro und werfe den Kindern ein paar Bastelanleitungen zu, schließlich sollen sie selbständig werden. Nach fünf Minuten haben sie keine Lust mehr, aber diesmal bastle ich nicht zu Ende, um etwas Vorzeigbares in den Fenstern hängen zu haben, sondern übergebe den zweifelhaften Weihnachtsschmuck getrost dem Altpapier. Und siehe da: Ich muss mir gar keinen Glühwein warm machen, um eine selbstverschuldete Weihnachtsvorhölle zu ertragen.

DIE ARBEIT:
KANN ICH FEMINISTIN SEIN UND IN TEILZEIT GEHEN?

Um allen Ansprüchen gerecht zu werden, denen ich mich als Mutter ausgesetzt fühlte, habe ich mich bei der Rückkehr in den Beruf für das Teilzeitmodell entschieden. Allein der Begriff «Teilzeit» ist merkwürdig: Wer oder was wird da eigentlich geteilt? Ist es tatsächlich die Zeit? Oder doch eher der Mensch, der dieses Arbeitsmodell wählt? So zumindest fühlt sich Teilzeit an: Als würde man mehrfach täglich in Stücke gerissen, während die Zeit vorne und hinten nicht reicht; außerdem teilt jemand klammheimlich hier und da eine Stunde ab, sobald man sich zu sehr auf eine Sache konzentriert.

Warum landen in Deutschland so viele Frauen mit Kindern unter sechs Jahren, nämlich 72,6 Prozent, in dieser Teilzeitfalle, während nur 6,9 Prozent der Männer in sie tappen?[53] Der Prozess beginnt in den meisten Fällen in der Horizontalen – genau wie bei mir: Ich habe mich runtergeschlafen.

Abwärtsspirale Elternzeit

Moment, runtergeschlafen? Hochschlafen kennt man, zumindest theoretisch, ich kenne keine Frau, die es getan hat, aber viele, denen es unterstellt wird. Da ist sie wieder, die männliche Sharon-Stone-Denke: Am meisten erreichen Frauen, wenn sie die Beine breit machen, nicht etwa, weil sie kompetent sind.

Aber kommen wir zurück zum Runterschlafen: Es wird Zeit, diesen Begriff zu etablieren, denn er passiert Frauen weltweit pro Sekunde 2,6-mal[54]: Sie haben Sex und bekommen ein Kind, was bedeutet, sie erleben den größten Karriereknick ihres Lebens. Soziologen haben dafür einen vornehmeren Begriff erschaffen: «Motherhood penalty». Diese Mutterschaftsstrafe ist der Betrag, um den das Einkommen der Frauen im Vergleich zu ihrem Einkommen ein Jahr vor der Geburt sinkt. Die Studie «Child Penalties across Countries» aus dem Jahr 2019[55] hat diese Werte in sechs Ländern gemessen und – oh Wunder – Deutschland führt diese Liste an; hier sind die mütterlichen Lohneinbußen am größten. Selbst zehn Jahre nach der Geburt ihres Kindes verdient die deutsche Mutter 61 Prozent weniger als vorher, ihr Gehalt erlebt im ersten Jahr eine rasante Talfahrt, steigt danach leicht an und stabilisiert sich auf einem deutlich niedrigeren Niveau als zuvor.[56] Ich erkenne mich darin wieder. Das Gehalt der Väter blieb in allen Ländern auch nach der Geburt weitgehend gleich oder steigt sogar an – willkommen bei mir zu Hause.

Natürlich kann ich der deutschen Familienpolitik die Schuld dafür geben, auf fehlende Ganztagsbetreuung hinweisen und Männern im Allgemeinen mangelnde Hilfsbereitschaft attestieren. Das sind alles wichtige Aspekte, in all diesen Bereichen muss sich viel verändern. Aber ich will hier ja ein Geständnis ablegen, darum muss ich einen Schritt weitergehen und mich selbst, also den Faktor Frau mit einrechnen. Und das tut gelegentlich weh. Niemand hat mir eine Pistole auf die Brust gesetzt und mich gezwungen, bei beiden Kindern in Elternzeit zu gehen

Die Arbeit

und danach zur Teilzeitkraft zu werden, so wie mich schließlich auch keiner zum Mental Load gezwungen hat – wie ich bereits beschrieben habe. Mein Verstand war nur in Ansätzen gewillt, sich gegen meine Prägung aufzulehnen, und der Alltag als Mutter hat mich endgültig schwach gemacht.

Einerseits wollte ich nach der Elternzeit unbedingt wieder in meinen geliebten Beruf zurückkehren und finanziell unabhängig sein. Außerdem hatte ich gemerkt, wie sehr mir der Austausch mit Erwachsenen fehlte. Andererseits wollte ich als selbsternannte Kinder-Expertin weiterhin Zeit mit meinem Nachwuchs verbringen. Abgesehen davon wusste ich inzwischen, dass es ein richtiger Job ist, ein Kind zu haben. Wie die Mehrheit der deutschen Mütter dachte ich, in Teilzeit meine beiden Jobs unter einen Hut zu kriegen. Ich reduzierte meine Stundenzahl und hielt das für eine großartige Idee, denn ich dachte insgeheim, dass ich beides schaffe, Kind und Karriere.

Aber warum ist es mir nicht gelungen, mich nach der Geburt meiner Kinder 2009 und 2013 zurück an die Spitze der Nahrungskette zu kämpfen? Ich hätte mich «reinhängen» können, wie die Facebook-Managerin Sheryl Sandberg es von Frauen fordert. Wenn mehr von ihr in mir stecken würde, könnte ich mit Hausmann oder Nanny, meinen Qualifikationen und ein bisschen Glück heute eine Talkshow-Redaktion leiten. Ich würde dafür sorgen, dass weibliche Gäste weder in der Minderheit sind noch nach Äußerlichkeiten eingeladen werden. Darüber hinaus würde ich streng überwachen, dass Redakteurinnen genauso viel verdienen wie ihre männlichen Kollegen. Damit würde ich dem Feminismus womöglich einen größeren Dienst erweisen als mit diesem Buch.

Als ich in Vollzeit arbeitete, meine Karriere bergauf ging und meine Rentenbescheide noch zahlenfroh waren, rief ich den Müttern, die am Nachmittag das Büro verließen, gern so etwas wie «Schönen Feierabend!» oder «Viel Spaß!» hinterher. Das war überhaupt nicht zynisch gemeint, wirklich nicht – aber heute schäme ich mich dafür. Wer Kinder hat, weiß genau, dass nach der Arbeit weder der Feierabend beginnt, noch die andere Hälfte des Tages zwingend etwas mit Spaß zu tun hat, wenn man zur Kita hetzt, auf nasskalten Spielplätzen herumlungert, matschige Kastanien sammelt und das ganze Abendbrot- und Zubettgeh-Prozedere noch vor sich hat. Damals wusste ich auch nicht, dass diese Kolleginnen morgens, wenn ich benommen ins Café schlurfte und die erste Zeitung durchblätterte, bereits drei Stunden aktiv waren, Brote geschmiert, Milchpfützen aufgewischt und Regenhosen gesucht hatten. Es ist gut, dass wir nicht in jeder Lebensphase alles wissen, sonst wäre die Menschheit längst ausgestorben.

Working Mom ist kein lustiger Film

Bei meiner Rückkehr in die Arbeitswelt merkte ich, dass sich noch etwas verändert hatte. Ich war nicht mehr dieselbe. Ich fühlte mich plötzlich verletzlich und angreifbar, denn ich war auf Hilfe angewiesen. Das (natürlich von mir) fein säuberlich erbaute Betreuungskonstrukt konnte jederzeit ins Wanken geraten. Der Nachwuchs konnte Fieber bekommen oder vom Klettergerüst fallen – und schon war meine Woche gelaufen. Ein Anruf der Babysitterin, dass etwas dazwischengekommen sei – und ich musste alles neu planen.

Dieses Gefühl war neu für mich und machte mich rasend,

noch nie war ich auf fremde Hilfe angewiesen gewesen, und ich wollte es nicht sein. Abgesehen davon bin ich irrsinnig schlecht darin, Hilfe anzunehmen. Hinzu kamen unbekannte Emotionen: Hatte das Kind morgens beim Abgeben in der Kita geweint, fühlte ich mich traurig und schielte ständig auf das Handy; hatte die Kleine nachts so komisch gehustet, hetzte ich mich ab, um sie möglichst früh abzuholen.

Ich stellte fest, dass mein Mann viel besser kochen, nähen und basteln kann als ich, doch in einem Punkt war ich ihm haushoch überlegen, denn als Teilzeitfeministin besaß ich etwas, das er gar nicht kannte: das ewig schlechte Gewissen. Wenn er arbeitete, tat er es einfach und dachte an nichts anderes, wenn ich arbeitete, fragte ich mich viel zu oft: Werde ich allen gerecht? Leiste ich überhaupt genug?

Hätte ich so weitergearbeitet wie vor dem Kind, hätte ich mir eine Nanny leisten können, die meinen Sohn jeden Tag von der Kita abholt und ins Bett bringt, aber das konnte und wollte ich nicht, der Schmerz bei dieser Vorstellung war zu groß. Also reduzierte ich meine Stunden, aber ich tat noch etwas viel Verheerenderes: Ich wertete meine berufliche Leistung ab und ließ es dadurch zu, dass andere meine Leistung abwerteten. Ich empfand mich als «Mutti, die arbeitet» und nicht als kompetente Redakteurin, die rein zufällig auch Kinder hat. Ich akzeptierte, dass ich als Teilzeitkraft keine Führungsposition mehr innehatte, ich fand es verständlich, dass mein Einzelbüro inzwischen vergeben war und ich wieder im Großraum Platz nehmen musste, ich duldete, dass ich weniger anspruchsvolle Aufgaben bekam und mir Kollegen vorgesetzt waren, die früher unter meiner Führung standen. Offensichtlich war ich davon überzeugt, als Mutter jemand anderes zu sein, weniger wert zu sein und nicht mehr für voll genommen zu werden. Und ich kam mir tatsächlich komisch vor, ich war zur Hydra geworden, der mehrköpfigen Wasserschlange aus der griechischen Mythologie. Der eine Kopf telefonierte in der ersten Tageshälfte mit Schauspielagenturen oder führte Politiker-Interviews, während der andere Kopf sich nur wenige Stunden später im «Musikgarten» über das Kleinkind beugte und mit völlig überzogener Mimik Kinderverse zum Besten gab: «Pütsche pü, pütsche pü ... Heißa, heißa, hopsassa, Himpelchen und Pimpelchen sind wieder da!»

Auch mein Körper führte ein Doppelleben, erst saß er zwei Stunden seriös verpackt in einer Konferenz, direkt danach entblößte ich meinen Oberkörper auf der Toilette und zapfte mir mit Hilfe einer Pumpe in einer so zeitaufwendigen wie entwürdigenden Prozedur Milch ab, während die Kollegen in der Kaffeeküche noch eine Runde tratschten.

Niemand hat mir direkt gesagt, dass ich eine weniger wertvolle Arbeitskraft bin, weil in meinem Unterleib neun Monate lang ein menschliches Wesen gewachsen war, meine Brüste plötzlich Nahrung produzierten und ich neuerdings glaubte, Babysprache zu beherrschen. Aber wir haben bis heute verpasst, Frauen für diese unglaubliche Leistung, Leben zu schenken, zu feiern.

Ich muss es auch meinem eigenen, verqueren Mutterbild zuschreiben, dass ich die Situation so interpretiert habe. Ich hätte ja auch sagen können: «Hey, ich habe in den letzten Monaten völlig neue Qualifikationen erworben, brauche kaum noch Schlaf, bin ein größeres Organisationstalent als je zuvor, absolut multitaskingfähig, kann nonverbal kommunizieren und sogar Konflikte lösen, die jeder logischen Grundlage entbehren.» Wer ein Kind aus einem einstündigen Tobsuchtsanfall befreit hat, dessen einziger Auslöser eine durchgebrochene Banane war, kann auch einem Stargast vermitteln, dass ein Fernsehauftritt

Die Arbeit

ohne Bio-Apfel-Spinat-Quinoa-Smoothie möglich ist. Und wer eine Nacht mit einem zahnenden Baby überstanden hat, lässt sich nicht aus der Ruhe bringen, wenn ausgerechnet der Moderator zu spät zu seiner eigenen Live-Sendung kommt.

Doch statt einer neuen Lässigkeit und einem gesteigerten Selbstwertgefühl legte ich mir wie so viele Mütter eine merkwürdige Attitüde zu: Ich verschwieg so gut es ging, dass ich Kinder hatte. Wenn ein Kind krank war, meldete ich mich selbst krank – denn eine erwachsene Halsentzündung klang in meinen Ohren besser als ein kotzendes Kleinkind, das die Frau ans Haus fesselt. Wenn ich einen Abendtermin nicht wahrnehmen konnte, weil wir die Betreuung nicht auf die Reihe kriegten, schob ich lieber eine kranke Schwiegermutter als mein Kind vor. Wenn ich vorzeitig das Büro verlassen musste, um rechtzeitig zum Laternebasteln in der Kita zu sein, hätte ich lieber gesagt, ich sei auf dem Weg zu einem komplizierten gynäkologischen Eingriff, als zuzugeben, dass ich in den nächsten zwei Stunden Camembert-Packungen mit Transparentpapier bekleben würde. Ich weiß, wie bescheuert dieses Verhalten war, aber ich weiß auch, dass ich nicht die einzige Mutter bin, die ihre Kinder gelegentlich verleugnet, um nicht in einer Mutti-Schublade zu landen, aus der sie nie wieder rauskommt.

Wir alle kennen zu viele Geschichten von Müttern mit kleinen Kindern, die nach der Elternzeit kaltgestellt wurden, denen man aus fadenscheinigen Gründen kündigte oder die erst gar nicht eingestellt werden. Von Umstrukturierung ist plötzlich die Rede, von der Unvereinbarkeit des alten Jobs mit weniger Wochenstunden, sobald Mütter aus der Elternzeit zurückkehren. Und wir alle haben zu oft das Augenrollen von Chefs und kinderlosen Kollegen gesehen, wenn es morgens hieß, dass eine Mitarbeiterin nicht kommt, weil ihr Kind krank ist. Nur Mütter bekommen im Vorstellungsgespräch Fragen zur Vereinbarkeit von Beruf und Familie gestellt.

Über die Corona-Pandemie lässt sich nichts Gutes sagen, aber sie hat Kinder sichtbar gemacht. Plötzlich purzelten sie auch bei Männern durch den Arbeitsalltag und sprengten Videokonferenzen. Interessanterweise galten sie meist als süß, wenn sie auf dem Schoß ihrer Väter herumturnten. Hielten sie dagegen ihre Mütter von der Arbeit ab, waren sie weniger niedlich: Hatte die Frau sie etwa nicht im Griff?

Aber richten wir weiter hartnäckig den Blick auf kleine Hoffnungsschimmer: Homeoffice wurde auch für Männer möglich, Onlinekonferenzen ebenfalls, was für ein Lernprozess! Auch die Care-Arbeit war nicht länger zu übersehen, denn ohne ständiges Kümmern, Einkaufen, Kochen und Putzen funktioniert Familie nicht. Ich gebe die Hoffnung nicht auf, dass sich dadurch in unseren Köpfen etwas bewegt hat. Auch die vorrangig männliche Zeitmacho-Kultur hörte zwangsläufig auf, keiner konnte im Büro seine Schreibtischlampe anlassen, um zu suggerieren, dass er länger arbeitete als die Kollegen und dadurch Anspruch auf die nächste Beförderung erheben. Frauen haben im Familienalltag die Führung übernommen und nachweislich am meisten gleichzeitig gewuppt, sie sind die Trümmerfrauen der Corona-Krise. Es wäre nur logisch, im Anschluss zu sagen: So, wir haben genügend Qualifikationen für sämtliche Führungspositionen erworben – her damit!

Kleiner Haken: Wir haben noch nicht endgültig geklärt, wer sich dann um all das kümmert, was Frauen seit Menschengedenken wie selbstverständlich und unentgeltlich wuppen.

Gratis abzugeben: Die Hälfte der Macht

Trotz meines Spagats zwischen Arbeit und Kindern hielt ich es auf Dauer nicht aus, beruflich weniger Herausforderungen zu haben als vorher. Ich blieb eine Getriebene und stellte mich in einer anderen Redaktion vor, dort wollte man mir gern eine Führungsposition geben – aber dafür müsse ich doch bitte Vollzeit arbeiten, plus Überstunden, die in den späten Abend gingen.

Kind oder Karriere, zwischen diesen beiden Ks musste ich mich entscheiden, das wurde mir klar. Entweder jeden Tag bis in den Abend in einer Redaktion sitzen und mein Kind nur morgens am Wochenende sehen – oder irgendeine andere Lösung finden. Doch noch umschulen, Lehramt als Quereinsteigerin? Schon vor dem Homeschooling-Irrsinn wusste ich, dass das für mich keine Lösung sein konnte.

Nie hätte ich als junge Frau gedacht, einmal in einer solchen Situation zu sein. Jahrelang habe ich Frauen belächelt, die beruflich zurücksteckten, um mehr Zeit für ihre Osterdekoration zu haben und den Pastinakenbrei selbst zu kochen, anstatt ein praktisches Gläschen zu kaufen. Nun war ich eine von ihnen. Es tat weh.

«Why Women Still Can't Have It All» heißt ein Aufsatz von Anne-Marie Slaughter, der 2012 in der US-amerikanischen Zeitschrift *Atlantic Monthly* erschien. Slaughter war Direktorin im US-Außenministerium, sie hatte einen faszinierenden Job an der Seite von Hillary Clinton, sie liebte ihre Arbeit, und ihr Mann hielt ihr perfekt den Rücken frei – und doch entschied sie sich eines Tages, der Familie zuliebe den Job an den Nagel zu hängen. «But I realized that I didn't just need to go home. Deep down, I wanted to go home»[57], schreibt Slaughter, und später gesteht sie, dass es ihr besonders schwergefallen sei, diesen Satz zu schreiben, es sei ihr vorgekommen wie ein Coming-out.

Sie stellt in ihrem Aufsatz fest, Frauen könnten einfach nicht alles haben – zumindest nicht alles gleichzeitig. Mit ihrem Text machte sich die Politikwissenschaftlerin nicht nur Freunde, man warf ihr vor, den Feminismus verraten zu haben. Ausgerechnet sie, die jungen Frauen jahrzehntelang Mut gemacht hatte, ihre Ziele zu verfolgen und alles erreichen zu können, gab auf. Aber Slaughter bekam auch Zuspruch, denn ihre Ehrlichkeit berührte die Frauen, die sich jahrelang eingeredet hatten, alles zu schaffen. Insgeheim wussten sie, dass sie die Hauptlast der Kindererziehung trugen und mehr Hausarbeiten machten als ihre Partner, gleichzeitig konkurrierten sie beruflich mit Männern, die mehr Zeit und Energie in ihre Arbeit investieren konnten. Aber sie taten so, als würde ihnen das nichts ausmachen. Wenn wir doch nur alle aufhören könnten, uns in die eigene Tasche zu lügen.

Es ist nicht möglich, 100 Prozent in einen Job und zusätzlich 100, 75 oder 50 Prozent in seine Kinder zu stecken. Doch es sind nach wie vor mehrheitlich die Frauen, die sich an dieser Aufgabe versuchen. Sobald sich zwei Frauen treffen, die berufstätig sind und Kinder haben, wollen sie voneinander wissen, wie sie das regeln: Wie viele Stunden arbeiten sie, welche Betreuungsangebote gibt es für die Kinder, was übernimmt der Mann? Wenn zwei berufstätige Väter sich treffen, findet dieses Thema äußerst selten statt. Das sollte uns zu denken geben. Solange sich daran nichts ändert, wird sich auch für Frauen nichts ändern.

Nur wer zu Hause die Hälfte – oder auch mehr – der Macht abgibt, hat Kapazitäten frei, um sich beruflich weiterzuentwickeln und in der Gesellschaft die andere Hälfte der Macht zu übernehmen.

Das bedeutet natürlich auch, dass Frauen bereit sind, Kontrolle abzugeben. Darum steht Loslassenlernen ganz oben auf meiner To-do-Liste, dicht gefolgt von einem gesunden Egoismus. Nicht nur meine Arbeit ist genauso wertvoll wie die von Männern und von Menschen ohne Kinder, auch meine Freizeit ist es. Was war das noch mal, Freizeit? Es wird höchste Zeit, sie wiederzuentdecken und zu verteidigen.

Nur für Kinder unverzichtbar?

«Und, verdienen Sie auch was dazu?», fragt der Versicherungsvertreter über den Rand seines Kaffees, den ich ihm gekocht habe, hinweg. Er sitzt an unserem Küchentisch und guckt die Verträge durch, um – hoffentlich – irgendwo ein paar Einsparungsmöglichkeiten zu entdecken. Ich explodiere innerlich, natürlich sieht man mir die unterdrückte Wut nicht an. Was bin ich doch für ein braves Mädchen. Aus Sicht dieses mittelalten und konservativen Blödmanns ist es vollkommen selbstverständlich, dass die einzige Frau am Tisch «ein bisschen was dazuverdient», und nicht etwa einen gleichwertigen Job macht wie der Mann oder gar die Hauptverdienerin ist. Das Schlimme: Sowohl mein Leben als auch die Statistik gibt ihm recht: «Vor der Geburt des ersten Kindes lebten 71 Prozent der Paare im Doppelverdienst-Modell. Nach der Geburt des ersten Kindes seien es nur etwa 15 Prozent.»[58]

Ich entschied mich nach ein paar Jahren in der Teilzeitfalle schließlich für meine Kinder und für das Arbeiten, aber gegen das Angestelltendasein, und machte mich selbständig. Ich schrieb zu Hause Texte und Bücher und bereitete Talkshow-

Gäste für die Sendung vor. Der Vorteil: Ich kann mir meine Zeiten selbst einteilen und habe nur wenig Präsenzpflichten, das heißt, ich kriege viel von meinen Kindern mit und habe gewisse Freiheiten. Der Nachteil: Ich muss mich immer darum kümmern, dass Aufträge da sind, ich trenne Beruf und Privatleben kaum und bekomme von meinen Kindern zu hören, dass ich immer nur arbeiten würde. Karriere und ein signifikanter Verdienst stehen irgendwo auf dem Abstellgleis, und ich kann mir nicht vorstellen, dass sie darauf warten, in zehn Jahren abgeholt zu werden.

Nein, diese Lösung ist nicht das Allheilmittel, nicht der Heilige Gral der arbeitenden Mutter, sondern ein verzweifelter Versuch, doch noch alles haben zu können. Und ich weiß natürlich auch, dass es ein Privileg ist, sich selbständig machen zu können, in vielen Berufen ist das gar nicht möglich.

An dieser Stelle unterstellt man Müttern gern, dass sie sich insgeheim in ihrer Mutterrolle viel wohler fühlen als in der bösen Arbeitswelt. Die Journalistin Bascha Mika ist überzeugt davon, dass Mütter gar nicht aus ihrer Komfortzone herauswollen und lieber Latte macchiato schlürfen, anstatt einem Beruf nachzugehen. In ihrem Buch *Die Feigheit der Frauen* seziert sie die Verhaltensweisen des weiblichen Geschlechts genau, das Konflikte scheut, freiwillig zurücktritt und sich letztlich in die selbstverschuldete Unmündigkeit begibt. Beim Lesen ihres Buches nickte ich gelegentlich mit dem Kopf wie ein in die Jahre gekommener Wackeldackel auf der Auto-Hutablage, denn ich musste ihr häufig recht geben, und gelegentlich erkannte ich mich in ihren Fallbeispielen wieder. Eine Teilzeitfeministin wie mich würde Bascha Mika vermutlich mit einem müden Lächeln zum Frühstück verspeisen. Und doch möchte ich ihr ununterbrochen ein – sehr unsachliches – Gegenargument zurufen: «Es fühlt sich mit einem Kind einfach alles anders an!»

Ob sich bei Frauen durch die Familiengründung tatsächlich die Prioritäten verschieben, wie Susan Pinker in ihrem Buch *Das Geschlechter-Paradox* schreibt? Die Psychologin ist davon überzeugt, dass Frauen das fürsorglichere, empathischere Geschlecht sind, das sich gern um andere kümmert und deshalb berufliche Ambitionen zurückstellt. Nun, tatsächlich mache ich mir darüber Gedanken, ob der Postbote eine Kleinigkeit zu Weihnachten kriegen soll, während meinem Mann diese Fragestellung noch nicht einmal in den Sinn kommt. Aber bin ich deshalb der größere Menschenfreund als er, macht es mich froh, «Geschenk Postbote» auf meine Einkaufsliste zu schreiben und ihn bei nächster Gelegenheit mit einem Schokoladentäfelchen und zwei warmen Worten abzupassen? Nein, ich fühle mich verantwortlich, ich habe von meiner Mutter gelernt, dass sich das so gehört. Aber wenn sich jemand anderes darum kümmern oder diese Aufgabe gar nicht in meinem Kopf auftauchen würde, wäre ich ein mindestens genauso glücklicher Mensch, davon bin ich überzeugt. Der Postbote allerdings vielleicht nicht – und schon zücke ich die Einkaufsliste.

Ich bin auch überhaupt nicht gut darin, Freundinnen die perfekten Geschenke zu machen, im Vorbeigehen jemanden mit einem Blumenstrauß zu beglücken oder selbstgebackene Kekse liebevoll als Mitbringsel zu verpacken. Aber ich mache ähnliche Dinge auf meine erbärmliche Weise, um den Erwartungen zu entsprechen: meinen und denen der Frauen, die das können und einen Blick dafür haben.

Pinker schreibt darüber hinaus, dass viele Frauen spätestens mit der Familiengründung erkannt hätten, dass Geld und Status nicht so wichtig seien. Ich weiß, was sie meint, und kann den Gedanken nicht ganz von mir weisen: Natürlich verschieben sich Prioritäten. Aber das klingt, als wären Mütter allesamt genügsame Erleuchtete, lauter Mutter Teresas, die bereitwillig in die Altersarmut marschieren, um auf dem Weg ins Nirwana die Verwundeten und Kranken zu pflegen. So ist es glücklicherweise nicht.

Und doch kann man ohne Übertreibung sagen, dass die Erfahrung, unter monströsen Schmerzen ein Wesen mit den Ausmaßen einer Weihnachtsgans durch eine Körperöffnung zu pressen, die eigentlich den Durchmesser einer Blockflöte hat, sehr außergewöhnlich ist. Danach werden tatsächlich viele alltägliche Dinge, über die man sich vorher maßlos echauffieren konnte, zu Kleinigkeiten, und man genießt jeden Tag, an dem man keine Weihnachtsgans durch eine Blockflöte pressen muss. Wären Frauen nach dieser Demonstration von geradezu unmenschlichen Superkräften nicht damit beschäftigt, ihre persönliche Weihnachtsgans zu umsorgen und die eigenen Wunden zu lecken, würden sie nicht nur gestärkt aus dieser Erfahrung herausgehen und sich nie wieder die Butter vom Brot nehmen lassen, sie würden sogar direkt die Weltherrschaft übernehmen.

Sehen Frauen einfach keine andere Möglichkeit, als zurückzustecken in einer Arbeitswelt, in der Kinder keinen Platz haben?

Wenn Frauen nicht die gleiche Wahl treffen wie Männer, heißt das nicht zwingend, dass sie nicht ehrgeizig sind, dass sie nicht gern arbeiten oder nur neben ihren Kindern hocken bleiben wollen. Es könnte auch schlichtweg bedeuten, dass es für sie noch nicht die richtigen Wahlmöglichkeiten gibt.

Familie darf kein Makel sein, und Mütter sind keine Arbeitnehmer zweiter Klasse. Wenn man ein Kind aus sich herausdrückt, bleibt das Gehirn an derselben Stelle. Doch unsere Arbeitswelt ist nach wie vor männlich geprägt: Die gut bezahlten und anspruchsvollen Jobs gehen meist bis in die Abendstunden und sind für diejenigen vorgesehen, die ihre Kinder outsourcen. Wann ändern wir das endlich?

Wir müssen das Spielfeld neu gestalten, anstatt nur die Karten gerechter zu verteilen und zu versuchen, sowohl Männer als auch Frauen in das althergebrachte Format mit den überholten Spielregeln zu pressen. Auch über die Spieldauer und das Spielziel sollten wir diskutieren, über den Sinn von 40-Stunden-Wochen und die Verhältnismäßigkeit von Managergehältern zu der Entlohnung in Care-Berufen, die vorrangig von Frauen ausgeübt werden. Abgesehen davon ist Gleichberechtigung erst erreicht, wenn es auch für Männer völlig normal ist, 20 oder 30 oder 40 Stunden zu arbeiten – oder auch gar nicht, weil sie sich eine Zeitlang zu Hause kümmern wollen. Wahlfreiheit muss für beide Geschlechter gelten, und keiner sollte sich für seinen Lebensentwurf rechtfertigen müssen.

Wer denkt, dass Frauen am liebsten zu Hause bleiben wollen, hat noch nie gehört, wie Mütter sich morgens in der Kita verschwörerisch zuraunen: «Bin ich froh, wenn ich gleich im Büro bin!» Die Arbeit ist für viele Mütter eine Art Wellnessoase, denn hier können sie Gedanken zu Ende denken, sie müssen mittags nur für sich selbst etwas zu essen organisieren und sind in den meisten Fällen von Menschen umgeben, die man durch logische Argumentation erreichen kann. Das Beste: An ihrem Arbeitsplatz können sie alleine auf die Toilette gehen.

Natürlich macht es auch etwas mit dem eigenen Selbstwertgefühl, wenn man am Ende des Tages auf mehr als *Duplo*-Türme und Möhrenbreireste zurückblicken kann. Ich fühlte mich als Frau stärker mit einem regelmäßigen Einkommen und einer vorzeigbaren Visitenkarte. Umgekehrt schrumpfte mein Selbstwertgefühl mit jeder gewechselten Windel und jedem Schnuller, den ich abkochte. Ist es auch dieses Gefühl der Wertlosigkeit, das Männer davon abhält, sich zu Hause mehr einzubringen? Plötzlich wurde ich sehr sensibel für Sätze von Männern, die meine Berufstätigkeit bewerteten – oder sagen wir besser, abwerteten.

Ich muss nur an unseren Schornsteinfeger denken, um meinen Blutdruck in die Höhe zu jagen: Ich lenke ihn durch unsere Küchenbaustelle und sage: «Nicht wundern, hier wird gerade umgebaut.» Und er guckt und sagt – leider nicht ironisch, sondern anerkennend: «Ah, Sie kriegen einen neuen Arbeitsplatz!» Vielleicht muss ich ihm beim nächsten Mal mit der Kohlenschaufel eins überbraten. Falls er überhaupt eine hat, womöglich ja zu Dekorationszwecken.

Mein Lieblingsbeispiel ist die Kreditverhandlung in einer großen Bank. Ich verwandle mich direkt in Hulk und laufe grün an, wenn ich mich daran erinnere. Mein Mann und ich sitzen in einer Bankfiliale und wollen ein Kreditangebot für ein Häuschen im Grünen einholen. Der Bankangestellte guckt sich unsere Unterlagen durch und sagt zu mir: «Oh, Sie sind ja erst seit einem Jahr selbständig, tut mir leid, da kann ich Sie hier nur als Hausfrau eintragen.» Was? Ich bin plötzlich von Beruf Hausfrau? Und bekomme deshalb keinen Kredit? Seit dem Studium bin ich Kundin dieser Bank, habe noch nie mein Konto überzogen, immer ein gutes Einkommen gehabt, und jetzt liegt da gerade sogar eine ordentliche Abfindung, weil meine Redaktion aufgelöst worden ist. Noch nie hatte ich in meinem Leben so viel Geld, aber für ihn bin ich eine Hausfrau, mit der die Bank leider keinen Kredit abschließen kann. Ich werde in seinen Berechnungen nicht berücksichtigt – ob es die Kategorie «Hausmann» in seinen Formularen auch gibt? Ich kann ihn nicht fragen, er

Die Arbeit **139**

unterhält sich ab diesem Zeitpunkt nur noch mit meinem Mann und macht ihm ein absurdes Angebot: Im zarten Alter von 93 Jahren hätte er unser Haus doch schon alleine abbezahlt. Aber klar, er ist ein Mann, wo ist das Problem? Überflüssig zu erwähnen, dass wir mit dieser Bank kein Geschäft abgeschlossen haben.

Die Schule als Karrierekiller

Ich habe etwas Schreckliches getan. Ich habe den Platz für die Nachmittagsbetreuung meiner Tochter abgesagt. Das bedeutet, dass sie jeden Tag um 13 Uhr zu Hause ist und ich nicht länger arbeiten kann. Für jeden Termin, den ich auswärts habe, muss eine Betreuung organisiert werden. Allein die Vorstellung macht mich rasend – und doch tue ich es. Ich muss verrückt sein, denke ich, und kann im nächsten Moment genügend Gründe für diese Entscheidung aufzählen. Wir stehen kurz vor der Einschulung im Sommer 2020, einen Lockdown hatten wir bereits hinter uns, aber das Thema war noch nicht durch. Warum soll ich für einen Platz bezahlen, wenn ich ahne, dass die Kinder sowieso nicht in die Schule gehen werden? Und ist es nicht besser für die Kleine, etwas geschmeidiger in das Schulleben zu starten, erst mal ihre Klasse kennenzulernen, anstatt gleich in das Nachmittagschaos gemischter Gruppen geworfen zu werfen? Ist es nicht gerade am Anfang wichtig, dass ich die Hausaufgaben mit ihr zusammen mache? Da ist es wieder, mein Bedürfnis, eine «gute» Mutter zu sein, und als Lehrerkind kommt eine spezielle Prägung hinzu, die Schulthemen stark in den Fokus rückt. Meine Bedürfnisse bleiben dabei auf der Strecke, und ein halbes Jahr nach der Einschulung sollte ich ehrlich beschreiben, wie meine mütterliche Fürsorge in der Praxis aussieht: Ich werfe fünf Minuten vor eins hektisch irgendetwas in die Pfanne oder den Kochtopf, das halbwegs nach Mittagessen aussieht, aber keine aufwendige Zubereitung erfordert. An den Rand schnipsle ich etwas Gemüse – für ihre Gesundheit und mein Gewissen. Während meine Tochter ihre Hausaufgaben macht, sitze ich daneben, brumme gelegentlich ein zustimmendes oder auch genervtes «Mmmh» und beantworte Mails auf meinem Handy; manchmal telefoniere ich auch und sage «Psssst!» oder «Jetzt nicht!». Danach parke ich sie bis zur Ankunft ihres Bruders eine Runde vor meinem Babysitter namens *Netflix*, um noch einen Moment konzentriert arbeiten zu können. Es klingt leider ganz so, als sei die Nachmittagsbetreuung in der Schule pädagogisch wertvoller als meine mütterliche Fürsorge.

Als Mutter eines Sechstklässlers weiß ich gleichzeitig: Der Spagat zwischen Arbeit und Familie endet nicht, wenn die Kinder aus dem Gröbsten raus sind. Besonders schmerzhaft und kompliziert wird es mit dem Eintreten der Kinder in das deutsche Schulsystem. Die Kita ist eine Art Spa Resort für arbeitende Eltern, denn mehr als zwei oder drei Wochen Schließzeit im Jahr muss man in der Regel nicht einkalkulieren, die Betreuung bis in den späten Nachmittag ist meist gewährleistet, und auch die Mahlzeiten werden bereitgestellt. Wer kleine Kinder hat, denkt naiverweise, dass das Arbeitsleben einfacher wird, wenn die Kinder älter werden. Aber dann schlägt das deutsche Schulsystem zu, und die Grundschule wird zum Karrierekiller Nummer eins. Wer bis dahin die vage Hoffnung hatte, seine Arbeitsstunden endlich aufzustocken, mehr Geld zu verdienen und bei der nächsten Beförderung nicht automatisch aussortiert zu werden, wird bitter enttäuscht. Hierzulande muss man sich als

Familie nämlich für die Zeit ab 13 Uhr ein teures, aufwendiges und störanfälliges System zusammenbasteln, das nicht nur in jedem Bundesland oder jeder Stadt anders ist, sondern sogar an jeder einzelnen Schule! In verrückten Momenten träume ich von einem Land, in dem es für alle Kinder bundesweit ein kostenfreies Mittagessen gibt (und ich nicht für jedes Kind einen anderen Anbieter plus anderen Account plus unterschiedliche Speisepläne im Kopf haben muss), ich träume von einem Schulsystem, in dem die Hauptfächer für alle bis 16 Uhr unterrichtet werden im Wechsel mit Entspannungs- und Bewegungseinheiten, mit Sportangeboten sowie Musik- und Kunstunterricht, ich träume von großzügigen Räumlichkeiten, die auch Rückzug ermöglichen. Ich kann nur erahnen, wie frei mein Kopf plötzlich sein würde, wenn es diese Art von Entlastung für meinen Geist und mein Gewissen gäbe, wie viel zusätzliche Energie für meine Arbeit und mein Leben freigesetzt werden würde. Hoppla, das ist gar keine Utopie, so etwas gibt es ja schon – in Skandinavien zum Beispiel.

Warum erkennen deutsche Politiker*innen nicht, welche Zumutung unser uneinheitliches Schulsystem ist, das von Eltern einen immensen Organisationsaufwand verlangt, weil in der ersten Klasse der Unterricht um 11:30 Uhr endet und ich jede zusätzliche Betreuungsstunde sowie die Nachmittagsbetreuung sowie das Mittagessen bei mindestens drei verschiedenen Stellen anmelden muss? Warum erkennt niemand, was das für die Kinder bedeutet, denen man jeden Morgen erklären muss, ob es heute beim Mittagstisch ist oder in den Hort geht oder den Bus zur Tagesmutter nimmt? Wer will, dass Mütter besser in den Arbeitsmarkt integriert werden, muss auch hier ansetzen und Entlastung schaffen.

Die deutsche Grundschule setzt stattdessen auf die Mithilfe

von Müttern, sie mutieren ab der Einschulung ihrer Kinder zur Hilfslehrerin, Brötchenmutti oder Lesemama, planen freie Vormittage für Upcycling-Projekte und Fahrradprüfungen ein, bringen nachmittags ihr Einmaleins auf Vordermann und helfen beim Referat über den Marienkäfer.

Mütter merken schnell, dass der Schulerfolg ihrer Kinder vom Elternhaus abhängt. Wenn Eltern das nicht leisten können – z.B. aus einem Mangel an Sprachkenntnissen oder eigener Bildung oder aus Zeitgründen –, haben ihre Kinder leider Pech gehabt. Für diese Erkenntnis muss man keine der zahlreichen Studien lesen, die das belegen, das merkt man bereits, sobald der Materialzettel mit den 63 Unterpunkten für die erste Klasse ins Haus flattert. Da stehen Dinge wie «Oxford 100050089 Schreiblernheft, A4 quer, SL» oder «ergonomisches Buntstifte-Set plus Hautfarbe» drauf, wobei mit Hautfarbe leider nicht die des jeweiligen Kindes gemeint ist, denn diese rassistische Vorgabe zielt lediglich auf Schweinchenrosa ab. In genau dem Moment fängt das Organisieren an.

Wie vor allem Mütter durch das deutsche Schulsystem ausgebremst werden, belegt auch die Studie «Eltern – Lehrer – Schulerfolg», in der es heißt: «Die aktuelle Schulkultur ist vor allem für Mütter aus der Mitte der Gesellschaft ein zwingender Grund, nicht (mehr) Vollzeit oder mit mehr als 20 Stunden pro Woche erwerbstätig zu sein – mit erheblichen kurz- und langfristigen Folgen für die Existenzsicherung der Familie, ihre eigenen beruflichen Ambitionen und ihre Alterssicherung.»[59] Darüber hinaus beeinflusst dieses Verhalten auch das Rollendenken der nächsten Generation: «So werden Kinder mit der Gewissheit und dem Erleben groß, dass Väter für das Familieneinkommen und Mütter für die Kinder sorgen»[60], heißt es ebenfalls in der Studie. Ausgerechnet der Bildungssektor führt also dazu, dass

Die Arbeit

Frauen beruflich zurückstecken, sobald die Schulkarriere ihrer Kinder beginnt.

Dafür erhält die Mutter eine andere Art von Beförderung: Sie wird zur ersten Ansprechpartnerin der Lehrer*innen. Staunend habe ich Mails zur Kenntnis genommen, die Fragen wie «Welche Mutter backt einen Kuchen fürs Schulfest?» oder «Welche Mama kann als Begleitperson mit ins Theater kommen?» enthielten. Ich saß auch auf einem Elternabend, bei dem der einzige «Brötchenvater» unter lauter Frauen, der einmal im Monat in den Pausen Snacks verkauft, gefeiert wurde wie ein NBA-Star am Ende seiner erfolgreichen Karriere. Vermutlich war er nur noch eine Baguettelänge vom Bundesverdienstkreuz entfernt.

In erster Linie nehmen Mütter all diese Aufgaben wahr, denn sie wollen eine gute Mutter sein – oder bewerten die Schulnoten der Kinder auch ihre Erziehungsleistung? Wenn es nicht so gut läuft in der Schule, hört man es doch raunen: «Kein Wunder, die Mutter arbeitet ja so viel.» Ob jemals ein Mann mit dem Satz «Kein Wunder, dass die Kleine immer noch nicht flüssig lesen kann, der Vater arbeitet ja so viel!» konfrontiert wurde? Wohl kaum, solange er nicht alleinerziehend ist.

Aber obwohl oder gerade, weil ich das alles weiß, tappe ich als Teilzeitfeministin in genau diese Fallen. Ich bin es, die am Ende sämtliche Elternabende besucht und sich dort gleichzeitig über den geringen Männeranteil aufregt. Das liegt zum einen an meiner heimlichen Neugier auf Lehrer- und Elternschaft, aber natürlich will ich die Pädagog*innen schon mal gesehen haben, die eines Tages mich anrufen, nicht etwa meinen Mann. Und ich weiß auch, dass ich am Ende diejenige bin, die an den dort angekündigten Ausflugstag denkt (Geld überweisen, morgens an Rucksack statt Ranzen erinnern, rechtzeitig Kind vom Mittagessen und der Nachmittagsbetreuung abmelden, Fahrt zum Bahnhof mit den Müttern in der Nachbarschaft absprechen …). Ich halte es für sicherer, alles aus erster Quelle zu erfahren – als wäre mein Mann nicht in der Lage, drei Stichpunkte auf einen Zettel zu schreiben und sich auf seine Hände zu setzen, wenn man sich für die Elternvertretung melden soll. Doch sobald es um meine Kinder geht, gehen mir Logik und Leichtigkeit mal wieder flöten.

Mein Verstand ist willig, er erkennt die Fallen, in die ich tappe. Aber der Alltag macht mich ein weiteres Mal schwach.

DIE ERZIEHUNG:
KANN ICH FEMINISTIN SEIN UND MEINEN SOHN ZU EINEM «ECHTEN KERL» ERZIEHEN?

Als sich meine Verwirrung über die Nachricht, einen Sohn zu bekommen, einigermaßen gelegt hatte, war mir klar: Aus ihm würde kein Macho werden, kein Sexist und kein alter weißer Mann! Mit meinem Sohn würde eine neue Männergeneration heranwachsen, er sollte lernen, dass man seine Gefühle nicht unterdrücken muss, er sollte weinen dürfen! Niemals würde ich etwas negativ bewerten, das er tat, nur weil die Gesellschaft es für «unmännlich» hielt. Diese ganze toxische Männlichkeit – später mehr dazu – würde ihm erspart bleiben, er sollte es gar nicht nötig haben, der Stärkere zu sein. Soweit die Theorie.

Hau zurück!

… und dann stand mein Vierjähriger eines Tages weinend in der Terrassentür und schluchzte: «Lukas hat mich gehauen!» Er hielt sich den Arm, die Tränen rannen über sein Gesicht, ich sah nicht nur seinen Schmerz, sondern auch seine tiefe Verzweiflung – und sofort erwachte die Löwenmutter in mir und vergaß alles, was sie je über falsch verstandene Männlichkeit gelesen hatte.

«Hau zurück!», rief ich. Mein Sohn starrte mich erschrocken an, vor Verblüffung hörte er auf zu heulen. «Was? Man darf nicht hauen!»

Mein Sohn war der Mahatma Gandhi unter den Vierjährigen, er rettete sogar Fruchtfliegen das Leben, sobald sie sich zu nah an den Orangensaft wagten. Doch nun war Schluss mit dem gewaltfreien Widerstand, ich konnte nicht länger ertragen, dass er regelmäßig den Kürzeren zog.

«Hast du ‹Stopp!› gesagt?», wollte ich wissen.

Er schniefte. «Drei Mal!»

«Hast du ihn geärgert, hatte er einen Grund, dich zu hauen?»

Mein Sohn schüttelte energisch den Kopf. «Wir haben nur gespielt. Und dann wurde er auf einmal wütend!»

«Dann hau zurück! Bäm! Zeig's ihm! Zieh ihm eins über die Rübe!» Ich kam in Fahrt und fuchtelte unbeholfen mit den Armen. «Du bist ein Jahr älter und einen Kopf größer. Du bist der Stärkere – und wenn du nicht endlich anfängst, dich zu wehren, hört das nie auf. Wenn die anderen wissen, dass du immer gleich anfängst zu heulen, machen die sich einen Spaß daraus! Du musst den Jungs zeigen, dass du dir nichts gefallen lässt, sonst wirst du es dein Leben lang schwer haben!»

Der Kleine zog nachdenklich ab, und während ich mir zur Beruhigung einen Kaffee machte, dachte ich darüber nach, was ich da gerade gesagt hatte.

Das war also meine Botschaft an meinen Sohn? Ich hatte ihm soeben beigebracht, dass er stark und risikofreudig sein sollte, anstatt sich verletzlich zu zeigen. Er sollte nicht anfangen zu weinen, wenn man ihm weh tat, sondern selbst weh tun. Und er sollte begreifen, dass der Stärkere sich durchsetzt und es eine Rangfolge gibt, bei der man am besten oben steht. Mit anderen Worten: Eine sich als Feministin bezeichnende Frau hatte

Die Erziehung

soeben den Grundstein dafür gelegt, dass ihr Sohn völlig antiquierte Vorstellungen von Männlichkeit entwickelte.

«Finde den Fehler!», murmelte ich grimmig, rührte im Kaffee und dachte nach. Folgende Erklärungsansätze kamen für mein widersprüchliches Verhalten in Betracht: 1. Ich bin die schlechteste Feministin aller Zeiten. 2. Muttergefühle sind so stark und irrational, dass sie den Verstand ausschalten und tradierten Rollenmustern Tür und Tor öffnen, sodass sie ungefiltert an die Oberfläche schwappen. 3. Meine Vorstellung von gendergerechter Erziehung braucht dringend eine Generalüberholung.

Vermutlich spielte von allem etwas mit rein, aber zunächst sollte ich den Feminismus bei mir zu Hause hinterfragen. Warum also halte ich meinen Sohn dazu an, draufzuhauen und hart im Nehmen zu sein, obwohl er doch anders werden soll als die Generation vor ihm? Natürlich sind da wieder die Muttergefühle mit von der Partie, denen ich ja bereits auf den Grund gegangen bin: Sobald mein geliebtes Kind, sei es Sohn oder Tochter, in irgendeiner Form leidet, fühle ich mich als Mutter verantwortlich – und leide mit. Ich will für mein Kind sorgen, und sobald es sich schlecht fühlt, möchte ich, dass es ihm besser geht. Der Mensch ist ein soziales Wesen, und die Vorstellung, dass das eigene Kind ausgegrenzt wird, weil es nicht der Norm entspricht, ist nur für überzeugte Einsiedler zu ertragen. Zwar möchten wir, dass unser Kind individuell und etwas Besonderes ist, aber es soll dabei doch bitte beliebt sein. Seit bei der kleinsten Meinungsverschiedenheit unter Kindern das Wort «Mobbing» im Raum steht, sind Eltern in diesem Punkt besonders sensibel und sorgen sich mehr darüber, als unsere Erzeuger es je getan haben.

Da ist sie wieder, die unheilige Allianz von Gesellschaft heute, Sozialisation früher und dem daraus resultierenden, oft unzulänglichen Verhalten: Wie ich mein Kind erziehe und schütze, hängt zum einen von den äußeren Einflüssen ab, die auf mich und mein Kind einwirken, von der Welt, in der wir leben. Aber zum anderen hat auch meine Sozialisation darauf Einfluss, mein Verständnis von Geschlechterdiversität bildet die Grundlage, also alles, was ich über Jungen und Mädchen denke und fühle. Die Wurzeln dafür habe ich beschrieben, sie liegen in meiner Kindheit. Damals (siehe Kapitel *Die Prägung*) wurde mir unterbewusst vermittelt, dass man das große Los gezogen hat, wenn man als Junge auf die Welt gekommen ist.

Wann erziehen wir Söhne wie Töchter?

Als ich zum ersten Mal schwanger war, sah die Welt ganz anders aus, das Blatt hatte sich auf wundersame Weise gedreht: Jungen waren zum Geschlecht zweiter Klasse geworden. Sie galten als komplizierter und weniger leistungsstark, womöglich würden sie irgendwann sogar aggressiv, drogenabhängig und straffällig werden? Ich hörte auch, wie Frauen sich darüber ausließen, dass man Mädchen einfach viel hübscher anziehen könne. Im Ernst – die interessantere Verpackungsmöglichkeit als Argument gegen Jungen? Die Abwertung des männlichen Geschlechts merkte man aber bereits bei der großen Frage: «Weißt du schon, was es wird?», der sich jede zukünftige Mutter ununterbrochen stellen muss. Antwortet die Frau mit «Es wird ein Junge», lautet die Antwort in den meisten Fällen: «Oh. Schön.» Das klingt dann emotionslos bis mitleidig, und von ganz unsensiblen Zeitgenossen wird noch ein «Na ja, Hauptsache gesund» hinterhergeschoben. Sagt die werdende Mutter jedoch:

«Es wird ein Mädchen!», fällt die Antwort meiner Erfahrung nach deutlich euphorischer aus. Die Worte sind oft die gleichen, aber die Betonung ist eine ganz andere, die Vokale werden ins Unermessliche gedehnt und umfassen fast eine Oktave: «Ooooooohhhhhh! Schööööööööööööööööööön!!!!» heißt es plötzlich, und während dieser geträllerten Reaktion sieht man fast, wie eine goldige Kleine mit seidigem Haar im selbstgenähten Kleidchen durchs Zimmer schwebt, Keksteig ausrollt und Blumenwiesen leerpflückt. Mädchen sind das neue It-Piece, sie sind der Hauptgewinn in der Kinderlotterie.

Oder ist die Freude deshalb so groß, weil Frauen insgeheim wissen, dass ein Mädchen ihnen mit größerer Wahrscheinlichkeit später zum Geburtstag gratuliert und sie zu Weihnachten zu sich nach Hause einlädt? Geben wir das mütterliche Pflichtbewusstsein womöglich aus reinem Eigennutz an sie weiter? Wurden wir von unseren Müttern zu Kümmer-Expertinnen erzogen, damit wir uns später um sie kümmern, und tun wir nun dasselbe mit unseren Töchtern? Dabei läge es ja in unserer Hand, unsere Söhne genau dazu zu erziehen ...

Noch viel absurder ist, dass wir das Geschlecht unseres Babys kennen, bevor es selbst eine Ahnung davon hat. Wir verpassen dem Kind bereits eine sexuelle Identität, pressen es in ein Farb- und Gefühlsschema und belegen es mit unserer Voreingenommenheit, lange bevor es weiß, was Männlein oder Weiblein überhaupt sein sollen.

Auch ich war zu Beginn der Schwangerschaft überzeugt, ein Mädchen zu bekommen, weniger wegen der Blumenwiese, sondern weil ich es mir nicht anders vorstellen konnte. Über Jungen hatte ich mir seit meiner Kindheit nicht mehr viele Gedanken gemacht und stattdessen die gängige Meinung übernommen, dass Jungen wild, weniger niedlich und bei Lehrkräften unbeliebter sind als Mädchen. Womöglich würde ein Sohn sich ausschließlich für Fußball und Autos interessieren – könnte ich mit so jemandem jemals ein gemeinsames Gesprächsthema finden? Und schon wieder war ich unfreiwillig in die Vorurteilsfalle getappt, bevor das Kind überhaupt seinen ersten Atemzug gemacht hatte.

Während wir uns Mädchen wünschen und Jungen als Problemfälle abstempeln (zu laut, zu wild, zu gefährlich, zu unsozial), teilen wir unsere Kinder noch dazu in rosa und hellblaue Welten auf, bevor sie scharf gucken können. Es sieht ganz danach aus, als wären wir in dieser Hinsicht kein Stückchen weitergekommen in den vergangenen Jahrzehnten, im Gegenteil: Das Aussehen, die Kleidung und das Spielzeug unserer Kinder sind deutlich geschlechtsspezifischer als vor 40 Jahren. Dieser Irrsinn zieht sich durch alle Lebensbereiche: Zahnbürsten, Duschgel und sogar Brotsorten gibt es mit unterschiedlicher Verpackung für Mädchen und Jungen, und wenn ein Kind eine Brotdose in der «falschen» Farbe mit zur Kita bringt, wird es ausgelacht. Jungen laufen mit Haarschnitten herum, die zuletzt in der Hitlerjugend en vogue waren, während es für Mädchen das größte Drama ist, wenn die Haare oberhalb der Schulter enden. Auf sogenannten Jungspullovern steht «strong» und es sind Bagger oder Dinosaurier abgebildet, während Mädchenoberteile ihren Trägerinnen das Attribut «cute» verleihen, welches wiederum mit Einhörnern und Regenbogen untermalt wird. In großen Spielzeugabteilungen ist es noch absurder: Man könnte meinen, dass hier für zwei völlig unterschiedliche Spezies eingekauft werden muss: Die eine Gattung baut, erobert und tötet, die andere bastelt, putzt und pflegt. Es macht mir großen Spaß, meine Kinder auf diesen Irrsinn hinzuweisen und ihnen klarzumachen, dass jedes Kind mit jedem Spielzeug spielen darf, egal welche Farbe und Funktion es hat. Wenn meine Tochter dann allerdings zum rosa Puppenstaubsauger greift, kriege ich hektische Flecken am Hals. Genau so soll es bitte nicht laufen – ob sie sich vielleicht nicht lieber die *Nerf Gun* angucken möchte? Aber stopp, das ist doch auch schon wieder absurd: die Tochter zur Spielzeugwaffe zu treiben, um sie vor Geschlechterklischees zu retten. Ob sich die Teilzeitfeministin vielleicht einfach mal gar nicht einmischen könnte?

Ich bin irritiert – wir reden von Gleichberechtigung, und gleichzeitig stecken wir unsere Kinder stärker in Rollenklischees, als wir sie selbst erlebt haben. Die Spielzeugindustrie verdient natürlich an dem Irrsinn und kann dadurch vieles doppelt verkaufen – aber auch die Nachfrage scheint zu stimmen. Warum kaufen wir den ganzen Quatsch? Versuchen wir auf diese Weise, unsere Verunsicherung in den Griff zu bekommen? Die Kinder können gar nicht anders, als sich als Jungen und Mädchen wahrzunehmen und ihre Interessen entsprechend auszurichten – egal, wie viel wir dagegen anreden. Auch Eltern fällt es schwer, sich diesen Vorgaben zu entziehen, denn wer will schon sein Kind zum Außenseiter machen? Also lächeln wir tapfer, wenn die Tochter gezielt zur *Prinzessin-Lillifee*-Glitzerkrone greift, und kaufen dem Sohn im Zweifelsfall lieber die dunkelblaue Winterjacke, obwohl er Rosa schön findet. Denn ich wusste, was nach dem ersten Tag mit rosafarbener Jacke in der Kita passiert: «Die anderen sagen, das ist eine Mädchenjacke!» Und schon liegen 65 Euro in der Ecke und werden nicht mehr angezogen. Doch war das wirklich der einzige Grund? Natürlich soll auch mein Sohn eine Rosa-Option haben, denke ich heute, aber gleichzeitig möchte ich nicht, dass er dafür ausgelacht wird.

Inzwischen steht er über den Dingen, und als er seine Haare

zum ersten Mal zu einem Zopf bindet und damit in die Schule gehen will, sagt er grinsend: «Heute brauche ich Mut.» Ich nicke ihm aufmunternd zu – aber was hätte ich gesagt, wenn er sich zusätzlich für eine rosa Haarspange entschieden hätte oder wenn er sich eines Tages die Fingernägel lackieren will oder sich mein Make-up ausleiht? «Rosa ist für Jungs das neue Cool, Mama», erklärt er mir, als ich mit ihm über dieses Kapitel spreche. «Das hast du nur noch nicht mitgekriegt.» Na, dann ist ja gut.

Um unseren Nachwuchs zu schützen, um ihm Spott und Verunsicherung zu ersparen, ordnen wir uns als Eltern viel zu häufig bestehenden Regeln unter, auch wenn wir sie noch so unsinnig finden oder sie womöglich gar nicht mehr existieren. Und aus diesem Grund drängte ich meinen Jungen sanft zu «Jungenfarben» und habe ihn aufgefordert, sich in einer Auseinandersetzung «männlich» zu verhalten und zurückzuhauen, obwohl er es von sich aus nicht getan hätte.

Gleichzeitig gibt es eine Veränderung in unserer Erziehung, die jedoch überwiegend auf Mädchen abzielt. Unsere Mädchen sehen zwar mädchenhafter aus als je zuvor, aber sie sollen stark sein und sich wehren, sie dürfen Fußball spielen und sich raufen. Das «Jungenhafte» wird an ihnen zu etwas Positivem, bei ihnen bedeutet es Stärke und Selbstbewusstsein. Wie hätte ich reagiert, wenn nicht ein vierjähriger Sohn, sondern eine vierjährige Tochter weinend vor mir gestanden hätte, weil es von einem Jungen gehauen wurde? «Wehr dich!», hätte ich ohne großes Nachdenken gesagt und wäre erleichtert gewesen, wenn sie den Konflikt zu ihren Gunsten beigelegt hätte. Anschließend hätte ich ihr erklärt, dass man Auseinandersetzungen auch gewaltfrei lösen kann – so viel Political Correctness muss sein –, doch insgeheim hätte ich Stolz verspürt und gedacht: Ha! Meine Tochter lässt sich nichts gefallen! Die wird es noch weit bringen!

Die Erziehung 153

Ein Junge, der sich exakt so verhält, erfährt heute – zumindest in dem Umfeld, in dem ich mich bewege – kein Lob, sondern wir sagen ihm, dass er zu aggressiv ist und schicken ihn im Zweifelsfall zum Ergotherapeuten. Ist das gleichberechtigte Erziehung? Wohl kaum.

«Wir haben begonnen, unsere Töchter mehr wie Söhne zu erziehen ... doch nur wenige wagen es, unsere Söhne mehr wie Töchter zu erziehen»[61], erklärte die US-amerikanische Feministin Gloria Steinem. Diese Beobachtung teile ich, doch der Versuch, meinen Sohn nicht wie einen Jungen zu erziehen, scheitert an der ersten Hürde. Natürlich finde ich es falsch, dass wir Jungen von klein auf mit der Vorstellung infizieren, dass sie keine Schwäche zeigen dürfen, sich durchsetzen sollten und sich das Weinen im Zweifelsfall lieber verkneifen. In ländlichen Gegenden wird ein Junge bis heute als «Schwuchtel» beschimpft, wenn er nicht der männlichen Norm entspricht. Man stelle sich einen Hof-Erben vor, der kein Fleisch mag, Glitzer schön findet und lieber *Let's Dance* als Bundesliga guckt! Was sollen bloß die Nachbarn sagen? Werden ihn in der Schule nicht alle auslachen?

Dieses Denken muss aufhören, wir sollten unseren Söhnen alle Seiten zugestehen, auch die «weibliche». Langfristig würde das auch ihr Leben leichter machen. Sie bräuchten sich nicht ständig zu beweisen oder nur über ihre Arbeit zu definieren. Sie müssten die Rolle als Ernährer nicht allein stemmen und könnten darüber hinaus ein besseres Verhältnis zu ihren Kindern aufbauen.

Wann dürfen Männer endlich anfangen, sich ein paar sogenannte weibliche Eigenschaften anzueignen? Auch das ist Gleichberechtigung.

Der Wert des Weiblichen

Ich diagnostiziere bei mir eine weitere Form von Teilzeitfeminismus: Gleichberechtigung fordern, aber das sogenannte Weibliche abwerten: die Fürsorge, den Familiensinn, die Zugewandtheit, die emotionale Intelligenz, die Sensibilität, die Selbstlosigkeit. Das sind natürlich alles Stereotype und Klischees, Verhaltensweisen haben schließlich genauso wenig ein Geschlecht wie Kleidungsstücke eins haben. Und doch werden diese Eigenschaften weltweit als eher weibliche Kompetenzen gesehen, die man dankend annimmt – schließlich sind sie der Klebstoff einer Gesellschaft –, jedoch nicht wertschätzt. Das tun wir bis heute nicht – oder wie lassen sich sonst Beleidigungen wie «Der wirft wie ein Mädchen» oder «Was für eine Pussy» erklären? Wieso ist es cool, wenn ein Mädchen Jungsklamotten anzieht, aber albern, wenn ein Junge sich für «Mädchenfarben» entscheidet oder sich die Nägel lackieren möchte? Genau das wäre besonders mutig, das weiß der Journalist und Vater Nils Pickert besser als die meisten Eltern. Er hat das Buch *Prinzessinnenjungs* geschrieben, in dem es um die Vorliebe seines Sohnes für Kleider und Röcke geht. Da der Fünfjährige in seiner Kita für dieses Verhalten ausgelacht wurde, solidarisierte Pickert sich mit ihm und zog ebenfalls einen Rock an.

Das Männliche gilt nach wie vor als machtvoll, das Weibliche als schwach. Dieses Denken spiegelt sich sogar in der Meteorologie wider: Wenn ein heraufziehender Wirbelsturm einen weiblichen Namen wie Katrina oder Sandy hat, nehmen die Menschen ihn nicht so ernst und verhalten sich entsprechend weniger umsichtig. Sie hören im Radio, «Cindy» sei im Anmarsch und machen sich offensichtlich erst mal gemütlich einen Tee und gucken, was es abends im Fernsehen gibt. Wenn es dagegen heißt, ein «Karl-Heinz» ziehe auf, suchen sie schnell ihre Siebensachen zusammen und verrammeln ihre Fenster. Dieses Verhalten führt dazu, dass Hurrikane mit weiblichen Namen mehr Todesopfer fordern, haben Forscher herausgefunden.[62] Es ist also eine Überlegung wert, für Wirbelstürme nur noch Namen von bekannten Serienmördern, Diktatoren oder Schäferhunden heranzuziehen.

Die Geschlechterklischees lauern überall, und sowohl Jungen als auch Mädchen werden von ihnen eingeschränkt.

Wenn Mädchen und Frauen heute darin bestärkt werden, «männliche» Wesensmerkmale zu übernehmen, bestätigen wir sie in der Vorstellung, dass diese Position die bessere ist. Wie sollen Jungen sich da ermutigt fühlen, die andere Seite näher kennenzulernen? Abgesehen davon: Wenn Frauen alle «männlichen» Zuständigkeitsbereiche mit übernehmen, wer kümmert sich dann um die «weiblichen» Kompetenzen, die unsere Gesellschaft so dringend braucht? Das müssen wir alle gemeinsam tun.

Feminismus bedeutet nicht, Mädchen zu stärken und Jungen dabei auf der Strecke zu lassen. Feminismus bedeutet aber auch nicht, Mädchen zu Jungs zu machen und Jungs zu Mädchen. Wir sollten nicht die Rollen umverteilen, sondern das Stück neu schreiben – und zwar so, dass es nur Hauptrollen gibt. Wir dürfen weder das «Männliche» für Mädchen als erstrebenswert und für Jungen als schlecht bewerten, noch dürfen wir Jungen das «Weibliche» aufdrücken, während wir es den Mädchen lieber ersparen würden. Beides hat seine Berechtigung, und alles dazwischen auch. Keins ist besser oder schlechter. Und genau das müssen wir unseren Kindern vermitteln.

Ich wünsche mir jedenfalls sehr, dass ich meinen Sohn konsequenter dabei unterstützen werde, seine Art von Jungssein zu leben, dass ich nicht länger vergiftet bin von einem vorsintflutlichen Männerbild, und hoffe, dass tief in mir drin keine hohe Stimme zwitschert: «Echt jetzt, muss das wirklich sein?», wenn er sich eines Tages stolz mit einem Amy-Winehouse-Gedächtnis-Lidstrich an den Frühstückstisch setzen sollte.

Sollen Männer Männer bleiben?

Die Moderatorin Barbara Schöneberger musste sich 2019 anhören, ihr Männerbild sei veraltet und gefährlich und sie selbst homophob. Sie hatte damals über *Instagram* mitgeteilt: «Männer dürfen gerne von mir aus lustige, hochgekrempelte Hosen tragen und kurze Jacketts, die über dem Arsch enden. Dann macht es, wenn ihr das wollt. Aber wenn ihr euch jetzt auch noch schminkt: Ich finde, irgendwo ist auch mal ein Punkt. Männer sind Männer, Männer sollen irgendwie auch Männer bleiben.»

Ein Shitstorm brach über sie herein – eigentlich ein gutes Zeichen, weil dadurch deutlich wird, dass unsere Gesellschaft sich verändert und sich immer mehr Menschen für das Aufbrechen von Geschlechterklischees starkmachen. Aber gleichzeitig tat Barbara Schöneberger mir leid, denn ich wusste genau, was sie meinte. Sie persönlich findet Männer nicht sexy, die sich schminken, und wenn sie die Wahl hätte zwischen einem Mann, der aussieht, als hätte er gerade mit bloßen Händen sein Boot an den Strand gezogen, dann mit den Zähnen seine Bierflasche geöffnet, um anschließend sein vom Salzwasser verkrustetes Gesicht an der Glut des Lagerfeuers zu wärmen – und einem Mann, der sich vor dem Date eine halbe Stunde lang die Haare stylt, sich die Augenbrauen zupft und nachzieht und den Abdeckstift sorgfältig in der Herrenhandtasche verstaut, würde sie sich eher für Nummer eins entscheiden. Oder sagen wir es differenzierter in der Hoffnung, niemandem zu nahe zu treten: Für das rein körperliche Vergnügen würde ein Großteil der Frauen, die wie Barbara und ich in den 70er Jahren geboren wurden, eher die deftige Männervariante bevorzugen, aber um gemeinsam über die Medienbranche zu lästern, würden wir uns vermutlich lieber an Nummer zwei wenden. Ja, auch das sind wieder Klischees, die mein begrenztes Denken entlarven, möglicherweise ist Nummer zwei der viel bessere Liebhaber und Nummer eins schon seit Jahren im Besitz eines *Bunte*-Abos. Darum sind die Rollenbilder in unseren Köpfen so tückisch. Alle Geschlechter verfügen über die gesamte Bandbreite von Gefühlen und Talenten, völlig unabhängig von ihrer Chromosomenkonstellation, ihren Genitalien und ihrem Klamottenstil.

Wir sollten uns bei dieser Gelegenheit auch fragen, ob das «männliche» Leben wirklich so perfekt und erstrebenswert ist, sind Männer die glücklicheren Menschen? Es sieht nicht so aus: Männer sterben im Schnitt vier Jahre früher als Frauen, sie leiden häufiger unter Depressionen und Alkoholismus, die Suizidrate unter ihnen ist höher, und sie üben mehr Gewalt aus. 95 Prozent der Gefängnisinsassen in Deutschland sind Männer, diese Zahl ist erschütternd.

Männer gehen seltener zum Arzt – echte Männer werden schließlich nicht krank –, doch sie haben häufiger Bluthochdruck, Herzinfarkte und Schlaganfälle als Frauen. Das klingt nicht nach einer Gesellschaftsgruppe, die mit sich im Reinen ist.

Männlichkeit scheint krank zu machen, doch das liegt weder an Genen noch an Hormonen. Experten machen nicht die Biologie, sondern das männliche Verhalten dafür verantwortlich und sprechen von toxischer, also «giftiger» Männlichkeit. Um diesen Begriff zu verstehen, braucht man sich nur Donald Trump vor Augen zu führen: Er ist von seiner Großartigkeit überzeugt und beschimpft alle, die an ihm zweifeln. Frauen hält er für Sexobjekte, Fast Food für die einzig mögliche Ernährungsform, und sobald er eine Emotion verspürt, wandelt er sie in Aggression um. Toxische Männlichkeit bedeutet, dass man sich und seiner Umwelt schadet, weil man ununterbrochen in einer Art Kampfmodus ist, sich entsprechend risikoreich verhält und seine Gefühle unterdrückt.

Die gute Nachricht lautet: Von Trump sind die meisten Männer weit entfernt, und toxische Männlichkeit hat weder genetische Ursachen, noch handelt es sich dabei um eine ansteckende Krankheit. Allerdings erziehen wir unsere Kinder dazu mit unseren klassischen Rollenbildern und dem, was wir ihnen vorleben. Männer müssen doch auch unter den albernen Stereotypen leiden, die ihnen von klein an aufgezwängt werden – warum beschweren sie sich eigentlich so selten darüber?

Sie könnten sich endlich die sogenannten weiblichen Eigenschaften aneignen und dazu stehen – das sage ausgerechnet ich, die Frau, die ständig mit der Mutter- und Hausfrauenkomponente in ihrem Leben hadert und sich wertvoller fühlte, als sie noch in einer bezahlten 50-Stunden-Woche aufging. Aber natürlich ist es keine Schwäche, sich um Kinder oder alte Eltern zu kümmern oder Essen zuzubereiten, sondern es ist überlebensnotwendig und sehr viel sinnstiftender als illegale Autorennen oder die Champions League. Niemand ist «unmännlich», wenn er ausspricht, was ihn bedrückt.

Der niederländische Wissenschaftler Jens van Tricht beschäftigt sich seit 25 Jahren mit ungerechten Geschlechterverhältnissen, die auch Männern zu schaffen machen. In seinem Buch *Warum Feminismus gut für Männer ist* schreibt er: «Wir müssen Männer aus der Zwangsjacke der stereotypen Männlichkeit befreien. Wie müssen die Auffassungen von Männern und Männlichkeit so weit erweitern und transformieren, dass sich die Männer in ihrer ganzen Menschlichkeit entfalten können.»[63]

Wenn es dann hoffentlich irgendwann so weit ist, müssen Frauen aber auch ertragen, dass Männer nicht nur beim Abstieg ihrer Lieblingsmannschaft heulen, sondern auch zu Hause auf dem Sofa. Und sie müssen sich von der Idee des «Männerschnupfens» verabschieden und ihren Partnern das Recht einräumen, jammernd auf dem Sofa zu liegen, weil sie sich nicht «fühlen», obwohl rein äußerlich auch für das geschulte Auge keinerlei Beeinträchtigung zu erkennen ist.

Ich bin mir nicht sicher, ob ich schon so weit bin.

Männlichkeit ist ein Albtraum, sagt auch der britische Sozialarbeiter JJ Bola, der das Buch *Sei kein Mann* geschrieben hat. Bei seiner Arbeit konnte er beobachten, dass Jungen es nicht schafften, den Erwartungen der Gesellschaft an sie zu entsprechen, sie unterdrückten ihre Gefühle und konsumierten Alkohol und Drogen, um die dadurch entstandenen Spannungen abzubauen. Auch die zunehmende Gewalt sieht er als Reaktion auf unterdrückte Gefühlte, sie wird zum Ventil für alles, was nicht herausdarf. «Die ganze Idee, dass Männer stärker, logischer und weniger emotional seien, ist Sozialisation. Ich habe Männer schon untröstlich weinen sehen, weil ihre Fußballmannschaft verloren hat. Wenn wir doch angeblich das stärkere Geschlecht sind, ist es völlig unlogisch, wegen eines Fußballspiels zu heulen»[64], erklärt Bola.

Geschlechtergerechtigkeit ist für Männer gesundheitsfördernd, das beweist eine kürzlich erschienene Studie der Universität Bielefeld in Zusammenarbeit mit dem Robert Koch-Institut. Dafür wurde der Grad der Gleichstellung in den Bundesländern mit der Lebenserwartung der Männer verglichen. Gemessen wurde die Gleichstellungsrate am Frauenanteil in den Parlamenten, dem Bildungsgrad von Jungen und Mädchen sowie der Zahl der arbeitenden Frauen. Und siehe da: Je gleichberechtigter eine Gesellschaft ist, desto länger leben ihre Männer. Die Forscher schlussfolgerten, dass Männer sich in einem gleichberechtigten Umfeld weniger stark gezwungen sehen, ihre «Männlichkeit» zu beweisen, was sich wiederum positiv auf ihren Lebensstil auswirkt: Sie verhalten sind umsichtiger, ernähren sich gesünder und trinken weniger Alkohol.

Wer an dieser Stelle immer noch daran zweifelt, dass Feminismus auch Männern guttut, den überzeugt vielleicht das Argument des New Yorker Soziologie-Professors Michael Kimmel. Er weiß, dass Männer in gleichberechtigten Beziehungen nicht nur länger leben, sondern auch mehr Sex haben.

Die Welt könnte so viel schöner und friedlicher sein. Wann schaffen wir es endlich, unsere Kinder als Menschen zu sehen und nicht als Jungen und Mädchen? Sie sind alle unterschiedlich und haben verschiedene Interessen, unabhängig von ihrem Geschlecht. Jedes einzelne Kind sollte die Möglichkeit bekommen, sein Potenzial voll auszuschöpfen und sich in alle Richtungen entfalten zu können, ohne rosa-hellblaue Grenzen in den Köpfen und auf dem Spielzeugteppich. Wenn es uns gelingt, unsere Kinder zu empathischen und selbstbewussten Menschen zu erziehen, die sich trauen, ihre Träume zu verfolgen und so zu sein, wie sie sind, haben wir unendlich viel erreicht. Da fängt die Gleichheit von Mädchen und Jungen an, das ist Feminismus.

Doch was bedeutet das für meine Erziehungsversuche?

Seit dem Vorfall an der Terrassentür sind ein paar Jahre vergangen. Ich habe noch eine Tochter bekommen und erkannt, dass mein Sohn nach wie vor ein sehr sanftmütiges Wesen ist, während meine Tochter über Tische und Bänke geht. Das hat vermutlich nichts mit Geschlecht oder Erziehung, sondern mit Veranlagung zu tun, vielleicht besetzt sie unbewusst aber auch die Nische, die noch frei ist. Ich sage beiden, dass sie sich nur dann körperlich wehren sollten, wenn es nötig ist, um sich selbst zu schützen.

Im Alltag versuche ich darüber hinaus, sie mit Humor für stereotype Rollenzuweisungen zu sensibilisieren. Meine Kinder sollen mitkriegen, dass ihre Eltern über die Aufgabenteilung im Haushalt diskutieren und sich um Gerechtigkeit bemühen, weil es nicht vom Geschlecht abhängt, wer was macht. Sobald einer von uns in Stereotype fällt, ziehen wir uns gegenseitig damit auf. Das macht zumindest mehr Spaß, als grummelnd darüber hinwegzusehen.

Meine Kinder sind inzwischen alt genug, um mitten in einem Geschäft lauthals mit mir über die absurde Aufteilung in Jungen- und Mädchenartikel zu lachen. Sie wissen, dass es völliger Schwachsinn ist, wenn auf einem Buch «Piratengeschichten für Jungs» und auf dem anderen «Prinzessinnengeschichten für Mädchen» steht – und nehmen dankend die Steilvorlage an, sich eine «Prinzessinnengeschichte für Jungs» auszudenken. Wir freuen uns gemeinsam, wenn wir einen Film sehen, in dem die weibliche Hauptrolle weder Prinzessin ist noch die große Liebe sucht. Ich muss gestehen, dass ich beim Ansehen des Disney-Films *Vaiana* ununterbrochen überlegt habe: «Na, in wen verliebt sich die weibliche Hauptfigur denn nun – in den Halbgott? Oder kommt gleich ein verwegener Fischer um die Ecke? Ein verwunschener Prinz vielleicht?» Nichts von alledem passierte, die Häuptlingstochter kam sehr gut ohne Mann an ihrer Seite aus, sie selbst war das Happy End. Und ich blieb verblüfft zurück.

Ich erzähle meinen Kindern gelegentlich, wie es früher war, ein Mädchen zu sein – diese Märchenstunde rangiert bei ihnen vermutlich unter der Kategorie «Oma erzählt wieder vom Krieg», aber vieles ist für ihre Kinderohren so skurril und unlogisch, dass es dann doch hängen bleibt. Dass Frauen früher ohne Erlaubnis ihres Mannes nicht arbeiten durften oder dass es ein Land gibt, in dem Frauen bis heute nicht Auto fahren dürfen, finden sie mindestens genauso verblüffend wie einen Wolf, dem sechs lebendige Geißlein aus dem Bauch gezogen werden. Sie können auch nicht verstehen, warum meine Oma früher im Restaurant meinem Opa heimlich ihr mühsam erspartes Geld zugesteckt hat, damit nicht sie, sondern er vor allen Augen die Rechnung bezahlt. Und ich merke, dass meine Kinder die Welt genau beobachten.

Als mein Sohn vier oder fünf Jahre alt war, fuhr ich mit ihm im Auto durch die Stadt, er sah aus dem Fenster und fragte irgendwann: «Mama, warum stehen an Bushaltestellen viel mehr Frauen als Männer?» Ich war verblüfft, denn mir war das nie aufgefallen. «Na ja», überlegte ich laut, «Autos kosten Geld, und Frauen haben meist weniger Geld als Männer. Sie arbeiten nämlich weniger als Männer, weil sie sich mehr um die Kinder kümmern – und darum haben sie weniger Geld und müssen mehr Bus fahren, das ist billiger.» Klar, ich hätte auch die Themen Klimaschutz und Gender Pay Gap ausführen oder die generelle Notwendigkeit von Autos in Frage stellen können, aber wir befanden uns im *Sendung-mit-der-Maus*-Duktus. «Aber das ist total ungerecht!», krähte es von hinten. Dann wurde es wieder still, und nach einer Weile fragte er: «Hättest du mehr

Geld, wenn ich länger im Kindergarten wäre?» Kluges Kerlchen, dachte ich und sagte: «Genau, dann würde ich dich nicht mit dieser Klapperkiste abholen, sondern im Porsche.» Doch weil das mit dem kindlichen Humor so eine Sache ist und er im Rückspiegel plötzlich sehr nachdenklich aussah, fügte ich hinzu: «Aber ich will gar keinen Porsche haben. Willst du denn länger im Kindergarten bleiben?» Er schüttelte zögernd den Kopf, aber ich merkte, dass er mit der ganzen Sache noch nicht zufrieden war. «Und warum holen die Papas die Kinder nicht von der Kita ab?» Puh, das Gespräch wurde immer komplizierter, wären wir bloß auch Bus gefahren, dann hätte ich mich nicht gleichzeitig auf den Verkehr konzentrieren müssen. «Am besten wäre es wahrscheinlich, wenn die Mamas und Papas sich abwechseln würden», sagte ich diplomatisch. «Das klappt nur nicht immer so richtig.» – «Also ich werde meine Kinder immer von der Kita abholen!», kam es energisch vom Rücksitz – und ich lächelte und nahm mir vor, meinen Sohn später daran zu erinnern.

Inzwischen ist mein Sohn zwölf Jahre alt, und er ist nicht zum Schläger oder Fußballer geworden, er vermeidet Gerangel und Wettkämpfe jeder Art und kann sich weder aktiv noch passiv für Sport begeistern. Aber er hat Freunde gefunden, die ihm in ihrer Art ähneln. Dadurch habe ich eine ganze Palette sensibler, kreativer und humorvoller Jungen kennengelernt, die ich großartig finde.

Die schlechteste Feministin aller Zeiten war ich in dem Moment, als ich zu Beginn meiner Schwangerschaft sämtliche Jungen in einen hellblauen Klischeetopf geworfen habe und überzeugt war, dass ich mit ihnen nicht viel anfangen kann. Seitdem lerne ich jeden Tag dazu – und natürlich ist da noch Luft nach oben.

DER KÖRPER:
KANN ICH FEMINISTIN SEIN UND GEFALLEN WOLLEN?

Frauen vor der Kamera funktionieren nicht, denn sie wollen immer nur gefallen.» Dieser Satz geht mir nicht aus dem Kopf, ein Fernsehchef soll ihn gesagt haben, wie eine Moderatorin mir erzählt. Frauen seien einfach nicht lässig genug, sie könnten vor der Kamera nicht natürlich – oder bemühen wir ruhig das überstrapazierte Wort «authentisch» – sein, weil sie zu viel darüber nachdächten, wie sie auf andere wirken. Ja, diese Fernsehfrauen, erst müssen sie sich jünger machen, als sie sind, und ganz viel lächeln, um nicht abgesetzt zu werden – und am Ende wirft man ihnen vor, gefallen zu wollen, und setzt sie deshalb ab. Es ist zum Verrücktwerden. Ich habe großen Respekt vor jeder Frau, die den Zirkus mitmacht.

Aber natürlich ertappe ich mich auch selbst bei der Gefallsucht. Als mein Sohn mir erklärt, wie ich mit meinem neuen Handy Fotos so bearbeiten kann, dass mein Gesicht glatter und meine Konturen schmaler aussehen, interessiert mich nicht mehr, dass seine «Medienzeit» an dem Tag längst abgelaufen ist. «Wie ging das noch mal mit dem Weichzeichner?», will ich wissen, anstatt mich zu fragen, wer mir diese Fokussierung auf mein Aussehen antrainiert hat.

Der Körper als Waffe

Ich will nicht nur nett aussehen, ich lächle auch zu häufig. Ich lächle, sobald ich auf andere Menschen treffe: Im Supermarkt, beim Betreten eines Raumes voller Menschen, wenn ich bekannte oder fremde Leute begrüße – automatisch knipse ich ein Lächeln an. Ich bin gar kein Mensch, ich bin ein Smiley. Beigebracht hat mir das niemand. Ich habe gelernt, mir morgens und abends die Zähne zu putzen und nach dem Nachhausekommen die Hände zu waschen. Aber an eine Lehrstunde fürs Dauerlächeln kann ich mich nicht erinnern. Mein Lächeln bedeutet nicht zwingend, dass ich in dem Moment fröhlich bin oder mich freue, andere zu sehen. Ich habe das Gefühl, nett sein zu müssen. Ich möchte gefallen oder zumindest den Erwartungen entsprechen, die an Frauen gestellt werden: freundlich zu sein. Und ungefährlich. Ich bin offensichtlich nur liebenswert, wenn ich auch lieb bin, so etwas scheint unterbewusst in meinem Kopf herumzuschwurbeln. So wie mir geht es vielen Frauen: Wir sind freundlich und zugewandt, vor uns soll keiner Angst haben. Wenn Frauen lächeln, ist es normal, wenn Männer lächeln, haben sie gute Laune.

Eine Freundin berichtet, dass sie während eines Burn-outs vor ihrer Psychotherapeutin sitzt und ihr ganzes Elend erzählt: Zwei kleine und sehr aktive Kinder in einer winzigen Wohnung, Corona-Krise, der Versuch, mit Kindern Homeoffice zu machen und sich im neuen Job zu beweisen, ein abwesender Mann, sie ist völlig überfordert. Dann fragt die Therapeutin: «Und warum lächeln Sie die ganze Zeit, während Sie mir all das erzählen?» Sehr gute Frage – denn das hatte meine Freundin gar nicht bemerkt. Wir Frauen können von unseren tiefsten Ängsten, einer Krebserkrankung oder dem Verlust eines Angehörigen erzählen und schaffen es trotzdem, dabei zu lächeln. Das ist doch absurd.

Von wildfremden Männern bekommt man als Frau tatsächlich die Aufforderung: «Lächle doch mal!» zu hören, im allerschlimmsten Fall wird ein «Dann bist du viel hübscher!» hinterhergeschoben. Und anstatt zu kontern: «Was geht dich das an?», oder «Lächle doch selber!», ziehen viel zu viele von uns in so einem Moment vermutlich reflexartig-gequält die Mundwinkel hoch. Ist jemals ein Mann von einer Frau aufgefordert worden zu lächeln? Er möge doch bitte freundlicher gucken, um besser auszusehen? Ich habe noch nie davon gehört. Männer lächeln im Berufsalltag weniger als Frauen, Führungskräfte weniger als Menschen ohne eine entsprechende Funktion, das ergeben Untersuchungen. Über Angela Merkels Mundwinkel wird gern geschrieben, über die Mimikfalten von männlichen Kollegen habe ich noch nie etwas gelesen.

Frauen lächeln auch, um eine bessere Stimmung herzustellen, sie sind wahre Feel-good-Manager, und diese Gefühlsarbeit machen sie oft automatisch. Das ist wahnsinnig lieb von ihnen – aber natürlich auch wahnsinnig anstrengend. Wer möchte schon immer dafür zuständig sein, dass es allen gut geht, und selbst dabei auf der Strecke bleiben?

Wer lächelt, gibt dem anderen zu verstehen: Ich kratze deine Machtposition nicht an, ich ordne mich bereitwillig unter, du hast gewonnen. Daran ist nicht alles verkehrt, wir wollen schließlich friedlich miteinander leben. Aber mein sinnloses und gefallsüchtiges Dauergrinsen muss aufhören.

Die coronabedingte Maskenpflicht ist eine gute Gelegenheit, das zu üben. Es sieht ja eh keiner, was darunter passiert, und das reflexartige Lächeln spiegelt sich in den Augen nicht wider. Nur echtes Lächeln erreicht die Augenpartie, aber das künstliche erlernte nicht. Ich gehe einen Schritt weiter und bin in einer Zoom-Konferenz bewusst sehr sachlich. Kein Gepläinkel, kein Hihi und Hoho, heute ist Ernst mein zweiter Vorname. Ich bilde mir ein, dadurch kompetenter zu wirken – nach Ende der Sitzung schreibt mir ein befreundeter Kollege eine *WhatsApp*: «Mein Gott, bist du heute ernsthaft – hättest eine Oberstudienrätin werden können.» Ich bin wütend und wünsche ihm ein paar Albträume mit einer sadistischen Oberstudienrätin in der Hauptrolle. *Das* kommt also dabei heraus, wenn ich nicht die Grinsekatze vom Dienst bin?

Ich bin genervt – doch dann kommt mir eine Idee. Lässt sich so endlich das Geheimnis der Mona Lisa lüften? Vielleicht steht seit Jahrhunderten die Männerwelt vor ihr und raunt: «Lächle doch mal! Na los, dann bist du viel hübscher!» Und tatsächlich entdeckt man plötzlich den Anflug eines Lächelns, vielleicht tut sie es gleich, jeden Moment könnten ihre Mundwinkel nach oben gehen – und die Welt wäre wieder in Ordnung! Aber nein, sie tut es nicht, sie ist eine Frau, die sich ihrem Betrachter nicht durch ein zugewandtes Lächeln unterordnet – und bleibt der Gesellschaft deshalb ein Rätsel.

Ich kann niemandem konkret vorwerfen, dass er oder sie mich in die Gefallsucht getrieben hat, und ich habe mich dem Spiel namens «Wer ist die Schönste im ganzen Land?» lange entzogen, denn es war mir nicht einmal bewusst.

Ich dachte in meinen jungen Jahren allen Ernstes, dass ich meinen Weg in Jeans und Turnschuhen machen könne und Intelligenz, Fleiß und Leistung die wichtigsten Bausteine für meinen Aufstieg sein würden.

Vielleicht hätte ich mir meinen Glauben an innere Werte länger erhalten können, wenn ich mir nicht gerade die Fernsehbranche als Betätigungsfeld ausgesucht hätte, in der es bei Frauen nach wie vor nicht in erster Linie darum geht, was sie inhaltlich zu sagen haben, sondern wie attraktiv sie sind.

Insgeheim verachtete ich jahrelang sogar die Geschlechtsgenossinnen, die sich in kürzeste Röcke und winzige Oberteile zwängten, sich aufwendig schminkten und das hilflose Weibchen spielten, wenn ein Alphamännchen den Raum betrat. Und ich verachtete die Männer, die in Sekundenschnelle auf diese Primärreize ansprangen und nur Augen für Frauen hatten, die sich körperlich in Szene setzten.

Ich erinnere mich an ein Ereignis beim NDR-Fernsehen, dort gibt es einen irrsinnig langsamen Fahrstuhl, der einen im Zeitlupentempo in den zweiten Stock zur Talk-Redaktion befördert. Ich steige unten zusammen mit einer Assistentin und einem Regisseur ein, der schnarchige Fahrstuhl setzt sich zögernd in Bewegung – und die Dame hat nichts Besseres zu tun als «Mir wird ganz schwindelig!» zu quietschen und sich – offensichtlich in Todesangst – hilflos an den Regisseur zu klammern, damit er sie retten möge in dieser Hochgeschwindigkeitsrakete, kurz vor dem Durchbrechen der Schallmauer. Dem Mann gefiel das sichtlich, er legte seinen rolexgeschmückten Arm beschützend um sie und gab ein paar beruhigende Brumm-Laute von sich, während sie mit den Wimpern klimperte.

Solche Situationen machen mich bis heute sprachlos, jeder Humor geht mir ab an dieser Stelle, ich weiß gar nicht, wie ich reagieren soll, wenn Klischees vor mir lebendig werden und alle so dankbar in ihre jahrhundertealten Rollen fallen. Oder um es mit Katja Lewina zu sagen: «In einer Welt, in der Frauen nicht viel zu melden haben, ist ihr Körper ihre Waffe und ihre Fickbarkeit der Fahrstuhl nach oben.»[65]

Ich war jedenfalls heilfroh, nach gefühlt einer Stunde in dieser Glaszelle oben angekommen zu sein, und überlegte, was mit mir nicht stimmt.

Gleichzeitig muss ich mich fragen, was ich schon wieder für

eine Feministin bin, die andere Frauen für ihr Verhalten und ihren Kleidungsstil kritisiert. Die Freiheit der Frauen besteht auch darin, sämtliche Klischees zu bedienen und für sich zu nutzen, und der Feminismus ist nicht dazu da, ihnen irgendetwas vorzuschreiben. Natürlich dürfen Frauen weniger als ein hauchdünnes Nichts anziehen, wenn ihnen danach ist, sich auch dort rasieren, wo die Sonne nie hinscheint, sich alle Farben des Regenbogens ins Gesicht malen und ihre Stirn mit Nervengift lahmlegen. Habe ich das Recht zu entscheiden, welches Outfit feministisch ist und welches frauenfeindlich, frei nach dem Motto: Sneaker: ja, Hotpants: nein; Blümchenkleid: ja, Catsuit: nein? Das wäre lächerlich. Und wie sieht es eigentlich mit dem Kopftuch aus: Aus religiösen Gründen lieber nicht, weil männliche Unterdrückung dahinterstecken könnte – aber aus Style-Gründen oder am Bad Hair Day ja? Auch das wäre vermessen, denn weder kenne ich die persönlichen Beweggründe der betreffenden Frauen, noch gehen sie mich etwas an.

Ich wollte doch dagegen kämpfen, dass Frauen auf ihr Aussehen reduziert werden – und ertappe mich selbst dabei. «Unfeministisch ist, sich über Körper von anderen zu beschweren, außer sie sitzen auf dir drauf und sind zu schwer»[66], schreibt Margarete Stokowski.

Playboy-*Feminismus*

Treiben wir diesen Gedanken doch einmal weiter: Kann man Feministin sein und für den *Playboy* posieren? Kann man es feministisch nennen, durch die Präsentation eines ausladenden Hinterteils ein Millionenvermögen zu erwirtschaften wie Kim

Kardashian? Oder durch die Erfindung von figurformender Unterwäsche zur jüngsten Milliardärin der Welt zu werden, wie Sara Blakely? Und dürfen Feministinnen eigentlich Pornos gucken – oder gar in welchen mitwirken oder sich prostituieren?

Man könnte all diesen Frauen entgegenschleudern: Ihr haltet das System aufrecht, ihr bedient den männlichen Blick und leitet andere Frauen dazu an, sich noch kritischer mit ihrem Körper auseinanderzusetzen!

Man könnte sie stattdessen auch loben für ihre Geschäftstüchtigkeit und feiern, weil Kardashian riesige Hintern salonfähig und Blakely mit ihrer Unterwäsche Postschwangerschaftsbäuche unsichtbar machen – beides hebt womöglich das Selbstwertgefühl vieler Frauen. Wir könnten Pornoproduzent*innen danken, wenn sie Filme unter guten Arbeitsbedingungen produzieren, auf die Gesundheit der Protagonist*innen achten und sowohl neue Perspektiven als auch unterschiedliche Körper zeigen. Die Prostitution sollte nicht verboten werden, denn das würde noch mehr Frauen in die ungeschützte Illegalität treiben, wo sie Gewalt und Ausbeutung wehrlos ausgeliefert sind. Aber natürlich wünsche ich mir, dass Frauen dieses Arbeitsfeld ausschließlich selbstbestimmt wählen und dort Schutz und Respekt erfahren. Mir ist klar, dass das ein Wunschtraum bleiben wird.

Pornographie muss nicht frauenfeindlich sein, Pornos müssen nicht ausschließlich gewaxte und silikonierte weibliche Geschlechtsmerkmale zeigen und das Gesicht der Frau nicht nur dann in den Mittelpunkt heben, wenn eine Ladung Sperma darauf landet. Wir müssen die Pornographie nicht abschaffen, wir brauchen nur mehr Produzent*innen, die die männlich dominierte Pornoindustrie aufmischen und Diversität sichtbar machen. Es wird der Tag kommen, an dem meine Kinder einen

Porno auf ihr Handy geschickt bekommen, das werde ich kaum verhindern können. Aber es wäre mir lieber, wenn die dort gezeigten Frauen keine erniedrigten Objekte mit unrealistischen Proportionen sind.

Wenn Pornos etwas zeigen, das Spaß macht, was menschlich ist und nicht nur Kälte und Gewalt ausstrahlt, werden sie auch von Frauen konsumiert. Es gibt Frauen, die aus Mangel an Alternativen gezielt Schwulenpornos gucken, um einen anderen Blickwinkel zu bekommen: Hier können sie in Ruhe einen männlichen Körper in Aktion betrachten und müssen gleichzeitig nicht darüber nachdenken, wie das weibliche «Opfer» sich fühlt, während es sehr offensichtlich einen Orgasmus vortäuscht.

Es steht außer Frage, dass Frauen geschäftstüchtig sein und vom Kapitalismus profitieren dürfen – ob das System richtig ist, steht auf einem anderen Blatt. Zumindest verhindern sie auf diese Weise, dass Männer sich an ihnen bereichern.

Brechen wir es runter: Natürlich darf sich jede Frau an- und ausziehen, wie und wo und so oft sie will, wir alle sind sexuelle Wesen und die Jungfrau Maria hat nicht das Zeug zur Influencerin, da sind zu viele Ungereimtheiten in ihrer Vita. Nur eine Bitte habe ich: Nie wieder möchte ich von den *Playboy*-Häschen das scheinheilige Argument hören, sie hätten sich einzig und allein für ihre Enkelkinder ausgezogen, damit die eines Tages diese ästhetischen Bilder ihrer Großmutter sehen können. Einen pubertierenden Enkel, der sich über die alten *Playboy*-Hefte seiner Oma beugt, will ich mir einfach nicht vorstellen.

Zwischen Mauerblümchen und Sexobjekt

Wie schön wäre es dennoch, wenn Frauen den gesamten Zirkus rund um ihren Körper ausschließlich veranstalten würden, weil es ihnen selbst Vergnügen bereitet und sie sich dadurch gut fühlen – und nicht, um eine von der Gesellschaft oktroyierte Pflicht zu erfüllen. Warum rasieren wir uns Achseln, Beine und vielleicht auch den Intimbereich? Sind es die Sehgewohnheiten, die uns dazu treiben, und die angeekelten Blicke, die wir ernten, wenn wir darauf verzichten? Oder tun wir das einzig und allein für uns? Eine Freundin berichtet mir von ihrem ersten Waxing der Po-Ritze. Es war eine so erniedrigende wie qualvolle Prozedur, die Eckdaten lauten: Vierfüßlerstand, Heißwachs und Vliesstreifen. Sie ist fast ohnmächtig geworden vor Schmerzen – warum hat sie es getan und will es wieder tun? Sie hat keine masochistische Neigung, strebt weder eine Karriere in der Pornoindustrie noch eine außereheliche Affäre an, und ihr langjähriger Gatte steht aufwendigen Beautymaßnahmen eher ablehnend gegenüber. Sie habe sich danach so perfekt und sauber gefühlt, erklärt sie – und bucht den nächsten Waxing-Termin.

Wie viel von unserem ganzen Verschönerungsirrsinn ist der reinen Selbstliebe geschuldet, wie viel einem Perfektionswahn und wie viel dem Wunsch, gefallen zu wollen?

Das lässt sich schwer voneinander trennen, die Grenzen sind fließend. Aber es wäre hilfreich, ein paar Sekunden darüber nachzudenken, dass dieses «Hobby» namens Styling sowohl Geld als auch viel Zeit kostet. Nicht umsonst nennt Naomi Wolf in ihrem Buch *Der Mythos Schönheit* das Instandhalten des weiblichen Körpers die «dritte Arbeitsschicht», die Frauen wie selbstverständlich parallel zu ihrem Job und ihrer Fürsorge-Arbeit leisten.

Ich plädiere für sämtliche Freiheiten aller Frauen und ertappe mich dennoch dabei, wie ich mich bei einem Abendessen über eine Frau auslasse, die sich auf *Instagram* sehr freizügig gibt, immer extrem geschminkt ist und dieses Gesamtkunstwerk von Körper mit Weichzeichner-Filtern krönt. Ihre Themen und Texte gefallen mir – aber muss sie sich so darstellen, als «williges Weibchen» in Szene setzen? «Jetzt judgest du aber auch», sagt meine Gesprächspartnerin streng, und ich Mittvierzigerin muss erst einmal überlegen, was die deutlich jüngere Frau mit ihrer Verbwahl meint. Natürlich, ich verurteile, ich richte über eine andere Frau, echauffiere mich über ihr Aussehen, anstatt mich darüber zu freuen, dass sie auf diese Weise eine große Zielgruppe erreicht, dass auch viele Männer ihr folgen und dadurch auf Themen aufmerksam werden, die unter ihrem Radar laufen würden, wenn keine sexy Blondine im Spiel wäre. Shame on me! Ich habe ein schlechtes Gewissen und like schnell alle ihre Posts.

Ich übe mich weiter in Toleranz und verstehe als Teilzeitfeministin trotzdem nicht, warum Frauen mit nackten Brüsten für Frauenrechte kämpfen wie die feministische Gruppe Femen. Die Art von Politikern, die sie damit aufrütteln wollen, freuen sich doch nur, dass in eine langweilige Sitzung ein paar nackte Brüste reinplatzen, denke ich. Und die Botschaften, die danebenstehen, lesen sie bestimmt nicht – geschweige denn nehmen sie sie ernst.

Ich muss ein weiteres Geständnis machen: Ich habe mich angepasst an dieses Spiel, das ich jahrelang beobachtet und verurteilt habe. Irgendwann habe ich mir so etwas wie eine Frisur zugelegt, die erstaunliche Wirkung von tiefen Dekolletés getestet und darauf geachtet, nicht in die nächsthöhere Konfektionsgröße zu rutschen. Ich habe gelernt, mich als Objekt zu präsentieren und mich bewerten zu lassen. Viel schlimmer als das, gebe ich mir innerlich High Fives, wenn mir dieses perfide Spiel gelingt, wenn ich also merke, dass ein Mann es im Gespräch nicht schafft, sich auf mein Gesicht zu konzentrieren, weil mein Körper ihm eine Falle gestellt hat. Es ist ein ungewohntes Gefühl von Macht, das sich einstellt, ich lernte, dass ich über ein erotisches Kapital verfüge, das ich zu meinen Gunsten einsetzen und dadurch mein Selbstbewusstsein steigern kann.

Was für ein Trauerspiel! Im selben Moment hasse ich mich dafür und breche die Situation ironisch runter, denn ich bediene mit meinem Körper die Wunschbilder des männlichen Geschlechts, passe mich seinen Erwartungen an Attraktivität an und komme mir dabei billig und durchtrieben zugleich vor. Ich revoltiere innerlich gegen die vorherrschenden Schönheitsideale, doch gleichzeitig kann ich mich ihnen nicht entziehen, mich frei machen von all den Vorstellungen, wie Frauen auszusehen haben. Noch immer suche ich nach einem Mittelding, eine Normalität, über die man gar nicht erst nachdenkt. Es muss für Frauen doch etwas geben zwischen «nicht gesehen werden» und «Sexobjekt sein», zwischen den Etiketten «ungepflegt» und «Flittchen»?

Mädchen werden von klein auf nach ihrem Äußeren beurteilt, als niedlich bezeichnet – oder eben auch nicht. Frauen optimieren sich ununterbrochen, sie perfektionieren ihre Ernährung, lassen sich coachen, trainieren ihren Körper und cremen und spritzen sich unnatürliche Dinge ins Gesicht. Und wenn sie all das nicht tun, denken sie darüber nach, dass sie es dringend tun müssten, und setzen die einzelnen Punkte auf ihre To-do-Liste. Ganze Industriezweige leben von der Verunsicherung der Frauen. Seit sie ihren Intimbereich waxen, lassen Frauen sich erfolgreich einreden, ihre Vulvalippen seien korrekturbedürftig. Das Analbleaching kann gleich mitgebucht werden – was kommt als Nächstes? Offensichtlich denken viele von uns, aller Body-Positivity-Bewegung zum Trotz, dass unsere Körper immer perfekter werden müssen, damit wir unseren Platz in dieser Gesellschaft finden. Ich möchte weiter fest daran glauben, dass der Teint meines Anus dabei nicht die ausschlaggebende Rolle spielt.

Aber natürlich sehen wir, dass Frauen des öffentlichen Lebens grundsätzlich einer Bewertung ihres Äußeren ausgesetzt sind. Ob Virologin oder Ministerin, ob Schauspielerin oder Popstar, immer finden sich in Artikeln und Kommentaren Hinweise auf Haare und Figur. Sämtliche Frauen werden danach beurteilt, wie attraktiv sie auf Männer wirken. Spätestens wenn Frauen das Licht der Öffentlichkeit erblicken, fangen sie mit der Selbstoptimierung an.

Diesen Drang verspüren Männer nicht so stark, mehr als Frauen haben sie gelernt, dass sie genau richtig sind und die Welt ihnen offensteht. Fasziniert gucke ich Sendungen wie *Kitchen Impossible* mit Tim Mälzer oder *Das Hausboot* mit Olli Schulz und Fynn Kliemann. Für diese Männer ist die Welt eine endlose Spielwiese, auf der sie an jeder Ecke unter größter Anstrengung den noch größeren Spaß herausholen. Ich sehe das gerne, ich bewundere sie, wenn sie in ausgeleierten Unterhosen in fremde Gewässer springen, ohne eine Sekunde darüber nachzudenken, welche Figur sie dabei abgeben. Die Toleranz für Männerkörper und ihr Verhalten ist in unserer Gesellschaft nach wie vor deutlich größer, und ich kann mich selbst nicht ganz von dieser Haltung frei machen. Ich stelle mir an ihrer Stelle Frauen vor, die sich ununterbrochen ihre eigene Genialität bescheinigen, Unsummen von Geld in der Elbe versenken und ihren halbnackten Hintern nur deshalb in die Kamera strecken, weil die Hose nicht mehr passt. Sofort höre ich den Stimmenchor erklingen, sowohl da draußen als auch in meinem Kopf. Er reicht von «Die traut sich was ... mit den Oberschenkeln?!» über «Puh, die ist ja ganz schön von sich eingenommen!» bis hin zu «Die hat doch keine Ahnung von dem, was sie da tut!» Gleichzeitig habe ich eine große Sehnsucht nach Frauen, die so unbedarft sind, ich würde sie anbeten – nur selbst wäre ich niemals bereit, als Vorbild meinen Hintern entsprechend in die Kamera zu halten. Aber dieses männliche Selbstverständnis, das hätte ich gern.

Gleichberechtigung soll natürlich nicht bedeuten, dass Männer dem gleichen Druck ausgesetzt sind wie Frauen. Aber wer hat ihnen ihr Selbstverständnis bloß beigebracht – ihre Mütter? Bitte nicht, dann wären schon wieder die Mütter schuld, weil sie ihren Töchtern etwas anderes vermitteln.

Auf die Frage, warum Frauen so mit sich umgehen, heißt es oft, sie nähmen Kritik viel zu persönlich, schielten zu sehr nach rechts und links, würden sich zu sehr vergleichen und über andere definieren. Das mag sein, aber warum bitte tun sie das? Und die meisten Männer nicht?

Manchmal wünsche ich mir, die Erklärung würde in den Chromosomen liegen. Wenn das Y-Chromosom nichts anderes ist als ein verkürztes weibliches X-Chromosom, dann lagen womöglich auf diesem verkümmerten Beinchen die Selbstzweifel, die Bedenken, das Gefallenwollen? Ist dieses Teil bei den Männern degeneriert, wurde es während der Evolution abgestoßen und führt heute dazu, dass ein ungepflegter Mann mit Schmerbauch und einem T-Shirt von 1985 auf einer Parkbank sitzen kann, zwei durchtrainierten Joggerinnen hinterherguckt und dabei Dinge sagt wie «Boah, die Rechte wäre mir ja echt zu fett»?

Sind wir erst am Ziel, wenn Frauen sich zutrauen, genauso ungepflegt herumzulungern und dabei unqualifizierte Bemerkungen zu machen wie Männer? Vielleicht.

Die Welt ist dann zwar kein schönerer Ort, aber wir haben da leider etwas nachzuholen.

DER GEIST:
KANN ICH FEMINISTIN SEIN UND MÄNNERN PLATZ MACHEN?

Nicht die Mütter sind schuld an der Selbstwahrnehmung von Frauen und Männern, sondern das schlechte alte Patriarchat, in dem «männlich» ein Synonym für «menschlich» ist. Männer haben diese Welt erbaut, und der männliche Körper ist die Grundlage aller Systeme: Er wird nicht in Frage gestellt und dominiert die Statistiken und die Studien – und unsere Sprache mit all ihren männlichen Formen ebenfalls. Der Mann ist normal und genau richtig, die Frau ist die Abweichung von der Norm, das zweite Geschlecht. Frauen sind die anderen, nicht die einen, das wusste schon Simone de Beauvoir: «Er ist das Subjekt, er ist das Absolute: sie ist das Andere.»[67]

Die Folgen dieses Denkens beschreibt die Feministin Caroline Criado-Perez anschaulich in ihrem Buch *Unsichtbare Frauen. Wie eine von Daten beherrschte Welt die Hälfte der Bevölkerung ignoriert*. Unsere Städte wurden für Männer gebaut, die Medizin hat sich an Männern ausgerichtet, selbst moderne Software ist auf männliche Bedürfnisse zugeschnitten. Frauen müssen sich dem anpassen. Das absurdeste Beispiel stammt aus dem Buch *Hormongesteuert ist immerhin selbstbestimmt* der Neurowissenschaftlerin Franca Parianen, die weiß, dass noch im Jahr 1994 der Effekt von Ernährung auf Gebärmutterhalskrebs in einer Studie ausschließlich an Männern getestet wurde.[68]

Das Wunder der männlichen Selbstwahrnehmung

Gehen wir der männlichen Selbstwahrnehmung weiter auf den Grund: Männer nehmen sich nicht explizit als Mann wahr, nicht als Teil einer gesellschaftlichen Gruppe, so, wie Weiße sich nicht als Weiße wahrnehmen. Sie sind, wie sie sind, sie sind die Norm. Männer nehmen Raum ein und sind es gewohnt, dass man ihnen Platz macht. Männer haben ein dominanteres Territorialverhalten, das belegen nicht nur sozialwissenschaftliche Studien, das erfahren Frauen tagtäglich. Männer setzen sich breitbeinig in die U-Bahn, laufen auf überfüllten Straßen einfach geradeaus, und wer nicht ausweicht, wird über den Haufen gerannt oder kollidiert zumindest, weshalb fast immer Frauen instinktiv ausweichen. Ich unterstelle den Männern dabei noch nicht einmal Böswilligkeit, sie haben ein anderes Selbstverständnis, sie wurden so sozialisiert, während Frauen gelernt haben, einen Schritt zur Seite zu treten. «Patriarchy Chicken» nennt die Geschichtsdozentin Dr. Charlotte Riley das Spiel, das sie manchmal morgens in London auf dem Weg zur Arbeit spielt. Die Herausforderung dieses Spiels liegt lediglich darin, eine gewisse Wegstrecke zurückzulegen und dabei Männern nicht auszuweichen. Sie erklärt: «Sie müssen sich wirklich auf ‹Patriarchat Chicken› einlassen: Lassen Sie nicht zu, dass Ihr sozialer Instinkt, zur Seite zu treten, einsetzt. Männer werden in Sie hineinlaufen – aber das ist nicht Ihre Schuld.»[69]

Vielleicht kann man dieses Phänomen am besten verstehen, wenn man einen Vergleich heranzieht. Welches Auto hat gefühlt immer Vorfahrt, bei welchem bremst man automatisch ab, wenn es aus der Seitenstraße kommt oder auf die Autobahn will, welches stellt sich einfach irgendwohin, anstatt eine Straße weiter einen Parkplatz zu suchen? Es ist eine fette Schüssel, ein *Porsche Panamera* zum Beispiel, auch *Mercedes*-Sternen wird von ihren Besitzern gern eine Art Vorfahrtsgarantie zugeschrieben. Automatisch nehmen alle Fahrzeuge, die schlechter motorisiert sind und weniger Knautschzone haben, Rücksicht, schon im eigenen Interesse. Das hat nicht zwingend etwas mit der menschlichen Innenausstattung eines solchen Wagens zu tun – wäre der gleiche Fahrer in einem klapprigen *Lada* unterwegs, würde er sich wundern, dass er nicht länger überall automatisch vorgelassen wird und womöglich den ein oder anderen Unfall bauen. Überspitzt gesagt: Der neue *Porsche Panamera* ist der erfolgreiche weiße Mann in den besten Jahren, der zerbeulte *Lada* die alte Frau mit Migrationshintergrund. Sie macht ihm Platz, aber er bemerkt es gar nicht, würde jedoch jeden Rassismusvorwurf weit von sich weisen und ist davon überzeugt, dass Frauen gleichberechtigt sind.

Viele dieser Männer sind aufgewachsen mit der Überzeugung oder auch der Wahrnehmung, dass Frauen mehrheitlich Mütter oder Schwestern oder Assistentinnen sind, die in der Arbeitswelt nicht viel zu melden haben und sich der Familie zuliebe aus der Öffentlichkeit zurückziehen. So, wie ich es auch gelernt habe.

Das Abstandhalten, das wir uns in der Corona-Krise antrainiert haben, hat Frauen mehr Raum gegeben, plötzlich gebot es die Gesundheit, sich gegenseitig aus dem Weg zu gehen, nicht zu nahe zu kommen. Doch selbst da erkenne ich beim Spazierengehen ein altes Muster wieder: Ich bin mit meinem Sohn unterwegs, der Bürgersteig ist eng, und wann immer uns Leute entgegenkommen, wechsle ich rechtzeitig auf die Straße. Irgendwann sagt der 11-Jährige zu mir: «Mama, warum weichen wir eigentlich immer aus – und nicht die anderen?» Tja, warum fällt ihm das auf – und mir nicht?

Frauen gehen nicht nur instinktiv und gelegentlich aus Selbstschutz aus dem Weg, sie verhalten sich auch oft ruhiger und zurückhaltender, als sie sich innerlich fühlen, um nicht aufzufallen. Sie führen ein Leben auf Halbmast, doch dadurch wird die innere Unruhe, die Wut größer. Frauen sind nicht weniger wütend als Männer, sie richten ihre Wut nur nach innen, sie knirschen nachts mit den Zähnen, sie ritzen sich die Arme auf, aber sie schreien nicht, sie brüllen ihre Wut nicht heraus, treten nicht gegen Mülleimer oder Laternenpfähle. Frauen, die ihre Wut zeigen, gelten als hysterisch, irrational und natürlich als unattraktiv. Wütende Männer gelten als kämpferisch und durchsetzungsstark und bleiben dabei sympathisch.

Frauen sollen sich doch bitte alles nehmen in unserer ach so gleichberechtigten Welt – nur wütend sollen sie bitte nicht werden, wenn sie eine gerechte Arbeitsteilung fordern, für eine bessere Bezahlung kämpfen oder einen Platz im Vorstand haben wollen. Sobald Frauen laut werden, mag man sie nicht mehr. Kämpft doch bitte leise weiter, heißt es zwischen den Zeilen, ihr könnt alles haben, aber bleibt doch bitte freundlich dabei, nett und geschmeidig.

Wohin mit der Wut?

Ich war ein wütendes Kind, ich bin regelmäßig durchgedreht, wenn ich mich ungerecht behandelt fühlte oder Regeln, die in der Familie aufgestellt wurden, nicht akzeptieren wollte. Wenn ich wütend war, habe ich Sachen durch die Gegend geworfen oder zerstört, habe geschrien und geheult, bin in unsere Waschküche gerannt und habe wahllos irgendwelche Knöpfe an der Waschmaschine gedrückt, um mich zu rächen an den Erwachsenen. Natürlich fanden meine Eltern dieses Verhalten schrecklich, diese Raserei war ungehörig, so verhielt sich ein Mädchen nicht, Wut war kein Gefühl, das ich haben durfte. Die Kinder befreundeter Familien wurden als leuchtende Beispiele herangezogen, an denen ich mich orientieren sollte. Ein Geschwisterpaar stach besonders hervor, sie lächelten immer und waren höflich, darüber hinaus auch stets schick angezogen, hielt man mir vor. Warum konnte ich nicht so sein wie sie?

Ich weiß nicht mehr, wann ich aufgehört habe, meine Wut herauszulassen und ein braves Mädchen geworden bin, zu einer freundlichen Einser-Schülerin, die sportlich war und ein Musikinstrument spielte. Offensichtlich habe ich gelernt, mich zu kontrollieren, mich anzupassen, meine Wut zu unterdrücken. Man kann das emotionale Stabilisierung nennen oder Erwachsenwerden, aber ich weiß, dass die Wut noch da ist und seit ein paar Jahren wieder größer wird. Mutterschaft radikalisiert, und wenn sie die Frauen nicht so erschöpfen und an hilfsbedürftige Wesen ketten würde, hätten Mütter längst erfolgreich eine Revolution angezettelt.

Ich will meine Wut wieder rauslassen – nur um meine Waschmaschine mache ich dabei lieber einen Bogen.

Ich lerne die Tennisspielerin Andrea Petković kennen, sie ist nicht nur unfassbar sympathisch, sondern auch stark und aufrecht; ich bewundere ihr Selbstbewusstsein. Als Kind serbischer Einwanderer hat sie von ihren Eltern eingebläut bekommen, bloß nicht unangenehm aufzufallen. Sie hat immer funktioniert, eine Klasse übersprungen, ein Einser-Abitur gemacht. Sie erklärt mir: «Ich bin mir sehr sicher, dass ich unter anderem Tennisspielerin geworden bin, weil ich auf dem Platz alles Martialische ausleben durfte, was Frauen meistens verwehrt bleibt. Ich habe Schläger geschmissen, geschrien und einfach generell meine Wut in voller Wucht entfalten dürfen. Es war so befreiend. Inzwischen mache ich das alles nicht mehr so sehr – es passiert immer noch, aber deutlich seltener. Die Frage ist: Weil die weibliche Sozialisation mich doch eingeholt hat oder weil ich tatsächlich ein ausgeglichener Mensch geworden bin? Ich weiß es nicht, aber es wäre interessant, das herauszufinden.»

Ich weiß es bei mir auch nicht, aber ich wünsche mir, dass jede Frau ihren eigenen Tennisplatz findet.

Doch obwohl da nach wie vor viel Wut in mir ist über die Ungerechtigkeiten, die Frauen tagtäglich auf der ganzen Welt erleben, und über die Gefahren, denen sie nur aufgrund ihrer Körper ausgesetzt sind, will ich doch keine wütende Feministin, keine *Bitterfotze* sein. So heißt der Roman der schwedischen Autorin Maria Sveland, in dem ihre Protagonistin nach der Geburt ihres ersten Kindes merkt, dass es keine Gleichberechtigung gibt und Frauen um Lichtjahre zurückgeworfen werden, sobald sie Mutter sind.

Wenn ich wütend werde, habe ich Angst, dass ich verbittert oder gar lächerlich wirke. Das Thema Gleichberechtigung ist mir zu wichtig, da will ich nicht als hysterisch und humorlos gelten. Und natürlich will ich auch wieder gemocht werden, nicht nur von denen, die Vorbehalte gegen den Feminismus haben. Beim Schreiben ertappe ich mich gelegentlich bei dem Gedanken, was andere Feministinnen von mir denken, die es in meinen Augen besser hinkriegen, die mir stärker vorkommen, die klarer in ihrer Haltung sind. Noch so ein Teilzeitfeminismus-Gedanke: Ich will Feministin sein, ohne dabei allzu wütend

Der Geist

zu werden, um sowohl von Männern als auch von anderen Feministinnen gemocht zu werden – wie krank ist das bitte?

Ich wünsche mir, dass meine Tochter sich ihre Wut erhält, dass sie sie rauslässt, wann immer ihr danach ist. Ich sage ihr, dass es völlig in Ordnung ist, wütend zu sein, und will ihr zeigen, dass ich sie immer liebe – ganz egal, ob sie fröhlich oder wütend, sanftmütig oder zornig ist.

Aber gebe ich ein gutes Vorbild ab? Was sehen unsere Töchter überhaupt, wenn sie heute ihre Mütter beobachten? Und – nicht zu vergessen – was sehen unsere Söhne, die doch bitte mit einem anderen Rollenbild aufwachsen sollen als meine Generation?

Sie sehen Frauen, die keine Zeit haben, die sich zerreißen zwischen Berufsleben und Familie, die sich immer abhetzen und an alles rund um Kita, Schule und Kindergeburtstage denken. Sie sehen Frauen, die Gesetze brauchen, um es auf dem Arbeitsmarkt bis an die Spitze zu schaffen. Sie sehen Frauen, die viel zu häufig kein Stück Kuchen essen und sich in der Pizzeria nur einen Salat bestellen. Sie sehen Frauen, die sich kritisch im Spiegel betrachten oder mit ihrer Freundin über Faltencremes sprechen. Sie sehen Frauen, die in Filmen sehnsüchtig auf die eine große Liebe warten, weil offensichtlich nur ein Mann sie glücklich machen kann. Wie um alles in der Welt soll man da als Mädchen Lust haben, erwachsen zu werden? Denkt meine Tochter: «Wow, es muss toll sein, eine Frau zu sein – ich kann es kaum erwarten»?

Vorbilder heute: Werde ich Fee oder Hexe?

Wer könnten die Role Models meiner Tochter sein? Malala Yousafzai, die knapp einem Mordanschlag entging, weil sie sich für Kinder- und Frauenrechte einsetzte? Greta Thunberg, die als Klimaaktivistin mehr Hass ertragen muss als ein neurotischer US-Präsident? Oder doch lieber die Youtuberin Bibi Claßen, die ihren Lebensunterhalt damit verdient, sich vor der Kamera zu schminken? Dafür will einen wenigstens kein Mann umbringen. Aber wer weiß, selbst sie bekommt womöglich Morddrohungen und Hassnachrichten ... Ich dachte eigentlich, dass die Sache mit dem Frausein inzwischen einfacher geworden ist, doch je länger ich darüber nachdenke, desto weniger kann ich daran glauben.

Zumindest Schminkprofis blieben mir in meiner Kindheit als Role Models erspart, aber auch von anderen weiblichen Vorbildern fehlte jede Spur. Geschlechteridentität kann einem Angst machen, wie soll man sich auf das Erwachsenwerden freuen, wenn einem so wenig Möglichkeiten aufgezeigt werden?

Ich sehe meiner Tochter über die Schulter, während sie *Paw Patrol* guckt, eine kanadische Kinderserie, in der eine bunte kläffende Hundebande zusammen mit einem Jungen ununterbrochen die Welt rettet und Eltern spätestens dann in den Wahnsinn treibt, wenn der Nachwuchs sich die große *Paw-Patrol*-Zentrale zu Weihnachten wünscht: ein Haufen Plastik für 150 Euro. Unter den sechs Hündchen der *Paw Patrol* befindet sich genau ein weibliches Wesen: Sky, die natürlich viel süßer aussieht als der Rest der Gang, ausschließlich Rosa trägt und im Gegensatz zu den anderen lange Wimpern hat. Es ist so ermüdend, sich darüber noch aufzuregen, aber die Botschaft an die Frauen von morgen lautet nach wie vor: Es kann da draußen nur

Der Geist

eine geben zwischen lauter Kerlen, also fahre deine Ellenbogen aus, aber sei dabei so niedlich wie möglich!

Mädchen lernen durch solche Sendungen, dass sie eine hübsche Nebenrolle spielen, Jungen denken, dass sie ein Held werden müssen.

Das aktuelle Kinderprogramm zeigt, dass weibliche Vorbilder für Mädchen auch im Erklärfernsehen nach wie vor fehlen: Von Fritz Fuchs (*Löwenzahn*) über *Willi Wills Wissen* bis hin zu *Checker Tobi*, der im Wechsel mit *Checker Can* oder *Checker Julian* Fragen beantwortet – von einer Checkerin fehlt jede Spur. Das Entdeckermagazin *Pur Plus* moderiert ein Eric, *Erde an Zukunft* ein Felix.

Das Mansplaining fängt also bereits im Kita-Alter an – aber was ist das überhaupt? Die *Sendung mit der Maus* würde es so ausdrücken: «Mansplaining ist, wenn Männer ununterbrochen alles erklären. Das meinen sie gar nicht böse, sie glauben einfach, dass sie klüger sind als Frauen. Klingt albern? Stimmt, aber das merken sie meist gar nicht.»

Aber halt, da gibt es etwas Neues im ZDF: *Princess of Science* – was mag das sein? Drei Wissenschaftlerinnen erklären Alltagsphänomene – klingt doch gut, denke ich und klicke mich durch die einzelnen Folgen. Sehr schnell folgt die Ernüchterung angesichts der Themen: «Küche», «Kosmetik», «Farbe», «Mode». Im Ernst? So sieht es also aus, wenn Mädchen sich für Wissenschaft interessieren sollen? Sie dürfen lernen, woraus ein Lippenstift zusammengesetzt ist? Es ist zum Verzweifeln. Wie wäre es mal mit Wissenssendungen zum Thema Stereotype und Geschlechterklischees?

Bei *Wissen macht Ah!* taucht neben Ralph Caspers wenigstens die Moderatorin Clarissa Corrêa da Silva auf. Hier zeigt sich ein weiteres spannendes Phänomen: Wenn Frauen im Kinderfernsehen stattfinden, haben sie eine Doppelfunktion in Sachen Vielfalt – das stellen Moderatorinnen wie Clarissa und zum Beispiel Siham El-Maimouni (*Die Sendung mit der Maus*) unter Beweis. Die Grundidee ist richtig, aber in Produzentenköpfen geht vermutlich Folgendes vor sich: «Frau plus Migrationshintergrund, gleich zwei Randgruppen mit einer Klappe, damit kriegen wir den Integrationspreis und dürfen wieder mindestens drei Männer besetzen!»

Es kommt glücklicherweise ein bisschen Bewegung in die Dinge, aber bis diese Entwicklung im Mainstream ankommt, wird es noch dauern. Bis dahin wird Leo Lausemaus weiter von einer mittelschweren Identitätskrise erschüttert, weil seine Mama es wagt, vormittags zu arbeiten und ihn deshalb kurz in den Kindergarten bringt. Bei Conni, dieser perfekten Besserwisserin mit der Schleife im Haar, geht alles schief, wenn Mama auf dem Elternabend ist und Papa zu Hause aufpassen soll.

Papa Wutz, der Vater des beliebten Schweinchens Peppa Wutz, deklariert sich selbst ununterbrochen als «Experte», und natürlich geht er morgens zur Arbeit, während Mama Wutz zu Hause bleibt und den Haushalt schmeißt.

Neue Rollenbilder sind noch immer Mangelware im Kinderfernsehen, und Kinder, die sich ihrem biologischen Geschlecht nicht zugehörig fühlen, finden erst recht kaum Vorbilder. Das zeigte eine Studie zur Ermittlung von Geschlechterdarstellungen in deutschen TV- und Kinoproduktionen 2017: Eine von vier Hauptfiguren ist weiblich, bei Phantasiegestalten ist das Ungleichgewicht noch größer, hier kommt auf neun männliche Figuren sogar nur eine weibliche, und bei Informationssendungen moderieren zu zwei Dritteln Männer. Maria Furtwängler, die diese Studie initiiert hat, bringt die verbleibenden weiblichen Rollen auf den Punkt: «Feen, Hexen, Mütter oder eben die Attraktive – das ist eben nicht die Weltenretterin, nicht die Pilotin, die Erfinderin.«[70]

Ein Mädchen lernt also bis heute: Entweder bin ich hübsch und laufe hinter der Jungsgruppe her – oder ich brauche dringend Zauberkräfte. Und am Ende bin ich dann eine Mutter.

Diese Stereotype findet man nicht nur in fiktiven Serien oder Filmen: Vor drei Jahren saß ich mit der gesamten Familie vor der Show *Frag doch mal die Maus*, es sollte ein gemütliches Familienlagerfeuer vor dem Fernseher werden, dafür ist diese Show als Mischung aus *Wetten, dass..?* und *Die Sendung mit der Maus* perfekt geeignet – wenn auch viel zu lang. Nach ungefähr einer Stunde wurde ich unruhig, irgendetwas fehlte. Aber was? Werbung? Action? Waren es meine Sehgewohnheiten, die mich nervös machten, konnte ich kein Kinderfernsehen mehr ertragen? Es dauerte eine Weile, bis ich bei einem Seitenblick auf meine Tochter endlich begriff: Wenn ein Mädchen diese Show sieht, lernt es nicht nur etwas über naturwissenschaftliche Vorgänge, sondern vor allem: Jungs können und dürfen alles, Männer haben tolle und wichtige Berufe.

In der Show passierte nämlich Folgendes: Männer erforschten Instrumente, Männer bildeten Hunde aus, Männer testeten Sportgeräte unter Wasser, Männer flogen Drohnen, Männer erklommen einen Turm – und ein Junge gewann einen Besuch bei einem Herrn Professor. Ein Sportmoderator kommentierte all diese Männer-Wettbewerbe – und es ist müßig zu erwähnen, dass sämtliche Moderatoren im Studio männlichen Geschlechts waren. Korrekterweise hätte die Show also *Frag doch mal den Mann* heißen müssen, denn es erklärten ausschließlich Herren den Kindern die Welt.

Nach zwei Stunden und 20 Minuten (ich war nur deswegen noch wach, weil ich mich ununterbrochen über die Männerdominanz aufregte und meiner Familie damit wahnsinnig auf die Nerven ging) keimte endlich Hoffnung auf. Offensichtlich hatte man den Schlüssel zum WDR-Frauenverlies wiedergefunden – ein weibliches Könner-Kind wurde angekündigt! Und schon schwebte ein Mädchen herein im hautengen Einteiler auf Rollschuhen und legte eine beeindruckende Kür hin. Kurz darauf kamen – oh Wunder – noch mehr Frauen ins Bild, bauchfrei mit durchsichtig anmutenden Bustiers. Sie tanzten mit Vanessa Mae, die schnell noch ihre Hose gegen Hotpants ausgetauscht hatte (nur fürs Protokoll: die männlichen Tänzer durften Schlabberlook tragen).

Diese Eindrücke schilderte ich in einem *Spiegel-Online*-Text und fragte abschließend: «Wie wirkt es sich auf das Selbstverständnis von Mädchen aus, wenn alle Fragen eines Wissens-Quiz von Männern gestellt und beantwortet werden, während ihre weiblichen Identifikationsfiguren nur auf die Bühne dürfen, wenn sie sexy Kostüme tragen und tanzen oder singen? Geben wir Mädchen damit das Gefühl, dass ihnen die Welt offensteht? Animieren wir sie, sich für Wissenschaft und Technik zu begeistern? Sind sie anschließend überzeugt, dass sie Professorin, Ingenieurin oder Programmiererin werden können?»[71] Die Reaktionen ließen nicht lange auf sich warten, natürlich regten sich ausschließlich Männer über meinen Artikel auf, belehrten mich mit ihrem vermeintlichen Wissen über Geschlechterunterschiede und schreckten auch nicht davor zurück, mich in persönlichen Mails zu beleidigen.

Selbst aus WDR-Kreisen meldete man sich, Männer rechtfertigten sich, Frauen teilten mir mit Bitte um Verschwiegenheit Interessantes über frauenfeindliche Strukturen und Erlebnisse hinter den Kulissen mit.

Aber der Text hatte auch einen positiven Effekt, denn als wir einige Monate später mit der Familie vor der nächsten Folge der Show saßen, war der Genderspuk vorbei, fast kam es uns vor, als dürften nur noch Mädchen und Frauen fragen, raten und wetteifern. Geht doch – und hat auch fast gar nicht weh getan.

Selbstfürsorge verleiht Flügel

Durch das Internet gibt es heute mehr Möglichkeiten, Role Models zu finden, die nicht die gängigen Stereotype bedienen. In den sozialen Netzwerken ist die Vielfalt zwar groß, doch immer wieder wird alles, was die Frauenbewegung in den letzten 45 Jahren erreicht hat, mit wenigen Videos zunichtegemacht. Forscher*innen haben im Auftrag der MaLisa-Stiftung untersucht, wie junge Frauen sich auf *Instagram* und *Youtube* ausdrücken und wie sie in den beliebtesten 100 Musikvideos vorrangig dargestellt werden. Die Ergebnisse sind erschütternd: Hier werden sämtliche Geschlechterklischees bedient, und konservative Rollenbilder haben Hochkonjunktur. Außerdem zeigt sich, dass Frauen sich im Internet am liebsten im häuslichen Bereich präsentieren, wo sie nähen, kochen und basteln oder Schminktipps geben, während Männer viele verschiedene Themen abdecken, vom Reisen über Comedy bis hin zur Politik.[72] Da muss man sich natürlich fragen, warum Frauen nicht überall mitmischen, es zwingt sie schließlich keiner dazu, sich ausschließlich beim Schminken zu filmen. Doch auf diese Weise bringen sie es im Netz weiter, erklärt die Studie: «Auf Instagram sind insbesondere die Frauen erfolgreich, die einem normierten Schönheitsideal entsprechen. Sie sind dünn, langhaarig und beschäftigen sich hauptsächlich mit den Themen Mode, Ernährung und

Beauty.»[73] Und es geht noch weiter, die befragten Youtuberinnen erklären, dass sie mit kritischen und mitunter bösartigen Kommentaren konfrontiert werden, sobald sie aus dem bisherigen Themenumfeld ausbrechen wollen und damit den Erwartungen ihrer Zuschauer nicht mehr entsprechen.

Es bleibt kompliziert, und als Mutter gegen die geballte Macht der sozialen Medien anzukommen, dürfte schwierig werden. Wie bewahre ich meine Tochter vor all diesen Bildern? Selbst eine zufriedene Frau zu sein, wäre vielleicht das beste Vorbild – aber wie schaffe ich das, ohne mir eine Selbstoptimierung aufzuerlegen und eine weitere To-do-Liste zu erstellen? Ich könnte Virginia Woolf zitieren und sagen: «Eine Frau braucht Geld und ein Zimmer für sich allein»[74] – und dann ganz schnell die Arbeitszimmertür hinter mir abschließen.

Die Feministin und *SZ*-Kolumnistin Teresa Bücker hat eine bessere Antwort, sie schreibt: «Freizeitforscher*innen haben nachgewiesen, dass Töchter vor allem von ihren Müttern lernen, wie sie freie Zeit verbringen. Wer sich also für die eigenen Töchter wünscht, dass sie es als erwachsene Frauen für selbstverständlich halten, Pausen zu machen und Zeit für sich selbst zu haben, sollte ihnen das unbedingt vorleben.»[75] Natürlich sollte man auch nicht ständig vor dem Spiegel stehen und an sich herumkritteln oder negative Kommentare über andere Körper abgeben, wenn man das Selbstwertgefühl seiner Kinder stärken will.

Noch erbärmlicher finde ich mich, wenn ich mich dabei ertappe, mir Gedanken um das Aussehen meiner Tochter zu machen. Ich muss mir richtig auf die Zunge beißen, um gerade in der Corona-Zeit nicht zu sagen: «Du hattest heute schon genug Süßigkeiten und hast dich kaum bewegt ... Wir wollen doch nicht, dass du dick wirst!» Was sind das bitte für giftige

Der Geist

Sätze? Kommen sie direkt aus dem Leitfaden «Wie treibe ich mein Kind in die Ess-Störung»? Will ich einer Siebenjährigen vermitteln, dass nur ein schlanker Körper wertvoll und liebenswert ist? Denke ich bei ihr womöglich sogar mehr darüber nach, ob sie hübsch und schlank ist, als bei meinem Sohn? Ich schäme mich und schlucke, dann sammle ich Argumente über die Schädlichkeit von Zucker und Bewegungsmangel und sage: «Wir sollten mal rausgehen und uns bewegen, wir wollen doch unserem Körper was Gutes tun und gesund bleiben.» So richtig überzeugend klang das nicht.

Liebevolle Selbstfürsorge ist wichtiger als ein angestrengtes Sport- oder Ernährungsprogramm, aber es ist auch etwas, das ich nicht vorgelebt bekommen habe. Sowohl in meinem früheren Arbeitsleben als auch in den ersten Jahren als Mutter habe ich das Thema Selbstfürsorge vernachlässigt. Meine Tochter soll erleben, wie wichtig es ist, die eigenen Bedürfnisse nicht aus dem Blick zu verlieren und sich um sich selbst zu kümmern. Und eins will ich meiner Tochter – und meinem Sohn natürlich auch – darüber hinaus unbedingt ersparen: das Gefühl, dass ihre Mutter ihnen zuliebe auf ihr eigenes Leben verzichtet hat.

FRAUEN UND MÄNNER: KANN ICH FEMINISTIN SEIN UND ALTE WEISSE MÄNNER LIEBEN?

Ich liebe Männer. Wirklich, ich kann mir keine Welt ohne sie vorstellen. Auch wenn es bisher vielleicht nicht immer so klang: Ich wurde auch positiv von Männern geprägt. Da ist mein Vater, der zwar als Kind gelernt hat, dass er im Gegensatz zu seinen Schwestern nicht im Haushalt helfen muss, der mir aber alle Entfaltungsmöglichkeiten gegeben hat. Da ist einer meiner Onkel, alleinerziehender Vater eines Sohnes, bei dem ich regelmäßig meine Ferien verbracht habe und merkte, dass Männer kochen, putzen und nähen können. Ich habe einen phantastischen Mann und einen hinreißenden Sohn, beide liebe ich über alles. Und immer wieder gab es ein paar tolle Lehrer, Professoren oder Kollegen und Freunde in meinem Leben, auf die ich nicht hätte verzichten wollen. Und das ist dann mal kein Teilzeitfeminismus, denn natürlich widersprechen sich Feminismus und die Liebe zu Männern kein bisschen.

Einmal anlehnen, bitte!

Ich gehe allerdings einen Schritt weiter, ich liebe nicht nur Männer, ich habe darüber hinaus eine möglicherweise behandlungsbedürftige Schwäche für alte weiße Männer. Deutlich jüngere und attraktivere Männer, die vermutlich ein viel feministischeres Weltbild haben und zu denen Frauen in meinem Alter für den kleinen Hunger zwischendurch gern geraten wird, lassen mich kalt. Da ist einfach keine Heidi Klum in mir, und wenn ein männliches Prachtexemplar im Muskelshirt vor mir steht, habe ich nur eine Frage: «Willst du dir nicht lieber was überziehen?»

Alte Männer lächle ich sogar dann noch an, wenn sie mich in einer Konferenz fragen, wer denn gerade auf meine Kinder aufpasst. Oder wenn ein Mann, der sich im Herbst seines Lebens befindet, von mir wissen will, ob ich auch manchmal ein Kleid anziehe, und dabei auf meinen Hintern schielt. Es ist schlimm, ich weiß, denn offensichtlich macht sich mein Gegenüber Gedanken darüber, wie mein Körper in «weiblicher» Verpackung aussieht, und traut sich sogar, das auszusprechen. Ich habe daraufhin vermutlich gelächelt und etwas wie «Äh, eher selten» gestammelt, anstatt zu kontern: «Und Sie so? Strapse nach Feierabend oder lieber Lack und Leder?»

Durch meinen Beruf hatte ich die Gelegenheit, viele alte weiße Männer kennenzulernen, die sich für die Begriffe Feminismus oder Sexismus nicht sonderlich interessierten. In großen Talk-Redaktionen hat oft jeder sein Spezialgebiet, die einen bereiten am liebsten Sportler vor, die anderen begeistern sich für Soap-Stars. Ich wurde mit der Zeit zur Alte-Männer-Expertin.

«Wir müssen genau bis hier trinken, dann sind wir nicht allzu betrunken, haben aber genau den richtigen Level, um uns gut zu unterhalten», sagt der Tigerenten-Erfinder Janosch zu mir und deutet etwa auf die Mitte von zwei Mai Tais, die er unaufgefordert für uns bestellt hatte. Es ist gerade mal 12 Uhr mittags, wir sitzen in einem thailändischen Restaurant, und ich hatte noch nicht einmal gefrühstückt. Entsprechend bin ich bereits nach einem Schluck betrunken, und als ich die von ihm vorgegebene Marke erreicht habe, bin ich kurz vor sternhagelvoll. Er bestellt noch zwei. Zum Glück will er kein richtiges Interview führen, denn er fürchtet sich vor jeder Art von Fernsehauftritt und selbst vor meinem Diktiergerät. Sobald man seine Stimme aufzeichnet, würde sie verstummen, erklärt er mir. Und so betrinke ich mich weiter mit dem Mann, der sich selbst einmal einen Weiberfeind nannte und dessen Frauenfiguren keinem Sexismus-Test standhalten. Selbst seine Tigerente steht neuerdings unter Verdacht, ein wehrloses Opfer sexueller Übergriffe zu sein. Aber das interessiert mich alles nicht mehr, Janosch und ich verstehen uns blendend, reden und trinken uns durch den Tag, fahren schwarz mit der U-Bahn quer durch München (für eine Spießerin wie mich eine echte Überwindung), besuchen Galerien und nüchtern schließlich über einem großen Stück Käsekuchen aus. Wir blieben in Kontakt, und er schickte mir in den Jahren danach viele Mails, denen er gelegentlich Zeichnungen von nackten Frauen in fragwürdigen Positionen angehängt hat. Ich fand das nie übergriffig, sondern amüsant und schrieb immer fröhlich zurück. Was war da los? Nahm sich in diesen Momenten die Feministin in mir gerade mal wieder entnervt eine Auszeit – oder kann ich das scheinheilig unter der Kategorie «Kunst» abheften?

Wolfgang Menge, der geniale Erfinder von «Ekel Alfred» und einst gefürchteter Moderator der Talkshow *3nach9*, hatte auch nicht gerade ein Frauenbild, für das man ihm einen Feminismus-Preis hätte verleihen können. Er liebte die Frauen, konnte aber auch im selben Atemzug eindrucksvoll über sie lästern und war dabei, ich gebe es zu, sehr unterhaltsam. Er lud mich manchmal zum Essen ein, wenn er in Hamburg war. Das kostete ihn einerseits große Überwindung, denn er war wahnsinnig geizig und fragte gegen Ende der Hauptspeise jedes Mal so ängstlich wie vorwurfsvoll: «Du willst doch hoffentlich keinen Espresso?!?» Andererseits genoss er es sichtlich, mir von seinen verkorksten Frauengeschichten zu erzählen und über die Damenwelt herzuziehen. Ich amüsierte mich köstlich und verteidigte meine Geschlechtsgenossinnen nicht mal ansatzweise – und das nicht etwa, weil ich mich nicht getraut hätte: Ich bin einfach nicht auf die Idee gekommen!

Helmut Newton ist noch so ein Fall. Ich betreute den scheuen Fotografen, der am liebsten nackte Frauenkörper fotografierte, während einer Aufzeichnung. Seine Kunst steht bis heute in der Kritik, war er ein Voyeur, sind seine Bilder sexistisch, wie Alice Schwarzer ihm vorwarf, waren Frauen für ihn nur Objekte? Oder hielt er unserer sexistischen Gesellschaft durch seine Fotos einen Spiegel vor, zeigen seine nackten Frauen wahre Stärke?

Das sind spannende Fragen, die ich ihm jedoch nicht stellte, denn ich fand ihn einfach nur hinreißend in seiner verschmitzten Art und bemühte mich, ihm den verhassten Fernsehauftritt so erträglich wie möglich zu machen. Ich organisierte ein Sofa, weil er sich einen Moment hinlegen wollte, erklärte ihm, welche Gäste in der Show neben ihm sitzen würden, und unterhielt ihn während der viel zu langen Wartezeit. Zum Dank schickte er mir hinterher ein handsigniertes Foto, das bis heute bei mir im Flur hängt. Die Frau, die darauf zu sehen ist, hat weder etwas an, noch könnte man ihre Position auch nur ansatzweise als stark oder aktiv bezeichnen. Feministisch klingt das nicht, merke ich gerade, aber mir würde auch etwas fehlen, wenn ich nicht jeden Tag an ihr vorbeilaufen würde. Mein Teilzeitfeminismus hat wieder zugeschlagen.

Und es geht noch weiter: Mache ich mich wichtig mit diesem Name-Dropping?, frage ich mich sorgenvoll beim Schreiben.

Sollte ich die prominenten Beispiele lieber weglassen? Ich zensiere mich erneut selbst, die innere Kritikerin eilt gehorsam voraus, sie ist schneller als die äußeren.

«Das ist doch auch schon wieder typisch. Kein Mann würde sich diese Frage stellen», erklärt mir eine kluge Frau, als ich sie deshalb um Rat frage. Ertappt.

Wenn Frauen das Dirndl ausfüllen

Wie hätte ich reagiert, wenn Rainer Brüderle in einer Hotelbar zu mir gesagt hätte: «Sie können ein Dirndl schon ausfüllen» und mir einen Handkuss aufgezwängt hätte? Wenn er mich durch sein Verhalten degradiert und als Journalistin nicht ernst genommen hätte? Vermutlich hätte ich keinen Text darüber geschrieben, wie die *Stern*-Reporterin Laura Himmelreich es 2013 getan hat, sondern hätte versucht, es zu überhören. So sind sie halt, die alten weißen Männer, hätte ich gedacht und ihm lächelnd vergeben.

Vor #MeToo gab es in meinem Berufsleben viele Situationen, in denen meine Kolleginnen und ich eine Hand, einen Arm oder sogar eine Zunge irgendwo hatten, wo wir sie nicht haben wollten. Wir waren damals eine Truppe junger Frauen, die jede Woche losgeschickt wurde, um meist männliche Schauspieler, Politiker, Sportler und andere Showgrößen im Vorfeld einer Talkshow zu interviewen. Diese Vorgespräche fanden in Restaurants oder Hotellobbys statt, manchmal auch in Hotelzimmern oder bei Prominenten zu Hause. In solchen Fällen wurde es gelegentlich anstrengend, weil dauerhaft eine persönliche Grenze aufrechterhalten werden musste, wodurch das Interview nicht mehr im Mittelpunkt stand. Wir Redakteurinnen erzählten uns in der Kaffeeküche anschließend von unseren Begegnungen und gelegentlichen Grenzüberschreitungen, die unter dem Motto «Wieder so ein notgeiler Sack» standen. Wir lachten gemeinsam, schüttelten auch mal mit dem Kopf und entrüsteten uns leicht – und das war's. Es waren die 2000er Jahre, und ich kann im Nachhinein nicht begreifen, warum wir alle so achselzuckend mit diesen Situationen umgegangen sind.

Darum spreche ich für dieses Buch mit Kolleginnen von damals über die Zeit, und jede hat eine Schauergeschichte zu bieten, die sie bis heute nicht vergessen hat. Offensichtlich hatten wir alle gelernt, dass ein Mann – insbesondere ein prominenter Mann – ungefragt seine Hände auf Frauenkörper legen, Kussversuche aus dem Nichts starten oder eine wildfremde Frau fragen darf, ob sie nächste Woche mit ihm in den Urlaub fährt. In solchen Momenten versuchte man, professionell und dennoch freundlich zu bleiben, um die eigenen Grenzen zu wahren, aber das Gegenüber nicht zu verprellen, das nächste Woche in der Sendung sitzen sollte. Dieser Lernprozess gehörte damals offensichtlich zur Grundausbildung von jungen Journalistinnen, und ein mehr als fader Nachgeschmack ist geblieben.

Darum war es gut und wichtig, dass die Hashtags #aufschrei und #MeToo solches Verhalten öffentlich gemacht und damit Exempel statuiert haben. Es hätte schon viel früher passieren können, wenn ich oder eine meiner Kolleginnen mehr Mut bewiesen oder diese Situationen nicht einfach als normal abgetan hätten.

Offensichtlich messe ich dennoch bis heute mit zweierlei Maß und lasse alten weißen Männern nicht nur zu viel durchgehen, sondern ordne mich ihnen bereitwillig unter. Das Wort «Mansplaining» habe ich scheinbar vergessen, sobald einer nur schlau oder amüsant genug daherredet. Aus dem alten weißen Mann ist in meinem Kopf schnell ein alter weiser Mann geworden. Ich sehne mich nach einer starken Schulter und lehne mich gern an, sowohl körperlich als auch geistig. Vielleicht sollte ich mich erst einmal in eine Therapie begeben, bevor ich mich weiter für Frauenrechte starkmache.

Es beruhigt mich allerdings, dass es der grandiosen britischen Autorin Laurie Penny nicht anders ergeht. Ich dachte, diese Ikone des Feminismus wäre völlig gefeit gegenüber männlichem Sex-Appeal, aber von wegen, sie schreibt, dass sie froh ist, nicht im Büro gewesen zu sein, als der Comedian und Schauspieler Russell Brand durch die Redaktion stolzierte. Russell Brand ist dieser größenwahnsinnige Brite mit den schwarzen Locken, der sich gelegentlich für Jesus hält und mit Katy Perry verheiratet war. Die Journalistin schreibt, dass sie möglicherweise den ganzen Tag gekichert oder sich im Klo eingeschlossen hätte, denn: «Brand ist genau die Sorte arroganter Macho-Anarchist, die mir für gewöhnlich gefällt. Seine mitreißende Rhetorik, sein Narzissmus, seine Drogengeschichten und sein Gequatsche über Frauen, die er auf geistlose, ‹wunderschöne› Anhängsel in einem utopischen Szenario reduziert, erinnern mich an die goldigen gestörten Studentenführer an der Uni, deren sorglosen Sexismus ich immer ignorierte, weil mir ihre Frisur gefiel.»[76]

Zumindest ist es unwahrscheinlich, dass es die Frisur ist, die mir an alten weißen Männern gefällt. Denkt mein Unterbewusstsein womöglich, dass etwas von ihrer Klugheit, Lebenserfahrung oder Nonchalance auf mich abfärbt, wenn ich mich in ihrer Nähe aufhalte? Liebes Unterbewusstsein, das ist leider völliger Blödsinn. Ich muss dringend einen alten weißen Mann konsultieren, um herauszufinden, was er von meiner Neigung hält. Bestimmt lädt er mich zum Essen ein.

Die Teilzeitfeministin muss an dieser Stelle gestehen, dass sie bevorzugt Männer fragt, wenn sie einen Rat oder eine Bestärkung braucht. Mit Frauen kann ich wunderbar stundenlang darüber reden, warum gerade alles zu viel ist und wieso irgendetwas nicht funktioniert. Männer hingegen sagen mir Dinge wie: «Klar, das musst du machen!», oder schreiben mir kurz und knapp «Mut!», anstatt mit mir über Fallstricke zu sinnieren – denn die fallen ihnen gar nicht ein. Beneidenswert.

Ich bin nicht immer hundertprozentig davon überzeugt, dass es Frauensolidarität gibt, nach wie vor habe ich den Eindruck, dass unter Frauen ein gewisser Konkurrenzdruck herrscht, sowohl im Hinblick auf die Mutterschaft als auch auf den Beruf.

Es ist, als hätten Frauen zu lange gesehen, dass für sie nur ein Platz frei ist zwischen lauter Männern, das Schlumpfine-Prinzip schlägt wieder zu. Wer wird die eine weibliche Hauptrolle bekommen, die Schlumpfine werden oder Gaby von *TKKG*, Prinzessin Leia in *Star Wars* oder Sky von *Paw Patrol*? Da kann man schon mal die Ellenbogen ausfahren, um sich den Platz zu sichern. Gleichzeitig misstrauen wir uns selbst, halten uns für defizitär und optimieren an uns herum – wie sollen wir anderen Frauen trauen, wenn wir uns selbst so wenig Wertschätzung entgegenbringen? Es wird höchste Zeit, damit aufzuhören und Banden zu bilden!

Die Feministin am Männertisch

Obwohl ich Frauensolidarität inzwischen bewusst lebe, indem ich Frauen vernetze und sie für Jobs empfehle, gibt es Abende, an denen ich mich von den Frauen weg und auf die Männerseite des Tisches beamen möchte. Wir alle kennen doch folgende Situation: Man trifft sich mit Verwandten oder anderen Familien, mit Freundinnen und Freunden – und ganz schnell sitzen die Männer auf der einen und die Frauen auf der anderen Seite. Ostfriesische Reihe, wie man bei uns im Norden sagt. Darüber sind beide Geschlechter meist dankbar und ich auch. Ich habe mit den Frauen mehr Schnittmengen, kenne sie besser, fühle mich bei ihnen entspannt. Doch irgendwann kippt das. Zu oft geht es nach zwei Stunden auf der Frauenseite noch immer um nichts anderes als um den Nachwuchs, ich weiß schon vor der Nachspeise, dass die Kleine keine Nahrung mit Stückchen zu sich nimmt, wie sie die dritte Impfung vertragen hat und warum die Kita dieses Jahr auf einen Adventskalender verzichtet. Aber ich weiß leider immer noch nicht, was die Frau bewegt, die mir das alles erzählt, wofür sie brennt (außer für Kindernahrung) – da muss doch noch mehr sein? Dann schiele ich rüber zur fröhlichen Männerseite und denke insgeheim: «Beam me up, Scotty», als wäre ich auf dem falschen Planeten gelandet und möchte zurück auf das männerdominierte Raumschiff.

«I'm a feminist but some days even my life doesn't pass the Bechdel Test»[77], schreibt die britische Feministin Deborah Frances-White. Ihr Leben besteht an manchen Tagen nicht einmal den Bechdel-Test – das kommt mir sehr bekannt vor. Doch was kann man dagegen tun? Den Test im Alltag anwenden und die Trillerpfeife zücken, sobald wir in die Stereotypisierungsfalle laufen? Den Bechdel-Test hat die amerikanische Autorin und Cartoon-Zeichnerin Alison Bechdel erfunden, es ist kein wissenschaftlicher Test, sondern er umfasst lediglich drei Fragen, die man sich beim Filmegucken stellen soll: 1) Gibt es zwei Frauenrollen? 2) Sprechen die beiden miteinander? 3) Unterhalten sie sich über etwas anderes als über einen Mann?

Auf diese Weise findet man schnell heraus, ob Frauen eine ernst zu nehmende Rolle spielen oder auf Stereotype reduziert werden und höchstens schmückendes Beiwerk sind. Natürlich bestehen die meisten populären Filme diesen Test nicht (und wenn man dann noch die Frage nach Diversität der gezeigten Frauen stellt, sieht es erst recht finster aus), aber auch für Abende mit Freundinnen möchte ich gelegentlich einen entsprechenden Test einführen.

Wir könnten uns in einer Frauenrunde fragen: 1) Unterhalten wir uns über etwas anderes als über einen Mann? 2) Sprechen wir über etwas anderes als über unsere Kinder? 3) Reden wir über etwas anderes als über die Optimierung der in unseren Augen unperfekten Teile unseres Körpers?

Nicht jedes Frauengespräch würde diesem Test standhalten, und manchmal macht mich das wahnsinnig, weil wir uns dadurch selbst reduzieren, uns nicht auf uns selbst und unsere Stärken konzentrieren. Natürlich sind Beziehungsthemen gelegentlich sehr interessant, ich möchte nach einem anstrengenden Tag auch lieber darüber fachsimpeln, was ein Mann mit dem Inhalt seiner kryptischen *WhatsApp* angedeutet haben könnte (möglicherweise gar nichts, aber das traut sich keine zu sagen), als darüber, wie der Brand im Flüchtlingscamp Moria hätte verhindert werden können. Ich weiß auch, wie wichtig der Austausch über die eigene Brut gelegentlich für unsere Seelenhygiene ist, und sperre die Ohren auf, wenn jemand glaubt, in einem Cremetopf einen einzigartigen Jungbrunnen entdeckt zu haben. Aber ich möchte nicht, dass wir uns bis hin zur Selbstauflösung in diesen Geschlechterklischees verstricken. Männer hingegen schaffen es, nach einem Abend mit dem besten Freund ohne auch nur eine einzige Information über dessen Familienleben und das Wohlbefinden seiner Kinder nach Hause zu kommen. Die beiden haben nämlich einfach nicht darüber gesprochen. Ob das besser ist, will ich gar nicht bewerten – aber wäre es nicht schön, wenn wir alle uns gelegentlich ein paar Scheiben voneinander abschneiden könnten?

Was will das Weib?

Das mit den alten Männern ist nur der Anfang. Es wird noch schlimmer, ich muss ein weiteres Geständnis machen: Ich lasse mir nicht nur gern von alten weißen Männern die Welt erklären, ich schiele auch gelegentlich ganz klassischen Alphamännchen hinterher. Groß, gut gebaut, kantiges Kinn, gern viel Körperbehaarung, nur auf dem Kopf müssen nicht zwingend welche sein. Je «männlicher», desto besser, frei nach dem Motto: Alles, was vom Affen abweicht, ist Luxus. Das finde ich attraktiv, da gucke ich schon mal genauer hin oder schreibe meiner Nachbarin, die einen ähnlichen Männergeschmack hat wie ich, eine *WhatsApp*: «Komm schnell rüber (Kaffeetassen-Emoji), ich hab einen Elektriker hier ...» (Smiley mit Herzchenaugen, gefolgt von Smiley mit Glupschauge und hängender Zunge.)

Stammhirn und Hormone haben das Ruder übernommen, die Feministin ist abgemeldet, sie sitzt in der Ecke und liest brav die neue Biographie von Alice Schwarzer. Ich fürchte, es ist der Instinkt, der mich da leitet, mit dem Patriarchat hat das nichts zu tun. Nicht nur die Sozialisation, auch der eigene Körper kann den Verstand gelegentlich lahmlegen. Studien haben gezeigt, dass Frauen zur Zeit des Eisprungs mehr Lust auf Sex haben und offen für Neues sind, außerdem fühlen sie sich in dieser Phase eher zum Draufgänger als zum verlässlichen Normalo hingezogen. Halten sie das Sperma des Casanovas für wertvoller als eine dauerhaft verlässliche Hilfe zu Hause? Oder glauben sie insgeheim, dass die meiste Arbeit sowieso an ihnen hängen bleiben wird, und nutzen deshalb die Gelegenheit, sich dann zumindest mit dem attraktiveren Modell zu paaren?

Auch der Besserwisser Sigmund Freud hat darauf keine Antwort, selbst nach seinem dreißigjährigen Studium der weiblichen Seele stellte er sich verzweifelt die Frage: «Was will das Weib?» Ich gebe zu, dass ich es selbst manchmal nicht weiß.

Ich bleibe mir selbst ein Rätsel – und das bringt mich zu einer weiteren Frage: Darf ich mich über Männer echauffieren, die wie ferngesteuert auf weibliche Primärreize reagieren, wenn ich selbst keinen Deut besser bin? Wie kann ich verlangen, dass Männer Frauen nicht mustern, während ich ihnen hinterherschiele? Mal wieder treibt mich die Sache mit dem Feminismus an meine Grenzen. Immerhin könnten wir uns darauf einigen, dass man es sich nicht anmerken lässt, wenn man jemanden attraktiv findet: Glotzaugen, zu heftiges Taxieren und natürlich alle Arten von Sprüchen und Kommentaren über das Äußere eines anderen Menschen sollten tabu sein, wenn man sich nicht beiderseitig im Flirtmodus befindet – und selbst in dem Fall gibt es ganz unterschiedliche Auffassungen darüber, was angemessen und sexy ist oder übergriffig und sexistisch.

Liebe Männer, ich weiß, nun geht das Gejaule wieder los: «Wir wissen ja gar nicht, was wir überhaupt noch dürfen, woher sollen wir wissen, ob die Frau mit mir flirtet oder nicht?» Darauf kann ich nur antworten: Ihr merkt das. Ganz bestimmt. Und wenn ihr nichts merkt, dann ist da auch nichts. Wirklich nicht!

Bevor die ersten Flirtversuche einsetzen, bekommen Mädchen hierzulande das Bild von der großen Liebe eingeflüstert. Ich bin wie die meisten meiner Geschlechtsgenossinnen aufgewachsen mit der Idee, dass eine Frau irgendwann «den einen» trifft, ihn heiratet und bis zum Lebensende mit ihm zusammenbleibt. Wie man herausfindet, wer «der eine» zwischen all den Kerlen ist, wurde nicht so richtig verraten. Nur eins war klar: Wer in den Hafen der Ehe eingelaufen war und sich dennoch weiterhin allzu sehr für das andere Geschlecht interessierte, riskierte die Scheidung. Das war ungefähr das, was ich zu Hause und in den Medien mitbekam. In der ostfriesischen Familie meines Vaters war die Welt noch in Ordnung, hier wurde dieses Ideal gelebt. Mir fällt in der gesamten großen Sippschaft weder Ehebruch noch irgendeine Scheidung ein. In der Familie meiner städtisch geprägten Mutter war deutlich mehr los, hier wimmelte es seit Generationen von Affären, Parallel-Beziehungen, Abtreibungen, unehelichen Kindern und Trennungen. Die Erzählungen dazu waren alle höchst spannend, aber die moralische Verurteilung wurde auch immer gratis mitgeliefert.

Zu diesen Vorstellungen gesellten sich die Bilder, die mir seit den 80er Jahren und bis heute in Filmen und Büchern geboten werden, ganz vorne mit dabei die sogenannten RomComs, also romantische Komödien, die vor allem Mädchen und Frauen prägen. Von *Pretty Woman* und *Dirty Dancing* über *Bridget Jones* bis hin zu *Notting Hill* oder *Schlaflos in Seattle* – sie alle vermittelten: Da draußen ist die eine große Liebe, das passende Gegenstück. Der Weg zu ihm oder ihr ist steinig, aber am Ende liegen sich beide in den Armen. Ein hübscher Gedanke, natürlich macht es mir Spaß, so etwas zu gucken – nur hört die Geschichte leider immer an dem Punkt auf, an dem das Paar zueinandergefunden hat. Das Leben tut das aber bekanntlich nicht.

Der Hochzeitstag soll der schönste Tag im Leben einer Frau sein – diese Idee fand ich schon immer irre, ein einziger Tag als Höhepunkt, auf den sie monatelang hinhungert, Menschen einlädt, die sie gar nicht alle mag, und peinliche Reden oder gar Spiele ertragen muss? Und danach geht es im Leben nur noch bergab? Statistisch stimmt das allerdings: Sobald Frauen heiraten und Kinder bekommen, sinkt ihr Glückslevel dramatisch, erklärt der britische Glücksforscher Paul Dolan. Sie schlafen schlechter, nehmen sich weniger Zeit für Sport und Hobbys, ernähren sich ungesünder als vorher und machen sich mehr Sorgen. Bei Männern ist es genau umgekehrt, sie profitieren von einer Ehe: Plötzlich schlafen sie wie ein Murmeltier, gehen weniger Risiken ein und haben jemanden an ihrer Seite, der ihnen häufiger etwas Anständiges zu essen serviert. Es ist zum Verzweifeln – diese Art von Happy End hat mir die Filmwelt vorenthalten. Die Frauenbilder, die bis heute gezeigt werden, sind mindestens zu 80 Prozent völlig überholt, sie stecken voller Klischees, man mag sie kaum ernst nehmen in ihrer Fixierung auf den weiblichen Körper und die große Liebe.

Ich weiß das alles, mein Hirn ist willig, das zu durchschauen, aber mein Herz ist schwach. Also ertappe ich mich dabei, auf die Szene zu warten, in der Colin Firth als Mr. Darcy in der *Stolz-und-Vorurteil*-Verfilmung mit nassem Hemd aus dem See gestapft kommt, und noch sehnsüchtiger warte ich darauf, dass er seine raue Schale (das Hemd behält er leider an) endlich ablegt und der Heldin seine Liebe gesteht. Wie so viele Frauen liebe ich diese Vorstellung von dem unnahbaren Typ mit dem weichen Kern, der nur deshalb so gefühlskalt daherkommt, weil er versucht, die unendliche Fülle seiner Emotionen in den Griff zu bekommen – und diese Gefühle gelten natürlich ausschließlich der einen Frau, die ihn längst erkannt hat. Niemand wagt die Frage zu stellen, ob seine ach so tiefgründigen Emotionen womöglich gar nicht existieren. Das Prinzip ist einfach, und doch funktioniert es so gut, denken wir nur an Mr. Big in *Sex and the*

City: Die männliche Nebenrolle ist zugleich Hauptfigur, dafür muss sie noch nicht einmal physisch anwesend sein. Doch das bedeutet noch lange nicht, dass Männer sich auch für die entsprechenden Filme begeistern oder gar das «Geheimnis» von Mr. Right verstehen – womöglich ist da auch gar keins. Frauen hingegen haben das Klassenziel erreicht, wenn sie einen Mann für sich gewinnen konnten, wenn sie begehrt, gewollt und schließlich «weggeheiratet» wurden.

Dass ältere Single-Frauen bis heute stigmatisiert werden, beschreibt die schwedische Autorin Malin Lindroth in ihrem Buch *Ungebunden. Das Leben als alte Jungfer* sehr anschaulich und mutig, weil sie dieses Lebensmodell nicht schönredet. Sie lebt unfreiwillig allein, der romantische Wunsch nach Zweisamkeit ist nicht erfüllt worden – aber das gibt der Gesellschaft noch lange nicht das Recht, sie als Versagerin abzustempeln.

Nicht nur klassische RomComs, auch schlimmste Reality-Shows erfreuen gelegentlich mein simples Gemüt, allen voran die RTL-Serie *Bauer sucht Frau*. Ob diese Vorliebe auch meiner ostfriesischen Heimat geschuldet ist und ich bei jedem gezeigten Misthaufen das Gefühl habe, ihn persönlich zu kennen, sei dahingestellt. Auch die völlig lebensunfähigen Bauern, die in der Küche nicht einmal den Toaster bedienen können und meist noch bei ihrer Mutter und dem dazugehörigen lebensunfähigen Vater wohnen, sich aber auf eigenwillige Weise nach der großen Liebe sehnen, faszinieren mich. Sie treffen in der Sendung auf paarungswillige Frauen, die in ihrer Suche nach Mr. Right so verzweifelt sind, dass sie heruntergekommene Höfe am Gesäß der Welt, kommunikationsunfähige Männer sowie RTL-Kameras bereitwillig in Kauf nehmen und alles, was man ihnen jemals über die große Liebe erzählt hat, in das ahnungslose Bauernopfer hineininterpretieren. Diese Frauen sind oft liebesbedürftig und manchmal bemitleidenswert, sie haben, so kommt es mir jedenfalls vor, erschreckend wenig Selbstachtung, fahren jedoch schwere Geschütze in Form von ausladenden Dekolletés oder hochprozentigen Gastgeschenken auf, um ihren Bauern willenlos zu machen und die weibliche Konkurrenz auszustechen.

Ich sitze ergriffen davor und möchte nicht, dass Frauen sich so verhalten, ich rege mich auf und genieße das Schauspiel zugleich, weide mich in den gelebten Klischees und habe plötzlich alles vergessen, was ich jemals über Frauensolidarität und Gleichberechtigung gelernt habe.

Ist das die aristotelische Katharsis, die einsetzt, wohne ich einer griechischen Tragödie bei, in der die Protagonistinnen ihr zerstörerisches Schicksal auf sich nehmen, damit ich es nicht tun muss? Ich leide mit – gut, vielleicht mischt sich auch Fremdscham in mein Leid –, denn was ich sehe, fürchte ich mehr als alles andere auf der Welt. Endlich erfährt meine Seele Reinigung, ich werde geläutert und kann meinen Teilzeitfeminismus gleich viel besser ertragen.

Warum sollen Frauen die Liebe als Allheilmittel oder Lebensziel definieren, während das von keinem Mann erwartet wird? Ihre Kinder darf eine Frau natürlich noch mehr lieben als ihren Mann – aber wie sieht es aus, wenn sie sich der Kunst verschreibt, der Wissenschaft oder ihrer Arbeit? Dann kann man es ihr dort im Handumdrehen ungemütlich machen, es sind genügend Stempel vorhanden: «karrieregeil» könnte darauf stehen oder «Mannweib», vielleicht auch einfach «geltungssüchtig».

Irgendetwas scheint mit einer solchen Frau nicht in Ordnung zu sein – ganz bestimmt fehlt ihr etwas! Ah, ich hab's: die große Liebe! Sie hat den Richtigen noch nicht gefunden, das muss es sein!

Die Idee von der romantischen Liebe ist ein perfektes Kontrollinstrument, sie ist die Waffe des Patriarchats. Obwohl ich das erkenne, nutze ich sie manchmal selbst: Ich bedaure die armen Single-Freundinnen, die in ihrer zweiten Lebenshälfte immer noch nicht den «Richtigen» gefunden haben. Ob sie denn wirklich so glücklich sind, wie sie tun? Ja, warum denn bitte nicht? Womöglich sind sie sogar viel glücklicher, als ich es jemals war!

Ein Mann kann problemlos eine Beziehung führen und trotzdem die meiste Energie in seine Karriere stecken, ein aufwendiges Hobby pflegen oder komplett in seiner Leidenschaft aufgehen und nur zwischendurch den verwirrten Kopf in das Familienchaos stecken und fragen, wo noch mal der Kühlschrank ist. Man sieht es ihm nach, er ist halt nicht der romantische Typ, aber er ist ja so erfolgreich! Oder so begabt! Frauen steht ein solches Verhalten offensichtlich nicht zu: Lahme Witze über Frauen, die den Hochzeitstag vergessen haben, suche ich jedenfalls vergeblich. Offensichtlich sind sie in unserem Vorstellungsvermögen nicht vorhanden.

Männer würde ein vergessener Hochzeitstag vermutlich auch nicht stören, denn traurig werden sie bei ganz anderen Szenen, so der Konsens. Im Internet gibt es faszinierende Listen von Filmen, die Männer angeblich zum Weinen bringen, darunter befinden sich Werke wie der *Terminator* (ein Androide mit sehr kleinem Wortschatz zieht eine Schneise der Verwüstung hinter sich her), *The Wrestler* (Mickey Rourke wirft seinen abgehalfterten Körper in den Ring), die *Rocky-Saga* (Silvester Stallone hört einfach nicht auf zu boxen) und *Das Wunder von Bern* (klappt doch noch mit der Fußball-Weltmeisterschaft). Mit der großen Liebe zum anderen Geschlecht hat das alles wenig zu tun, wenn man von Rockys gelegentlichen «Adriaaaaan!»-Rufen absieht.

Es wäre leicht, sich über solche Identifikationsfiguren lustig zu machen, die Männer offensichtlich dringender brauchen als die Idee von einer einzigen großen Liebe. Aber wir müssen uns im nächsten Kapitel nur ansehen, welche Erwartungen Frauen an Männer stellen (und umgekehrt) – und schon dürfen wir aufhören, uns zu wundern.

Die Sache mit den Alphamännchen

Der Karneval legt das merkwürdige Verhalten geschlechtsreifer Großstädter zur Paarungszeit präziser offen, als jede wissenschaftliche Studie es zu leisten vermag. Jedes Jahr zeigt sich hier wieder: Frauen sind scharf auf den Piloten, Männer auf die Krankenschwester. Frauen fühlen sich von Insignien der Macht angezogen – auch wenn es nur das *Top-Gun*-Kostüm aus 100 Prozent Polyester von *eBay*-Kleinanzeigen ist –, während Männer Frauen suchen, die Fürsorglichkeit ausstrahlen und sie im Notfall verarzten. Zugleich machen Krankenschwester-Kostüme genügend Primärreize sichtbar, um auch einen alkoholisierten Piloten bei der Stange zu halten, und womöglich schwingt bei ihm die geheime Hoffnung mit, dass die Leichtbekleidete im Ernstfall auch zu einer Corona-Impfung in der Lage ist.

Für diese gewagte These spricht, dass in der Corona-Krise ausgerechnet der Absatz von Erotik-Krankenschwester-Kostümen um über 3000 Prozent stieg – diese fragwürdigen Kombinationen aus Häubchen, Stethoskop und sehr wenig Stoff waren im ersten Lockdown sogar ausverkauft. Mit dem Fachkräftemangel im Pflegebereich dürfte das nichts zu tun gehabt haben.

Womöglich gibt es einen weiteren Grund, warum Männer ganz besonders auf Frauen aus dem Pflegebereich stehen: In dem Fall können sie nämlich relativ sicher sein, dass die Partnerin weniger verdient als sie selbst. Der Arzt liebt die Krankenschwester, aber die Ärztin nicht den Krankenpfleger, sondern den Oberarzt. Männer orientieren sich «nach unten» und Frauen «nach oben», solche Verhaltensmuster werden durch zahlreiche Studien belegt – daran konnte auch die Emanzipation bisher nicht rütteln.

Der Evolutionspsychologe David Buss erklärt die Vorliebe von Frauen für Partner mit guten ökonomischen Ressourcen damit, dass sie so ihre Überlebenschancen und die ihrer Kinder sichern konnten. Dadurch lernten Männer wiederum, dass Reichtum sie attraktiv für das andere Geschlecht macht. Geändert habe sich daran bis heute nichts, im Gegenteil: «In Ländern mit großer Geschlechtergleichheit werden die Geschlechterunterschiede, was die Partnerwahlkriterien angeht, sogar eher größer. Auf jeden Fall werden sie nicht geringer. Frauen, die viel verdienen, wollen sich nicht mit dem Typen zufriedengeben, der bei McDonald's die Hamburger wendet. Sie wollen einen Mann, der mindestens genauso erfolgreich ist wie sie selbst. Wenn's geht, sogar eher noch erfolgreicher.»[78]

Da immer mehr Frauen über eine gute Ausbildung und entsprechende Jobs verfügen, wird für sie die Auswahl bei der Partnersuche geringer. Sie bräuchten eigentlich keinen Mann mit einer guten Position und viel Geld zum Überleben – aber die meisten wünschen sich trotzdem ein solches Exemplar an ihrer Seite. Viele Frauen bevorzugen offensichtlich einen Mann, zu dem sie aufschauen können.

Ich kann mich, wie gesagt, selbst nicht ganz frei machen von diesem Gedanken, ich finde einen Mann, der etwas auf dem Kasten hat und seine Ziele erreicht, auch attraktiver als einen, der seit drei Jahren auf dem Sofa liegt und dabei auf der Gitarre die Akkorde für den weltbesten Popsong sucht. Ich würde es allerdings begrüßen, wenn beide Modelle die Kinder aus der Kita abholen und abends die Küche aufräumen würden.

Darüber hinaus finde ich Geld vielleicht nicht gerade erotisch, aber extrem beruhigend. Hat sich Demi Moore das wirklich gut überlegt, als sie den gutbetuchten und charmanten Robert Redford in *Ein unmoralisches Angebot* am Ende sausen lässt? Ich bin mir da nicht so sicher. Sie kehrt zurück zu einem Mann, der gerade eine Million Dollar in eine Patenschaft für ein Nilpferd gesteckt hat – als Beweis seiner großen Liebe zu ihr. Ein Nilpferd! Warum wurde nie ein zweiter Teil von dem Film gedreht, der zeigt, wie es sich mit der großen Liebe im Alltag ohne Geld, aber mit einem Nilpferd weiterlebt? Ich habe da so eine Ahnung ... Könnte gut sein, dass ich bei Robert Redford geblieben wäre und eine Runde zu ihm aufgeschaut hätte.

Umgekehrt fühlen Männer sich nach wie vor wohler, wenn die Frau weniger verdient als sie, auch das belegen Studien, und Paare, die eine traditionelle Rollenteilung leben, seien ebenfalls zufriedener. Das liegt allerdings vorrangig daran, dass die meiste Hausarbeit sowieso an der Frau hängen bleibt, ganz egal, ob sie die Hauptverdienerin ist oder einen 450-Euro-Job hat. Selbst wenn sie bis zum Umfallen arbeitet, räumt sie abends auf. Das hat Hans-Peter Blossfeld herausgefunden, Professor für Soziologie am European University Institute in Florenz. Sein Fazit: Die meisten Paare beginnen relativ gleichberechtigt, aber sobald ein Kind geboren wird, fallen sie zurück «in ganz traditionelle Muster, auch wenn die Frau mehr verdient», weil die Männer das Erledigen von Hausarbeit als Angriff auf ihre männliche Identität empfinden.[79] Da ist sie wieder, die ungeliebte Hausarbeit, an der die Gleichberechtigung bis heute scheitert.

Wie haltbar ist da noch die evolutionsbiologische Begründung, dass Weibchen den bestmöglichen Versorger nur wollen, um ihren Nachwuchs durchzubringen, während Männchen gar nicht anders können, als der Ernährer zu sein? Gleichzeitig müssten die armen Kerle ihr Sperma durch die Welt schleudern, um die eigene Art zu erhalten, heißt es gern von männlichen Evolutionisten. Übertragen auf die Menschenwelt bedeutet das: Der Mann schmückt sich mit der Rolex und dem Porsche, um dadurch eine fruchtbare Frau anzulocken, die wiederum nur ein Kind und später die entsprechenden Alimente von ihm will. Da sie nicht mehr in ihre ursprüngliche Form zurückfindet, sieht der arme Kerl sich gezwungen, nach der nächsten Fruchtbarkeitsgöttin Ausschau zu halten, während ihre eh kaum vorhandene Libido verlischt.

Diese Theorie ist nach wie vor sehr populär und scheint nicht nur ein Klischee zu sein, denn sie ist in der Praxis durchaus wiederzufinden. Aber wir werden nie ganz auflösen können, was davon in uns hineinsozialisiert wurde und was wir unserem biologischen Erbe zu verdanken haben. Sicher ist nur, dass beide Parteien dabei keinen glücklichen Eindruck machen.

Vielleicht liegen die Dinge auch ganz anders: Sind Männer lieber mit einer Frau zusammen, die weniger arbeitet, damit sie mehr Zeit für den nervigen Haushalt hat als er? Oder ziehen Frauen nur einen Gutverdiener vor, damit am Ende noch Geld für eine Putzkraft übrig bleibt? Das führt leider zu der nächsten unbequemen Frage, ob ich als Feministin diese unliebsame Arbeit auslagern darf an eine andere Frau, die weniger Chancen im Leben hatte als ich.

Nächstes Geständnis: Ich habe immer mal wieder Care-Arbeit weitergereicht an andere Frauen, um meiner Erwerbstätigkeit besser nachgehen zu können – von Babysitterinnen über Tagesmüttern bis hin zu Putzfrauen, immer waren sie weiblichen Geschlechts, und nicht immer waren sie in Deutschland geboren. Ich könnte mir das schönreden mit den Gedanken, dass meine Putzfrau dadurch Geld verdient hat und ich ja schließlich eine gute Arbeitgeberin war, die die gröbsten Spuren allzu menschlichen Lebens kurz vor ihrer Ankunft eigenhändig weggemacht und sich immer nach dem Befinden ihrer Kinder erkundigt hat. Womöglich haben diese Kinder gerade dank meines Putzgeldes mehr Chancen im Leben? Ich sehe schon vor mir, wie sie ihre Doktorhüte in Harvard in die Luft werfen ...

Oder bin ich nur eine aufrechte Feministin, wenn ich unseren ganzen Dreck in 50:50-Aufteilung mit meinem Mann in Eigenregie wegmache, nach Feierabend mit schlechter Laune – um das gesparte Geld anschließend in die Paartherapie zu tragen – aber wenigstens, ohne jemanden dabei zu unterdrücken? Würde es einen Unterschied machen, wenn ich einen Mann für die Putztätigkeiten einstellen würde? Vermutlich wären ein paar vorhersehbare Witze über Schürzen und zusätzliche Dienstleistungen die einzige Reaktion von außen, aber keine Frau würde sich daran stören.

Ich fasse folgenden Entschluss: Da niemand in Frage stellt, dass mein Mann Geld an die Müllabfuhr – und damit indirekt vorrangig an Männer – überweist, kann es nicht verkehrt sein, wenn ich als Frau einer anderen Frau Geld für ihre Tätigkeit im Haushalt überweise – entscheidend sind faire Bezahlung und eine Sozialversicherung.

Wir könnten uns natürlich fragen, warum er das eine und ich das andere mache, aber irgendwann ist auch mal gut. Oder?

DER SEX:
KANN ICH FEMINISTIN SEIN UND EINEN ORGASMUS VORTÄUSCHEN?

Es wird höchste Zeit, über die weibliche Sexualität zu sprechen, denn dieses Thema ist gerade im Hinblick auf den Feminismus interessant. So wie diese Bewegung noch keinen gleichberechtigten Platz für Mütter in unserer Gesellschaft erkämpfen konnte, scheint auch der Sex ein blinder oder zumindest vorbelasteter Fleck zu sein. Einige Feministinnen fangen an, sich an diesem Punkt zu streiten (siehe auch das Kapitel *Playboy-Feminismus*): Die einen wollen die Prostitution verbieten und alle Formen von Pornographie und BDSM gleich mit, weil sie überzeugt davon sind, dass Frauen sich nur aufgrund von Traumatisierungen oder der Prägung durch das Patriarchat auf solche Praktiken und den Verkauf ihres Körpers einlassen und sich fremdgesteuert in die Unterwerfung zwingen.

Die sexpositiven Feministinnen stellen dagegen die sexuelle Freiheit ins Zentrum der Bestrebung nach Emanzipation und Gleichberechtigung und sagen, einvernehmliche sexuelle Aktivitäten dürften von außen weder reglementiert noch bewertet werden.

Einige Männer wiederum denken an dieser Stelle womöglich immer noch, dass Feministinnen gar keinen Sex haben oder entweder Lesben oder Dominas sind, die am liebsten Peitschen über Männerhintern sausen lassen. Da gibt es natürlich keinen kausalen Zusammenhang, aber eins fällt auf: Von einer bejahenden und begehrenden Sexualität ist nicht viel zu sehen und zu hören, sobald der Feminismus ins Spiel kommt. Doch beim Kampf um die Gleichberechtigung dürfen wir die sexuelle Befreiung der Frauen nicht unter den Tisch fallen lassen.

Wie es ist, eine Frau zu werden

Um herauszufinden, wie Frauen auch im Hinblick auf ihre Sexualität Autonomie erreichen können, sollten wir uns ein paar Fragen stellen: Was hat es mit der Orgasmus-Lücke auf sich? Kann man Sexobjekt sein und trotzdem Subjekt bleiben? Warum haben mehr Frauen als Männer Unterwerfungsphantasien? Wo bitte geht's zur sexuellen Befreiung? Und wie fühlt es sich in unserer vermeintlich gleichberechtigten Gesellschaft überhaupt an, im Hinblick auf die Sexualität eine Frau zu werden und eine zu sein?

Ich hasse es, eine Frau zu werden. Viel zu früh bildeten sich Kurven an meinem Körper, und beim Duschen ließ ich das heiße Wasser ganz lange laufen, damit alle Spiegel beschlugen und ich nicht sehen musste, was da mit mir passierte. Mit elf Jahren bekam ich bereits meine Tage und hatte keine Ahnung, was plötzlich in meinem Unterleib los war. Der Aufklärungsunterricht war noch in weiter Ferne, und meine Eltern vertraten das Motto: Erst wenn sie Fragen hat, kriegt sie alle Antworten, aber ein peinliches Gespräch zwingen wir ihr nicht auf. Das führte dazu, dass ich keine peinlichen Fragen stellte.

Die gleichaltrigen Jungs spielten also noch mit Playmobil, während ich mit Binden experimentierte. Ich bin froh, dass sich in den letzten fünf Jahren rund um das Thema Menstruation mehr getan als in den letzten 50. Das Tabuthema ist inzwischen öffentlich geworden, aber einen völlig unverkrampften Umgang mit diesem natürlichen Vorgang kriegt unsere Gesellschaft bis heute nicht hin.

Dann kam der Tag, an dem ich diese Blicke spürte – Frauen wissen, was ich meine. Männliche Blicke, die den Körper taxieren, sich irgendein Urteil erlauben, an bestimmten Köperteilen hängen bleiben. Plötzlich wird aus dem Mädchen ein Objekt, das man offensichtlich nach Lust und Laune angucken darf. Je älter man wird, je enger oder luftiger die Kleidung ist, umso häufiger spürt man das. Ein Gleichaltriger schreit mir auf dem Fahrrad «Geile Titten!» hinterher, ein Lehrer hält zu lange meine Hand fest, als er mit mir allein in einem Raum ist, ein Fremder befingert mich in der Bremer Straßenbahn am Po, ein anderer Fremder holt mitten in der Pariser Metro seinen Penis raus und reibt ihn vor meinen Augen an einer Mitschülerin. Ich habe all das erlebt, bevor ich volljährig wurde. Ich kann mich nicht erinnern, darin eingewilligt zu haben, dass mein Körper für andere zum Objekt wird. All diese Situationen sind Beispiele für die Geringschätzung von Frauen, dahinter steckt die irre Annahme, der Mann habe das Recht, sich über den weiblichen Körper zu äußern und darüber zu verfügen. Meine äußeren Reaktionen auf all diese Ereignisse waren Flucht und Schweigen, die inneren Reaktionen sind bis heute Wut und Unverständnis. Ich kann mich an alle Szenen noch immer sehr gut erinnern – die daran beteiligten Männer vermutlich kein bisschen.

Gleichzeitig weiß ich, dass ich mich glücklich schätzen muss, weil mir nichts Schlimmeres passiert ist. Doch halt, es sollte die Normalität sein und nicht als Glück empfunden werden, wenn Kinder ohne sexuelle Übergriffe erwachsen werden!

Bereits dieses Taxieren und diese «kleinen» Übergriffigkeiten führen dazu, dass es vielen Frauen schwerer fällt, sich in ihrem Körper wohlzufühlen, sie legen sich einen Schutzpanzer zu, sind dauerhaft angespannt, merken instinktiv, dass sie auf sich aufpassen müssen.

In dieser Phase fängt nicht nur das Gefühl der Verwundbarkeit an, sondern auch der Gedanke, nicht perfekt zu sein. Was ist das für ein Blick, der einen mustert – liegt Bewunderung in ihm oder Geringschätzung? Wie bewertet mein Gegenüber mich, was geht in seinem Kopf vor, hält mein Körper seinem Blick stand? Wie sieht das weibliche Ideal überhaupt aus und wie weit bin ich davon entfernt? Lauter toxische Gedanken, die bereits jungen Mädchen das Gefühl von Unzulänglichkeit geben und ihnen gleichzeitig beibringen, mit einem männlichen Blick auf sich selbst und andere Frauenkörper zu schauen und sie entsprechend zu beurteilen.

Solche Gedanken lösen sich natürlich nicht in Luft auf, wenn man sich später vor einem Mann auszieht, im Gegenteil. Sie potenzieren sich und haben zur Folge, dass Frauen darüber nachdenken, in welcher Position sie beim Sex die Schwerkraft am besten austricksen, anstatt sich zu entspannen und loszulassen.

Aber zurück zu den Anfängen. Wer sich vor zu offensichtlichen Männerblicken schützen will, darf nicht zu attraktiv sein und Blicke nicht erwidern, denn schon ist der Schritt zum «Flittchen» nicht weit: Das Mädchen ist zu aufreizend, leicht zu haben – der weibliche Ruf lässt sich schnell ruinieren. Männliche Flittchen wurden selbst von akribischen Artenschützern bis heute nicht gesichtet. Man darf also nicht zu attraktiv sein, aber zu hässlich bitte auch nicht, denn man will ja gefallen. Das ist nicht nur ein schmaler Grat, das ist ein gordischer Knoten, an dem Wonder Woman sich selbst dann die Zähne ausbeißt, wenn sie von einer weiblichen Regisseurin in Szene gesetzt wird.

Ich steckte meinen pubertierenden Körper in weite Batikhosen, trug unförmige Baseballstiefel, ließ mir die Haare abschneiden und setzte Hüte auf. Ich wollte mich nicht verstecken, aber ich wollte auch kein Sexobjekt sein. Es waren die 80er Jahre, gleichaltrige Jungen hängten sich Poster von Kim Wilde oder Samantha Fox ins Kinderzimmer und fanden Jody Banks, die Assistentin von Colt Sievers in *Ein Colt für alle Fälle*, toll. Ich sah aus wie ein ungeschminkter Boy George, der sich ein paar Klamotten im Hippie-Camp ausleihen musste, weil sein Koffer am Londoner Hauptbahnhof verloren gegangen ist. Zumindest eine Gewissheit hatte ich: Die Jungs, die sich damals für mich interessierten, hatten keine Klischees im Kopf.

Erst heute weiß ich, dass mein zweifelhafter Look eine viel gesündere Methode war als die, die viele Mädchen wählen, die sich diesem «Spiel» entziehen wollen: Sie fliehen in die Magersucht, die Bulimie oder in Selbstverletzungen – wer keine einzige Frau kennt, die an einer dieser Krankheiten leidet oder gelitten hat, hebe an dieser Stelle bitte kurz die Hand.

Er gibt sich doch Mühe

Wir sprachen bereits über den Gender Pay Gap, den Gender Rent Gap und den Gender Care Gap: Frauen verdienen weniger Geld als Männer, sie kriegen weniger Rente und kümmern sich mehr um andere. Doch auch beim Sex gibt es eine Lücke, und sie ist ebenfalls sehr groß: die Orgasmus-Lücke. Mit anderen Worten: Frauen kommen viel seltener als Männer.

In einer amerikanischen Studie, für die insgesamt rund 53000 Menschen befragt worden sind, gaben 95 Prozent der heterosexuellen Männer an, beim Sex zum Höhepunkt zu kommen – aber nur 65 Prozent der Frauen konnten das von sich behaupten.[80] Doch woran liegt das und wie sorgen wir für mehr Gleichberechtigung in der Horizontalen? Die landläufige Meinung lautet gern, dass Frauen zu kompliziert und verspannt seien, während diese auf Nachfrage erklären, dass der Mann sich nicht genügend Zeit nehme und nicht die richtigen Dinge tue.

Interessanterweise sagen 86 Prozent der lesbischen Frauen, dass sie beim Sex einen Orgasmus haben, bei ihnen läuft es besser im Bett. Nicht der Penis ist also der entscheidende Faktor beim Sex, sondern die Art und Weise, wie die Frau berührt wird. In unserer sexualisierten Welt braucht es offensichtlich noch eine große Portion Aufklärung, das zeigt sich auch im Hinblick auf die Klitoris. Die meisten Männer mögen inzwischen von ihrer Bedeutung für den weibliche Orgasmus gehört haben, aber die Suche nach diesem sagenumwobenen Ort gleicht gelegentlich einer Atlantis-Expedition.

Doch es ist zu einfach, den Männern allein die Schuld für die Sexflaute der Frauen in die Unterhose zu schieben, sie sind schließlich keine Hellseher. Solange auch Frauen ihre erogenen Zonen kaum kennen und ein kompliziertes Verhältnis zu ihrem «Untenrum» haben, werden wir die Orgasmus-Lücke nicht schließen können. Frauen meiner Generation haben gelernt, dass man sich zwischen den Beinen nur anfasst, um sich zu waschen oder Hygieneprodukte zu wechseln. Die Geschlechtsorgane waren vielleicht nicht explizit unanständig, sondern eher ein blinder Fleck – und womöglich nicht besonders schön anzusehen? Feministisch klingt das nicht.

Kleine Jungen spielten schon immer gern mit ihrem Penis, er ist schließlich exponierter als Vulva und Vagina. Wir kriegen die V-Wörter schwer über die Lippen, kennen kaum den Unterschied und wuchsen mit der Bezeichnung «Scheide» auf, als wäre sie lediglich das Pendant zum Schwert.

Die dänische Psychologin und Sexualtherapeutin Ann-Marlene Henning kennt das Problem, dass Frauen ihre Geschlechtsteile nicht besonders mögen oder gar eklig finden, und stellt ihren Klientinnen offensive Fragen: «Hast du mal Sex gehabt mit einem Mann, der seinen Penis nicht kannte? Hast du mal Sex gehabt mit einem Mann, der seinen Penis nicht mag? Hast du schon mal Sex gehabt mit einem Mann, der seinen Penis eklig findet?»[81] Kaum vorstellbar! Nehmen wir uns ein Beispiel an ihnen – oder, um es mit der Feministin Germaine Greer zu sagen: «Frauen, liebt eure Möse.»[82]

Das haben die amerikanischen Rapperinnen Cardi B und Megan Thee Stallion in ihrem Song *WAP* ausgiebig getan. WAP steht für «Wet Ass Pussy», was man vielleicht am besten mit «verdammt nasse Muschi» übersetzen könnte. Die beiden Damen feiern in dem Song ihre Genitalien und ihre Lust, sie brauchen nicht zwingend Männer dazu und in ihrem Musikvideo kommen auch keine vor – stattdessen rekeln und winden sich halbnackte Frauen, sie tanzen oder spielen an sich herum und singen davon, wie feucht sie sind. Sie erklären, welche Sexpraktiken sie bevorzugen, wie sie die Männer mit ihrer «Wet Ass Pussy» wahnsinnig machen, und genießen es, sie nicht nur zwischen ihren Beinen, sondern auch komplett in der Hand haben. Damit entfachte das Video im prüden Amerika eine hitzige Debatte über den Verfall der Sitten und brach zugleich alle Streaming-Rekorde. Während männliche Rapper seit Jahrzehnten ihr bestes Stück und ihre Überlegenheit feiern und in ihren

Der Sex

Texten Hass und Gewalt gegen Frauen verherrlichen dürfen, drehen Menschen durch, sobald Frauen weibliche Lust verbunden mit Stärke darstellen. Auch das ist Sexismus.

Nicht nur in Amerika echauffiert man sich, wenn Frauen offen über ihre Lust sprechen, auch hierzulande macht man sich damit Feinde, das weiß kaum eine besser als die Autorin Katja Lewina. In ihrem Buch *Sie hat Bock* erzählt sie anhand ihrer eigenen Erfahrungen, wie sexistisch wir beim Thema Sex sind. Ihre Texte sind unverklemmt und witzig, aber sie erntet auch Hass. Sie schreibt: «Schlampe. Nutte. Fotze. Hoe. Hier mal eine winzige, willkürliche Auswahl der Beschimpfungen, die mir in den letzten paar Jahren zuteilwurden.»[83] Glücklicherweise lässt sie sich davon nicht einschüchtern und schreibt weiter.

Aber wie feiern wir uns, unsere Körper und unsere Sexualität denn nun? Muss ich als Feministin einen Song wie *WAP* zu meiner Hymne erklären, weil er den männlichen Umgang mit Sex ironisch spiegelt, weibliche Macht demonstriert und ein Tabu bricht? Oder sollte ich mich über ihn aufregen, weil Frauen sich hier als Huren bezeichnen – «There's some whores in this house» –, den männlichen Blick bedienen, ihren Körper als Machtinstrument einsetzen, verkaufen und sich als dauergeil und verfügbar darstellen?

Das muss natürlich jede Frau selbst entscheiden, aber ich beglückwünsche die Rapperinnen dazu, eine Debatte angestoßen zu haben, die den Doppelstandard zeigt, mit der unsere Gesellschaft auf männliche und weibliche Sexualität blickt. Ich feiere sie, weil sie sich selbst feiern, und frage mich gleichzeitig, wann ich zuletzt meine eigene Weiblichkeit geehrt und zelebriert habe. Hoppla, noch ein Punkt für die To-do-Liste. Aber ein wichtiger.

Sie will, was er will – oder?

Auch wenn wir Frauen selbstbewusster mit unseren Geschlechtsorganen umgehen, greifen wir im Bett oft unbewusst weiter auf erlernte Bilder und Muster zurück: Er gibt, sie empfängt, er ist aktiv, sie passiv, und die Missionarsstellung gehört bis heute zu den beliebtesten Sexstellungen. «Sie will, was er will», kommentiert das die Psychologin Sandra Konrad und erklärt in ihrem Buch *Das beherrschte Geschlecht*, dass die weibliche Lust sich der männlichen angepasst hat.

Anschaulich beschrieb Verena Stefan dieses Phänomen viele Jahrzehnte zuvor, sie ist eine Feministin der 70er Jahre – und ich möchte jede Frau persönlich beglückwünschen, die sich in den folgenden Zeilen kein bisschen wiederfindet: «Der eine mochte die beine geschlossen, der andere offen und flach, der nächste offen und um seinen rücken – Und ich hielt die beine geschlossen oder offen und flach oder offen und um seinen rücken. Der eine wollte die ganze nacht durchmachen, der andere konnte nur einmal – Und ich machte die ganze nacht durch oder konnte nur einmal. Der eine wollte sich immer genital vereinigen, der andere fand es nicht so wichtig – Und ich vereinigte mich immer genital oder fand es nicht so wichtig.»[84]

Doch woher kommt dieses Verhalten? Die landläufige Meinung lautet noch immer, dass Frauen Sex nicht so wichtig sei wie Männern. Aber haben Frauen wirklich weniger Lust auf Sex, oder haben sie nur weniger Lust auf den Sex, der ihnen zugestanden und geboten wird? Vermutlich würden sie bei Umfragen zur Anzahl ihrer Sexpartner eine höhere Zahl nennen, wenn sie wüssten, dass man sie dafür nicht von der Gesellschaft verurteilen, gar als Schlampe bezeichnen würde. Frauen dürfen und sollen begehrenswert sein, aber selbst begehren sollen sie bitte nicht allzu sehr. Der Spagat zwischen Heiliger und Hure ist noch immer nicht beendet. Frauen lernen, dass sie erobert werden müssen, sich aber nicht zu schnell rumkriegen lassen dürfen, und natürlich sollen sie gut im Bett sein, wenn es so weit ist, aber zu laut den Ton angeben sollten sie dabei lieber nicht. Es sei denn, sie kommen gerade zum Orgasmus, der muss natürlich sein, schon dem männlichen Ego zuliebe – nur wie soll das funktionieren, wenn sie nicht sagen oder gar wissen, was sie mögen, wenn sie mit angezogener Handbremse unterwegs sind, um zu gefallen, aber nicht als Nymphomanin gelten wollen? Oder weil sie Angst haben, was passiert, wenn sie dem Sexpartner Verbesserungsvorschläge machen und ihn dadurch indirekt auf seine Wissenslücken hinweisen?

Männer hingegen denken, dass sie erobern, agieren und immer funktionieren müssen und alles mit ihrem besten Stück steht und fällt – im wahrsten Sinne des Wortes. Auch das stelle ich mir ziemlich anstrengend vor.

Die sexuelle Zurückhaltung und die Anpassung der Frauen sind erlernt, schließlich bringt man Mädchen als Erstes bei, dass Sex gefährlich ist, sie schwanger werden oder sich mit gefährlichen Krankheiten anstecken können und sich rarmachen müssen – der Gesundheit und dem guten Ruf zuliebe. Das Patriarchat hat die weibliche Sexualität erfolgreich kontrolliert: durch die monogame Ehe, durch die Pathologisierung der weiblichen Lust gepaart mit kruden Keuschheitsgeboten. Doch die Lust der Frau ist nicht geringer als die des Mannes, heißt es in der neueren Forschung – als ob wir Frauen das nicht schon die ganze Zeit selbst gewusst haben.

Die weibliche Zurückhaltung beim Sex sei kulturell bedingt, erklären Wissenschaftler wie Carel van Schaik und Kai Michel und sprechen in ihrem Buch *Die Wahrheit über Eva* sogar vom

«Mythos der Monogamie». Auch das Buch *Sex – Die wahre Geschichte* von Christopher Ryan und Cacilda Jethá schlägt in diese Kerbe und erklärt, dass die weibliche Sexualität deutlich vielseitiger ist als die männliche.

Aber wie würde die weibliche Sexualität aussehen, wenn sie nicht durch das Patriarchat geprägt worden wäre? Der Journalist Daniel Bergner hat sich mit dieser Frage auseinandergesetzt, er interviewte dazu weltweit führende Sexualwissenschaftler*innen. In seinem Buch *Die versteckte Lust der Frauen* erklärt er, dass das weibliche Geschlecht weder von Natur aus monogam noch auch nur ansatzweise frigide sei. Er beschreibt einen Versuch der Sexualforscherin Dr. Meredith Chivers, bei dem Männern und Frauen verschiedene Sexfilmchen gezeigt wurden: heterosexuelle sowie homosexuelle Paare, die es miteinander trieben, masturbierende Menschen sowie kopulierende Bonobos. Während der Filmvorführung wurde bei den Proband*innen die Durchblutung der Genitalien gemessen, außerdem sollten sie auf einer Tastatur ihre Erregung bewerten. Die Ergebnisse sind erstaunlich, das heißt, die der heterosexuellen Männer sind nicht besonders spannend, denn sie reagierten vor allem auf das, was man von ihnen erwartet: nackte weibliche Körper. Interessant wird es bei den Untersuchungsergebnissen der Frauen, denn ihre Vaginas reagierten auf *alle* Sexszenen, sogar auf die der Bonobos, während die Damen gleichzeitig behaupteten, nicht besonders erregt zu sein. Ihr Verstand verleugnete ihre Vagina, die Frauen gestanden sich ihre Lust nicht zu – bewusst oder unbewusst. Bei den Männern hingegen stimmten die Messergebnisse mit der Selbstwahrnehmung überein.

Womöglich haben Frauen also nicht den schwächeren Sexualtrieb als Männer, möglicherweise sind sie sogar aufgeschlossener, werden aber von inneren und äußeren Zwängen, von Scham- und Schuldgefühlen ausgebremst.

Sexuelle Freiheit entsteht erst, wenn Frauen ihre Sexualität genauso schamlos ausleben können wie Männer – und zwar ohne darüber nachdenken, was man über sie denkt und ob sie dabei auch eine gute Figur abgeben. Doch wie kommen wir dahin?

Die meisten Frauen starten keine sexuelle Revolution, sondern bleiben im Zweifelsfalle freundlich. Sie gehen mit Männern ins Bett und bleiben brav dort, bis er fertig ist, auch wenn ihnen zwischenzeitlich der Gedanke kommt, dass die ganze Nummer doch nicht ganz so aufregend ist, wie sie sich das ursprünglich vorgestellt hatten. Es könnte schließlich ungemütlich oder gar gefährlich werden, wenn sie aus heiterem Himmel sagt: «Du, ich hab's mir anders überlegt, ich zieh mich mal eben wieder an», oder auch nur anmerkt: «Nee, nicht so, mach mal lieber so.» Schließlich will sie sich die klassische Männerantwort auf kleine Korrekturwünsche ersparen: «Also bei mir hat sich noch nie eine beschwert – das muss an dir liegen!»

Stattdessen kommen Frauen in solchen Momenten Gedanken wie: «Na ja, er hat sich den ganzen Abend so viel Mühe gegeben ... und eigentlich ist er ja ganz nett. Ist wohl einfacher, wenn wir das zu Ende bringen.» Und womöglich wird eine Runde gestöhnt, damit es schneller vorbei und er zufrieden ist.

Diese Grauzone zwischen Nichtwollen und es trotzdem geschehen lassen, zwischen «Nein» sagen wollen und es aus Angst vor Konsequenzen nicht tun, aber auch aus Scheu davor, unfreundlich, anstrengend oder zickig zu wirken – wer kennt sie nicht? Dass viele Frauen sich darin wiedererkennen, würde den Erfolg der Kurzgeschichte *Cat Person* erklären, die 2017 im *New Yorker* erschienen ist. Sie entwickelte sich zum Internet-Hit und bescherte der Autorin Kristen Roupenian einen millionenschweren Buchvertrag. In der Geschichte geht es um die junge Studentin Margot, die sich mit dem 34-jährigen Robert über Monate Textnachrichten schreibt und schließlich mit ihm im Bett landet. In dem Moment merkt sie, dass sie das gar nicht will, aber sie hat auch nicht die Kraft, die Reißleine zu ziehen: «Wie sie ihn da so sah, so ungelenk vornübergebeugt, mit dem Bauch, dick und weich und stark behaart, dachte Margot: O nein. Aber der Gedanke daran, was es an Aufwand bedeuten würde, jetzt zu stoppen, was sie in Bewegung gesetzt hatte, war überwältigend. Es hätte ein Maß an Takt und Sanftmut gebraucht, das sie sich nicht vorstellen konnte, aufzubringen.»[85]

Margot sorgt sich, verwöhnt und kapriziös zu wirken, wenn sie das Ganze beendet, als hätte sie in einem Restaurant etwas bestellt und es dann zurückgehen lassen. Also macht sie gute Miene zum ihr unangenehmen Spiel, sie ekelt sich und hat unbefriedigenden Sex mit Robert, bleibt aber die ganze Zeit freundlich und schafft es selbst nach dieser Nacht nicht, die Sache mit einem klaren «Nein» zu beenden – das übernimmt schließlich eine Freundin für sie.

Die ach so fürsorglichen und empathischen Frauen haben ein Problem damit, die Gefühle von Männern zu verletzen, und geben lieber ihren Körper hin oder täuschen einen Orgasmus vor, anstatt ein unbequemes Gespräch über entschwundene Lust, den wahren Sitz der Klitoris oder eine geheime sexuelle Phantasie zu führen. Wer will schon als anstrengend gelten oder im Vergleich zur Vorgängerin schlecht abschneiden? Selbst im Bett wollen Frauen gefallen – und das sollten wir uns nicht länger durchgehen lassen.

Natürlich ist es schwierig zu erklären, dass sich nach zwei Minuten Brüstestreicheln und fünf Minuten Missionarsstellung nichts tut, wenn man zuvor jahrelang dabei besser klang als Meg Ryan in *Harry und Sally*. Aber einen Sonderpreis in der Kategorie «Beste feministische Hauptrolle» kriegt man für das Vortäuschen eines Orgasmus nicht, darum sollte damit Schluss sein. Wie bei der Arbeitsteilung im Haushalt hilft Kommunikation mehr als stillschweigendes Einverständnis, das gar kein richtiges ist – wie wäre es also mit einem Sexvertrag?

Es wird in westlichen Ländern seit einigen Jahren diskutiert, ob Verträge oder gar Apps für einvernehmlichen Sex sorgen und gleichzeitig vor Sexismus und Missbrauch schützen könnten. Schöne neue Welt – ist eine Liste, die ich ausfülle, bevor es zur Sache geht, eine Art feministisches Manifest? Ich schaue mir ein entsprechendes zehnseitiges Dokument im Internet an.[86] Zuallererst soll ich eintragen, wie meine Genitalien und meine Orientierung benannt werden sollen und welche Wörter mich triggern – äh… ums Reden sollte es gar nicht unbedingt gehen. Weiter im Text, nun darf ich mir Gedanken über Beleuchtung, Unterwäsche, gegenseitige Körperpflege und Toilettengänge vor den Augen des anderen machen. Möchte ich mit Körperflüssigkeiten (Sperma, Blut, Schweiß, Urin etc.) in Berührung kommen oder vom anderen rasiert werden? Oje, ich stelle mir vor, das mit jemandem auszufüllen, den ich nicht in- und auswendig kenne – nein, er soll nicht vor mir aufs Klo gehen. Mein Interesse sinkt. Es folgt ein Absatz über Kondome, Latex-Handschuhe und Lecktücher, dann werden Geschlechtskrankheiten thematisiert, nun ein Abstecher in Richtung Verhütung und Schwangerschaft. Falls zu Beginn des Fragebogens noch Spannung in der Luft gelegen hat, dürfte sie sich an dieser Stelle aufgelöst haben. Dann geht es endlich um Erregung, aber erst mal biegen wir ab in Richtung Knutschflecken, kitzeln, Nippel berühren… Weiter im Text: Handsex, Oralsex, Vaginalsex, Analsex, zu allen Sexarten gibt es mehrere Fragen. Mag ich es, «Handsex am Penis/Strap-on/_____ zu bekommen»? Äh, keine Ahnung. Ob ich beim Sex mit Essen spielen will? Muss nicht sein, aber Hunger kriege ich so langsam. Gleich ist es geschafft, noch ein paar Fragen zu Telefon- und Cybersex, Pornographie und Erotika. Die nächsten Fragen wecken mich wieder. «Mag ich es, ein_e Partner_in beim Sex zu kneifen oder wenn sie_er Klemmen am Körper hat?» Ich muss mich eher selbst kneifen, um am Ball zu bleiben. Fehlt nur noch eine Kategorie: «Weiteres». Was um Himmels willen kann man an dieser Stelle noch ergänzen? Wurde nicht mehr als genug gefragt?

Ich verstehe den Sinn dieser Liste, theoretisch ist das ein richtiger Ansatz, um Frauen (und alle anderen Geschlechter natürlich auch) zu schützen und es ihnen gleichzeitig zuzugestehen, ihren Neigungen nachzugehen oder Neues auszuprobieren. Vor allem im Sadomasochismus mögen solche Verträge sinnvoll sein, damit Grenzen klar definiert sind.

Aber Sex nach Plan, bei dem man vorher genau weiß, was man wann will und in welcher Stimmung man ist, kann zumindest ich mir nur schwer vorstellen. Die Liste mit einem langjährigen Partner auszufüllen, ist allerdings unterhaltsamer als jedes Gesellschaftsspiel (wobei ich ungefähr alles unterhaltsamer finde als ein Gesellschaftsspiel).

Zum Sex wird es an dem Abend nicht unbedingt kommen, aber man kann Themen ansprechen, über die bisher Stillschweigen geherrscht hat.

Feminismus in Handschellen

Während Frauen im Beruf und zu Hause Gleichberechtigung fordern und sich im Netz so sexy und erfolgreich wie möglich darstellen, konsumieren sie auf dem heimischen Sofa Filme und Bücher, die zu oft von romantischer Liebe und nicht gerade selten von Unterwerfung handeln. Es wird nicht einfacher, all diese Puzzleteile zu einem in sich stimmigen Gesamtkunstwerk zusammenzubringen. Bereits der Erfolg der Trilogie *Fifty Shades of Grey*, gern auch «Mommy Porn» genannt, stimmt selbst eine Teilzeitfeministin wie mich nachdenklich: Hier verliebt sich eine junge unbedarfte Frau in einen gut aussehenden erfolgreichen Mann – so weit, so Klischee. Da er keine Lust auf Blümchensex hat, legt er ihr einen Vertrag vor: Sie möge sich doch bitte von ihm fesseln und versohlen lassen, nur das essen und anziehen, was er ihr vorschreibt, und in seiner Gegenwart den Blick senken. Die junge Dame lässt ein paar Passagen streichen und wirkt dadurch selbstbestimmt genug, dass die geneigte Leserin das Buch nicht gleich zur Seite legt. Die Protagonistin stimmt aber auch einigen Praktiken zu, sodass es am Ende für einen Softporno reicht, der Frauen dazu veranlasst hat, scharenweise in den Baumarkt zu strömen, um mit dem dort erworbenen Kabelbinder die eingeschlafene Ehe wiederzubeleben.

Es ist zu einfach, den enormen Erfolg dieser Bücher und deren Verfilmung als eine zufällige Geschmacksverirrung abzutun. Es muss mehr dran sein an dem weiblichen Wunsch nach Dominanz und Unterwerfung, über den Frauen für Frauen sehr erfolgreich schreiben.

Blicken wir zurück: Bis heute erfreut sich die 1954 erschienene *Geschichte der O* großer Beliebtheit, und gegen diesen Roman ist *50 Shades of Grey* nichts anderes als ein kleiner Gruß aus der Küche. Die Geschichte der O. geht folgendermaßen: Eine Pariser Modefotografin lässt sich von ihrem Geliebten auf ein Schloss bringen, wo Frauen «zugänglich», sprich, so gut wie nackt herumlaufen und ununterbrochen von den anwesenden Männern penetriert, gefesselt und ausgepeitscht werden. Sie unterziehen sich einer «Sub»-Ausbildung, das heißt, sie werden zur unterwürfigen Lustsklavin abgerichtet und finden das ganz wunderbar, erleben im Schmerz die größte Lust ihres Lebens und lassen sich von ihren Herren noch ein schickes Brandzeichen verpassen als Zeichen ihrer ewigen Liebe und Zugehörigkeit. Es wird noch erstaunlicher: Dieses Buch – auch gern als «Bibel des SM» bezeichnet – wird bis heute von seinen Anhängern und ihren Subs nachgespielt. Im Internet sind die Regeln nachzulesen, die an solchen «Schlosswochenenden» für die Damen der Schöpfung gelten. Halsband und Handfesseln muss sie tragen, einen Slip und eine Hose jedoch auf keinen Fall: «Niemals dürfen die Knie oder Schenkel geschlossen sein oder übereinandergeschlagen werden, der Schambereich muss immer leicht einsehbar sein.» Die Brust ist sowieso frei, sprechen möge die Dame bitte möglichst nicht, sie bringt den Herren aber Getränke, sitzt höchstens zu ihren Füßen und schaut ihnen auf keinen Fall ins Gesicht. Dass sie allen Anwesenden jederzeit sexuell zur Verfügung steht, muss an dieser Stelle wohl nicht mehr erläutert werden.

Ich kann diese erotische Spielwiese noch nicht einmal mit meinem Teilzeitfeministinnen-Hirn in Einklang bringen, aber ich versuche mir mantramäßig zu erklären, dass Frauen natürlich das Recht haben, auf diese Weise ihr Wochenende zu verbringen, sofern sie es selbstbestimmt tun. Kann einer Frau das wirklich Freude bereiten?

«Die Angeschaute hat die Macht», erklärt mir ein Mann, der

sich in der Szene auskennt. «Das eigentliche Objekt sind die Männer, denn sie sind zu schwach, um wegschauen zu können. Das ist der Genuss der scheinbar Gedemütigten, die das Spiel steuert.» Die gedemütigte Sexsklavin als Überlegene? Ist sie im Grunde die bessere Feministin im Vergleich zu einer Frau, die gelangweilt die Beine breit macht, um nicht unangenehm aufzufallen? Ich komme ins Grübeln. Oder ist diese Argumentation lediglich ein männliches Schönreden einer sadistischen Neigung?

Mir fällt auf, dass ich schon wieder mehr über die männliche Sexualität nachdenke als über die weibliche, immer tappe ich in die gleichen Fallen. Nach einer «potenten Frau», wie die Philosophin Svenja Flaßpöhler sie in ihrem gleichnamigen Buch beschreibt, klingt das nicht. «Anstatt die männliche Sexualität zu entwerten, wertet sie ihre eigene auf», schreibt sie über die potente Frau und fordert, dass wir endlich ins Handeln kommen, in die Aktion, anstatt nur zu reagieren, uns schwächer zu machen, als wir sind.

Die Frage nach der Lust an der Unterwerfung ist damit noch nicht beantwortet. Interessanterweise stammen eine ganze Reihe sadomasochistischer Erfolgsgeschichten aus weiblicher Hand, und auch die Buchvorlage für die fragwürdigen Schlossevents hat eine Frau geschrieben, die französische Autorin Anne Cécile Desclos. Mit dem Werk wollte sie ihren Geliebten beeindrucken (da ist sie wieder, die Gefallsucht) und ihm beweisen, dass Frauen entgegen seiner Überzeugung erotische Literatur schreiben können.

Die Reihe geht weiter, erinnern wir uns an *9½ Wochen* mit Mickey Rourke und Kim Basinger. Wer jetzt nur an Eiswürfel denkt oder befriedigt feststellt, dass nicht alle Männer in Würde altern, hat verdrängt, dass auch diese Liebesgeschichte sadomasochistische Züge enthält, bei denen der Mann seine Grenzen immer weiter austestet und die Frau irgendwann das Weite sucht. In der Buchvorlage erzählt die US-Amerikanerin Elisabeth McNeill ihre eigene Geschichte, und die ist deutlich verstörender als die glattgezogene Hollywood-Produktion: Neun Wochen und drei Tage war McNeill einem Mann verfallen, vor dem sie auf allen vieren kriecht, sich von ihm anketten und auspeitschen lässt, schließlich wird sie sogar von ihm gewaschen und gefüttert, außerdem zwingt er sie zu kriminellen Handlungen. Erst ein Nervenzusammenbruch rettet sie aus der Beziehung, sie kommt ins Krankenhaus und begibt sich danach für mehrere Monate in psychiatrische Behandlung. Nach insgeheimer Überlegenheit und sexueller Selbstbestimmung klingt das Buch nicht, obwohl McNeill gleichzeitig betont, nie größere Lust empfunden zu haben. Hoffentlich wurde die Autorin für die Filmrechte wenigstens gut bezahlt.

Ein neueres Beispiel für die verwirrende Wiederbelebung von Geschlechterklischees in Kombination mit weiblicher Unterwerfung ist der polnische Bestseller *365 Tage* von Blanka Lipińska. Sowohl das Buch als auch die gleichnamige *Netflix*-Verfilmung erfreuten sich großer Beliebtheit. Der Inhalt ist schnell erzählt: Ein brutaler Macho entführt eine Frau, weil er in ihr seine große Liebe sieht, und stellt sie vor die zweifelhafte Wahl, sich in den nächsten 365 Tagen Gefangenschaft in ihn zu verlieben. Bereits nach wenigen Tagen trieft das Höschen der sexy Geisel vor Verlangen, sie mag offensichtlich nicht nur die Mischung aus Gefangenschaft, Unterwerfung und neuen kostspieligen Klamotten, sondern auch das Gefühl, von einem testosterongetränkten Mafiosi begehrt zu werden. Laura bevorzugt harten Sex, und das Paar treibt es auf knapp 400 Buchseiten ununterbrochen miteinander, zumindest wenn Don Massimo nicht gerade die Champagnerflasche oder einen seiner Gegenspieler köpfen möchte.

Die Autorin dieses Bestsellers präsentiert im Netz auf Nacktfotos all ihre Tattoos, erzählt von ihren Schönheitsoperationen, schiebt noch ein paar Diättipps hinterher und bezeichnet sich dabei als Feministin – schließlich habe sie eine sexuelle Revolution losgetreten.

Die Wege des Feminismus sind unergründlich, so viel steht fest – ich möchte aber zu bedenken geben, dass das Buch unter dem Deckmantel der sexuellen Befreiung nichts anderes erzählt als das alte Märchen von dem Mädchen, das ihren reichen Prinzen findet, ihn von all dem Bösen in seinem Inneren heilt und nebenbei ihren Kleiderschrank auffüllt.

Warum haben Frauen Überwältigungsphantasien?

Ich nehme mir ein deutlich interessanteres Buch vor, das in den 70er Jahren für Aufsehen gesorgt hat: *Die sexuellen Phantasien der Frauen* von Nancy Friday. Die Journalistin hat aufgezeichnet, welche Geschichten Frauen sich ausdenken, um sexuell erregt zu werden. In ihren Köpfen geht es rund, von exhibitionistischen Handlungen über Gruppensex bis hin zu Vergewaltigungen und dem Einbeziehen von Haustieren ist alles dabei – mein doch eher simples Gemüt kommt aus dem Staunen nicht heraus. Ich ertappe mich gelegentlich beim Kopfschütteln, dann aber auch dabei, dass ich mir zunächst genüsslich sämtliche Sexphantasien durchlese – die Analysen können schließlich warten.

Dabei muss ich mir ein paar Fragen stellen: Will ich eine

Phantasie, die mich sexuell erregt, wirklich erleben? Würde ich eine davon ausleben in einer Gesellschaft ohne Tabus, in der man mir nicht beigebracht hätte, ein braves Mädchen sein zu müssen, das sich bitte nicht allzu intensiv ausprobiert? Oder sollte ich die Phantasien lediglich als Bereicherung in meinem Kopf begreifen, wo sich der Sex auch abspielt? Die größte erogene Zone ist ja bekanntlich das Gehirn. Und wie gehe ich damit um, wenn eine Sexphantasie mir alles andere als feministisch vorkommt?

Sex ist weder rational noch kann es dabei gleichberechtigt zugehen, man kann sich ja schlecht einen Timer stellen und in der Halbzeit die Seiten wechseln, im wörtlichen wie übertragenen Sinne. Es hilft auch nicht, dabei ununterbrochen über Political Correctness nachzudenken und die Handlung zu bewerten. Natürlich lasse ich gern einen alten weißen Mann bei dem Thema zu Wort kommen: «Es gibt keine sexuelle Gleichheit, es kann sie gar nicht geben, und gewiss nicht eine Gleichheit, bei der die Verteilung genau ausgewogen und der männliche Quotient exakt so groß wie der weibliche ist. Diese ungezähmte Sache lässt sich nicht berechnen»[87], schreibt der amerikanische Schriftsteller Philip Roth in *Das sterbende Tier* und fährt fort: «Beim Sex geht es darum, dass die Dominanz wechselt, es geht um fortwährendes Ungleichgewicht.»

Dieser Gedanke ist vielleicht zunächst irritierend, aber lassen wir die Zweiteilung der Geschlechter hinter uns und denken ihn noch einmal. Wenn wir nicht nur in den Klischees von männlich und weiblich denken, wenn wir uns in erster Linie als Menschen anstatt als Frau und Mann sehen, wäre es egal, wer dominant und subversiv, wer schwach und wer stark ist – solange alles einvernehmlich geschieht.

Mehr Kopfschmerzen bereitet mir die Frage, warum einige Frauen sich von Vergewaltigungsphantasien erregt fühlen, wie

Der Sex

ist das möglich? Das ist für mich auf den ersten Blick gar nicht mit Feminismus in Einklang zu bringen.

Studien belegen, dass sich tatsächlich mehr Frauen als Männer von masochistischen Phantasien wie Unterwerfung oder Vergewaltigung stimulieren lassen. Sind Frauen von Natur aus masochistisch, wollen sie insgeheim «überwältigt» werden? Nein, zunächst müssen wir trennen zwischen dem, was Frauen phantasieren oder lesen, und dem, was sie tatsächlich erleben wollen.

Es gibt verschiedene Erklärungsansätze für masochistische Phantasien, aber eins ist sicher: Eine Frau, die von einer Vergewaltigungsphantasie erregt wird, möchte noch lange nicht vergewaltigt werden. In ihrer Phantasie übernimmt sie die Kontrolle, hier wird sie begehrt und überwältigt, ist aber für den Sex nicht verantwortlich, sie bleibt also «brav» und unschuldig. «Frauen schwelgen darin, um der Schande zu entgehen, die von Beginn der Pubertät an auf ihrer Sexualität liegt»[88], erklärt der Journalist Daniel Bergner in seinem Buch *Die versteckte Lust der Frauen*.

Ein weiterer Erklärungsansatz ist, dass Frauen auf diese Weise in der Lage sind, ihre größte Angst oder auch eine erlebte Verletzung umzudichten. Im geschützten Raum verwandeln sie ihren Schmerz in Lust, sie übernehmen die Kontrolle und haben das Geschehen auf diese Weise selbst in der Hand. Achtung: Diese Fälle lassen nicht den Umkehrschluss zu, dass alle BDSM-Anhänger traumatisiert oder missbraucht worden sind!

In den 70er Jahren erklärten Feministinnen masochistische Neigungen und Phantasien mit den Fesseln des Patriarchats, die auf diese Weise bewältigt würden. Die Psychoanalytikerin Margarete Mitscherlich schrieb: «Gegen die Verinnerlichung und die damit verbundene Hilflosigkeit solcher gesellschaftstypischen Haltungen konnten sich die Frauen oft nur zur Wehr setzen, indem sie mit Hilfe der Phantasie aus passiv unterdrückten Wesen zu aktiven Schöpferinnen ihres Leidens wurden.»[89]

Im Zuge der fortschreitenden Emanzipation müsste die weibliche Lust zur Unterwerfung demzufolge abnehmen und Schmachtfetzen mit Fesselsex wären nichts anderes als staubige Ladenhüter. Danach sieht es nicht aus. Ich hege eine leise Hoffnung: Sind es vielleicht Männer, die zwischen solchen Buchdeckeln Halt suchen, um das Dahinschwinden ihrer alten Vorherrschaft zu kompensieren?

Zu früh gefreut, die Leserschaft dieser Bücher ist vorrangig weiblich. Ein moderner Erklärungsversuch für die Lust nach Unterwerfung zielt jedoch in diese Richtung: Frauen hätten eine Sehnsucht nach einem starken, dominanten Mann, weil die Geschlechterhierarchien sich auflösen und dadurch für Verunsicherung sorgen, das erklärt die Soziologin Eva Illouz in ihrem Buch *Die neue Liebesordnung*. Wenn im Bett beide Partner auf vertraute Rollenmuster zurückgreifen, wissen sie endlich wieder, was sie zu tun haben.

Illouz erklärt damit den Erfolg der Trilogie *Shades of Grey*: «Sadomasochistischer Sex wird als ein Weg gezeigt, sehr althergebrachte, sehr traditionelle Geschlechteridentitäten zu festigen – allerdings unter dem, wenn Sie so wollen, Regenschirm sexueller Lust. Dabei ist übrigens die Sexualität der Frau genauso wichtig, wenn nicht sogar wichtiger als die des Mannes.»[90]

In einer Welt, in der von Frauen alles neu verhandelt und erkämpft werden muss, von der Frage, wer den Müll rausbringt bis hin zur Chancengleichheit im Beruf, klingt es auf den ersten Blick erholsam und befreiend, in einer Phantasie schwach zu sein oder in der Horizontalen den Mann machen zu lassen. Die Sehnsucht nach einem geheimnisvollen Kerl, der unvorhersehbare, aber trotzdem genau die richtigen Dinge tut, sodass die Frau gar nicht auf die Idee kommt, über ihren Body-Mass-Index oder den nächsten Punkt ihrer To-do-Liste nachzudenken, ist durchaus reizvoll, ich will das gar nicht von mir weisen. Aber was bedeutet das für die Praxis? Erst gemeinsam mit dem Ehemann den Vertrag mit den geheimen Wünschen ausfüllen und ihm ein paar Tage später «Hallo Fremder!» zuflüstern, sich von ihm fesseln und ins Schlafzimmer zerren lassen? Diese Performance könnte bereits daran scheitern, dass ich auf dem Weg zum Bett über einen vollen Wäschekorb stolpere, wir die Socken lieber anlassen und ich mit einem Ohr horche, ob die Kinder auch wirklich in den nächsten 30 Minuten vor dem Fernseher sitzen bleiben. Vermutlich hätten wir bis dahin aber längst einen Lachkrampf gekriegt.

Ob ein unbekanntes Testosteronbündel mit Hilfe von Handschellen und Reitgerte mir zu nie da gewesenen Höhepunkten verhelfen würde, wie es in den Buchvorlagen der Fall ist, möchte ich ebenfalls stark bezweifeln.

Oder bin ich zu brav und angepasst? Die weibliche Sittsamkeit sowie die Idee von der Monogamie des Menschen wurde den Frauen antrainiert, erklärt die Anthropologin Wednesday Martin in ihrem Buch *Untreue*. Diese Lektüre ist ein Plädoyer für den Seitensprung, Wednesday zeigt auf, dass Frauen ein größeres Bedürfnis nach Vielfalt und Abwechslung haben als Männer. Wenn Frauen ihre Sexualität ausleben dürften, ohne stigmatisiert, verurteilt und verlassen zu werden, wären sie so abenteuerlustig und autonom wie Männer, so ihre These. Sie ist überzeugt davon, dass wir die Orgasmus-Lücke schließen würden, wenn wir unsere Doppelmoral ablegen und aufhören, Frauen und Männer mit zweierlei Maß zu messen.

Wäre es demnach ein wichtiger Schritt in Richtung Gleichberechtigung, offene Beziehungen anzustreben, mehrere Partner*innen zu haben? Ist Polyamorie die Lösung, damit auch Frauen sexuell in die Autonomie kommen?

Ein interessanter Gedanke, aber die Vorstellung, weitere Menschen in mein Leben hineinzuorganisieren, macht mich gerade sehr müde. Nicht, dass ich mich am Ende auch noch für deren emotionale Befindlichkeit verantwortlich fühle und eine weitere Person an ihren Zahnarzttermin erinnere!

Wie wäre es mit einer anderen Gesellschaftsform? Wie ergeht es Frauen, die nicht vom Patriarchat geprägt wurden? Es ist schwer, welche zu finden, aber die Mosuo scheinen ein interessantes Völkchen zu sein, sie leben im Südwesten Chinas. Hier gelten ganz andere Regeln als im Rest der Welt, und über die wunderte sich schon der Handlungsreisende Marco Polo ausgiebig, denn bei den Mosuo herrscht das Matriarchat. Die Frau bildet den Familienvorstand, ihr Name und ihre Besitztümer gehen von der Mutter auf die Tochter über, und es gibt keine Ehe, denn die wird als Gefahr für die Familie betrachtet – ein weiterer Beweis für die vielgepriesene Weisheit der Chinesen ist hiermit erbracht. Stattdessen dürfen Frauen in ihrem Schlafzimmer so viele Männer empfangen, wie sie möchten, es gibt nur eine Bedingung: dass der Mann am nächsten Morgen wieder verschwunden ist. Das klingt doch reizvoll, kein böses Erwachen, keine Frage nach Tee oder Kaffee, kein unauffälliges Suchen nach einem Riesenshirt, das man sich für den Weg zum Klo so unbedarft wie möglich überwirft. Es kann durchaus sein, dass eine Mosuo-Frau ihr Leben lang den gleichen Mann im Schlafgemach empfängt, aber wenn es jede Nacht ein anderer ist, stört das auch keine Menschenseele. «Wanderehe» nennen die Mosuo diese Lebensform.

Die Männer bleiben bei den Mosuo ihr Leben lang in ihrer

eigenen Familie – also quasi bei ihrer Mama – wohnen. Diese Vorstellung wirkt für mich als Mutter eines Sohnes zugegebenermaßen etwas abschreckend. Allerdings helfen die Söhne mit, die Kinder ihrer Schwestern großzuziehen, sie sind für ihre Nichten und Neffen verantwortlich. Männer werden hier nicht unterdrückt, sie sind genauso frei wie die Frauen, sie treffen darüber hinaus die politischen Entscheidungen. Ganz so matriarchalisch klingt das wiederum nicht, aber viel wichtiger als die einzelnen Zuständigkeiten ist doch die Frage, wie glücklich das Volk in dieser Gesellschaftsform ist. Sehr friedlich ginge es dort zu, heißt es von Forschern, von mehr Sex und weniger Stress ist die Rede. Am witzigsten ist die Drohung, mit der Kinder in Schach gehalten werden: «Wenn du nicht brav bist, dann verheiraten wir dich.»[91]

Es wird Zeit zu begreifen, dass ein Gegenmodell zum Patriarchat nicht bedeutet, dass Männer sich automatisch unter der Herrschaft von Frauen befinden, dass sie nicht handlungsunfähig am Boden liegen und sich den Rest ihres Lebens unter Stöckelschuhen winden. (Es sei denn, sie bitten freundlich darum.) Um es mit meinem Lieblingszitat des amerikanischen Soziologen Michael Kimmel zu sagen: «Es ist doch grotesk, wenn Männer glauben, dass sie umso weniger Spaß haben, je gleichgestellter Frauen sind. Das würde nicht gerade fürs männliche Selbstbewusstsein sprechen, wenn wir nur glücklich wären, wenn wir das Gefühl hätten, die Überlegenen zu sein.»[92]

Im besten Fall bedeutet das Ende des Patriarchats einfach ein Leben in Gleichberechtigung, bei dem Menschen jeden Geschlechts sich gegenseitig ergänzen und unterstützen. Wir schaffen das alles nämlich nur gemeinsam, und wenn es Frauen besser geht, geht es allen anderen Geschlechtern nicht automatisch schlechter – im Gegenteil!

Viel zu lange wurde die weibliche Lust verleugnet und restriktiert, und der weibliche Ruf ist noch immer schneller ruiniert als der männliche. Wir alle beschränken uns durch solche Vorstellungen und Erwartungshaltungen. Erst wenn Frauen ihren Körper kennen, Scham und Schuldgefühle ablegen und ihre Grenzen ausloten, kommen sie in ihre sexuelle Freiheit. Die Freiheit, die der Feminismus den Frauen gibt, beinhaltet nicht nur die Freiheit, zu begehren und zu verführen, sondern auch die Freiheit, diese aufzugeben und sich einvernehmlich zu unterwerfen, sowohl Objekt als auch Subjekt zu sein.

So gesehen sind alle Phantasien, Filme, Bücher, Songs und auch Listen, die Frauen bei der Entdeckung und Aufwertung ihrer Sexualität helfen, ein Gewinn – ungeachtet ihrer Qualität. Es ist schwer zu sagen, wie der Sex ohne all die Schablonen in unseren Köpfen wäre – vermutlich besser für alle Beteiligten.

Es ist an der Zeit, es herauszufinden.

NACHWORT:
LIEBER TEILZEITFEMINISTIN
ALS GAR KEINE

Zurück zu meiner Ausgangsfrage: Wie kommt es, dass ich wider besseren Wissens zur Teilzeitfeministin geworden bin – und wie komme ich aus der Nummer wieder raus?

Wie wir haargenau zu dem Menschen werden, der wir sind, konnte bis heute nicht eindeutig geklärt werden. Ob Gene und Evolution oder Umwelt und Kultur einen stärkeren Einfluss auf die Vorstellung haben, die wir in unserem Leben abgeben, ist schwer zu sagen, beides prägt uns. Nur in einer Sache haben wir absolute Gewissheit: Zu jeder Studie über Geschlechterstereotype gibt es mindestens eine Gegenstudie. Unbestritten ist aber auch, dass die Sozialisation einen großen Einfluss auf unser Verhalten hat.

Ich wurde schon in meiner Kindheit und Jugend einem kulturellen Brainwashing unterzogen, das mich noch immer in unsichtbare Schranken weist – das ist mir beim Schreiben dieses Buchs klar geworden. Ich kann mich nur schwer von dieser Prägung lösen: Sie verleitet mich bis heute zu Handlungen und Denkweisen rund um Haushalt und Kindererziehung, Arbeit und Beziehung, mein Erscheinungsbild und meinen Platz in der Gesellschaft, die mir fragwürdig vorkommen, sobald ich meinen Verstand bemühe. Mein Verstand ist willig, es besser zu machen – aber der Alltag macht mich immer wieder schwach.

Ich kam nicht als Frau zu Welt, ich wurde es. Was ich über das Frausein, die Mutterschaft und meine Sexualität zu wissen glaubte, ist nicht meiner DNA oder den Geschlechtshormonen entsprungen, und auch die Steinzeitfrau Lucy hat mir nie eingeflüstert, was ich als Nächstes tun muss. Es war die Gesellschaft, die mein Denken und das daraus resultierende Verhalten geformt hat, und ich habe das lange akzeptiert.

Mein Körper kam gleichwertig und furchtlos auf die Welt, aber mein Kopf hat ihm irgendwann gesagt, dass er weniger wert und größeren Gefahren ausgesetzt ist.

Mein Körper hat mir gezeigt, dass ich eine Frau bin, aber mein Kopf hat ihm eines Tages erklärt, wo ich ihn rasieren und wie ich ihn anziehen muss, um akzeptiert zu werden.

Mein Körper wusste, wie ich meine Kinder zur Welt bringe, aber mein Kopf hat mir gesagt, was ich für ihr Wohlergehen tun muss und dass es vorrangig meine Aufgabe ist.

Mein Körper ist in der Lage, Liebe und Lust zu empfinden, aber mein Kopf sagt ihm, in welchem Rahmen sich das für ihn gehört.

Aber was fange ich nun an mit diesen Erkenntnissen, der Entlarvung meines intuitiven Denkens, das immer wieder vor meinem Verstand auf der Ziellinie ankommt?

Ich bin kein völlig wehrloses Opfer der äußeren Umstände. Ich mache mich immer wieder mitschuldig und halte das System aufrecht, indem ich mich nicht jedes Mal gegen Sexismus und Ungerechtigkeiten wehre, wenn ich sie erlebe oder Zeugin davon werde. Indem ich mich nicht immer mit anderen Frauen solidarisch zeige und mich nicht ständig bemühe, insbesondere die Benachteiligten zu unterstützen. Indem ich mich manchmal anpasse, wo ich aufbegehren oder einfach autark sein sollte.

Ich kann vergangene Fehler nicht rückgängig machen, und

ein neues Denken will mir nicht immer gelingen. Aber ich will weiter versuchen, meine Gedanken und Gefühle sowie mein daraus resultierendes Verhalten zu beobachten, zu hinterfragen und zu verändern.

Meinen Körper sollte ich im Gegenzug endlich von der Selbstkritik befreien, genauso wie ich mir jede Kritik an Aussehen und Verhalten anderer Menschen, insbesondere Frauen, verbiete.

In meiner Familie stelle ich inzwischen sämtliche Aufgaben rund um Kinder und Haushalt regelmäßig in Frage und verhandle sie neu. Das nervt, aber noch mehr nervt es, das nicht zu tun, weil dann wieder alles an mir hängen bleibt. Außerdem haben wir eine Vorbildfunktion für die nächste Generation. Eine bisexuelle Frau erklärt mir: «Du glaubst gar nicht, wie einfach eine Partnerschaft mit einer Frau ist. Dieses ganze Machtgerangel fällt weg, man kann sämtliche Aufgaben ganz normal verteilen, ohne dass es Stress gibt!»

Das ist der entscheidende Punkt: Erst wenn wir uns die Geschlechterhierarchie aus unseren Köpfen schlagen, können wir gemeinsam und auf Augenhöhe leben – und damit auch endlich die Mutterschaft und das Arbeiten vereinbaren. Darüber hinaus müssen wir alle begreifen, dass Mütter keine Arbeitnehmer zweiter Klasse sind, Väter genauso für ihre Kinder zuständig – und dass sich unsere männlich geprägte Arbeitswelt dringend verändern muss.

Gleichberechtigung bedeutet, dass Frauen endlich Zeit und keine Angst mehr haben, und sie müssen ohne Nachteile Mütter sein können. Und natürlich brauchen sie finanzielle Unabhängigkeit – aber zu der kommen sie nur, wenn sie nicht länger unbezahlt der gesamten Menschheit den Dreck wegmachen.

Der Weg zur Gleichberechtigung ist anstrengend. Es ist nicht nur schwer, sie zu erkämpfen, manchmal ist es auch schwierig, sie zu leben. Das Leben besteht aus Widersprüchen, aber es bringt auch nichts, sich dagegen aufzulehnen. Es ist an der Zeit, mich mit mir selbst zu versöhnen. Außerdem wollte ich mir doch mehr Selbstfürsorge gönnen. Also habe ich beschlossen, dass es völlig legitim ist, gelegentlich Teilzeitfeministin zu sein, mich an einer starken Schulter anzulehnen, lieber Kuchen zu backen als Rasen zu mähen (ist auch viel weniger anstrengend) und mich anschließend bei einer romantischen Komödie auszuruhen. Klischeepflege, sozusagen. Gelegentlich kann Teilzeitfeminismus sehr bequem sein oder sogar genial. Ich sollte einfach das Beste aus beiden Welten kombinieren. Natürlich darf ich nach Komplimenten heischen, mir von einem Mann die Wasserkiste tragen lassen und mir verführerische Dessous kaufen. Es bringt auch leider nichts, mich gegen jede Art von Hausarbeit aufzulehnen und so wenig zu kochen und zu putzen wie möglich, um mir emanzipierter vorzukommen. Ich probiere das regelmäßig, lege alle Scheuklappen an, um schmutzige Fußböden und Spielzeugchaos zu übersehen, aber dabei werde ich nur übellaunig.

Care-Arbeit ist aus dem menschlichen Leben nicht wegzudenken, und sie ist nicht «weiblich» oder gar trivial, wir haben sie nur dazu gemacht. Erst wenn wir sie aus dieser Schublade herausholen, zwischen Frauen und Männern gleichberechtigt verteilen und sie aufwerten, wird endlich in den Köpfen ankommen, dass wir sie besser bezahlen müssen.

Ich bin lieber eine Teilzeitfeministin als gar keine. Es ist keine Schwäche, das vermeintlich «Weibliche» zuzulassen, genauso wie es keine Stärke ist, nur aus «Männlichkeit» zu bestehen. Wie schön wäre es doch, wenn wir Geschlechter nicht länger als unvereinbare Gegensätze verstehen würden, die miteinander konkurrieren, sondern erkennen, dass es unendlich viele Möglichkeiten gibt, ein Mensch zu sein. Es gibt nicht nur Schwarz und Weiß, Rosa und Hellblau, Gut und Böse, Richtig oder Falsch – das wissen wir doch längst. Ich stelle mir einen Farbstreifen vor, in dem alle Farben ineinander übergehen, von Pottschwarz bis Lichtweiß. Auf der einen Seite der Skala befindet sich das, was wir bisher als weiblich oder männlich definieren, auf der anderen Seite das Gegenteil. Jeder Mensch kann sich irgendwo ansiedeln, wo immer er sich wohlfühlt – und jeder Platz auf diesem Streifen ist genau richtig, keiner ist mehr wert als der andere, alle haben ihre Berechtigung. Wir sind alle verschieden und doch gleich. Und natürlich kann man seine Position ändern, wenn einem danach ist, denn wir haben alle die Freiheit, genau so zu sein, wie wir sind.

Heute wundern wir uns, dass unsere Väter und Großväter nicht wickeln oder die Waschmaschine anstellen konnten, dass unsere Großmütter nicht Auto gefahren sind und unsere Mütter höchstens ein «Puddingabitur» gemacht haben. Hoffen wir, dass unsere Enkelkinder sich eines Tages darüber lustig machen, dass ihr Opa von morgens bis abends gearbeitet hat und Rosa mal eine Mädchenfarbe war, dass Frauen nur mit Hilfe einer Quote in Führungsebenen vordringen konnten und man die Welt in zwei Geschlechter aufgeteilt hat.

Der persische Mystiker Rumi hat einen berühmten Satz geprägt: «Jenseits von richtig und falsch gibt es einen Ort. Hier können wir einander begegnen.»

Im Hinblick auf unseren Zwiespalt, uns nur schwer von erlernten und stereotypen Geschlechterbildern zu lösen, während wir versuchen, politisch korrekt zu sein und alles zu gendern, was nicht bei drei auf dem Baum ist, könnten wir sagen: Jenseits von weiblich und männlich gibt es einen Ort. Hier können wir einander begegnen.

DANK

Zuallererst danke ich dem Rowohlt Verlag und insbesondere meiner phantastischen Lektorin Julia Vorrath, die sich von Anfang an für dieses Buch (und für mich) eingesetzt hat. Einige deiner Kommentare hätte ich am liebsten drin gelassen – ich habe sie bestimmt noch in irgendeiner Vorvorversion irgendwo auf dem Rechner ...

Ich danke auch meiner herausragenden Presseagentin Dorle Kopetzky, die sich bereits an die Arbeit gemacht hat, bevor das Buch überhaupt fertig war. Wenn Eisbaden einem zu so viel Dynamik verhilft, brauche ich dringend auch so eine Tonne.

Natürlich danke ich meinem besten Mann der Welt und meinen Kindern, ihr kleinen Granaten (nein, ihr seid nicht klein, ich weiß). Ohne euch hätte ich dieses Buch nicht schreiben können. Schließlich wäre ich ohne euch gar nicht erst zur Teilzeitfeministin geworden, sondern würde jetzt stattdessen in einer längst abbezahlten Eigentumswohnung in einem Hamburger Szeneviertel auf einen Schrank mit lauter Designerklamotten starren und nur über mich selbst nachdenken. Wer will das schon? Ach, ihr wisst, wie sehr ich euch liebe, und mein Leben wäre so viel ärmer ohne euch drei!

Ich danke meiner Familie und Verwandtschaft, die mich so stark geprägt hat – ich weiß, ihr könnt auch nichts dafür! Aber im Ernst, ich danke ganz besonders meinen Eltern, die mir alle Bildungschancen und wirklich nie das Gefühl gegeben haben, als Mädchen weniger wert zu sein. Das haben Umfeld und Zeitgeist ganz allein hingekriegt.

Ich danke meiner Schwester Vera, mit der ich so viele lustige Kindheitserinnerungen teile – ein Stichwort genügt, und wir liegen schon wieder am Boden. («Gifft dat vondaag Chinesisch?») Danke, dass du sie mit mir für dieses Buch aufgefrischt hast!

Und ich danke meinen Freund*innen für ihre aufbauenden Worte, lustigen Geschichten, klugen Beobachtungen und wertvollen Inspirationen. Und für die vielen kleinen lebenserhaltenden Nachrichten in einer Zeit, in der wir uns viel zu selten gesehen haben. Es ist leicht, die Schuld dafür auf das Virus schieben, aber es lag auch am Buch, ich gebe es zu.

Danke an – in alphabetischer Reihenfolge – Adrienne F. (ich mach das Kreuz bei «Ja»), Andrea K. (deine feministische Presseauswertung ist 'ne glatte Eins), Antje B. (you know how I feel), Antje R. (mit Schild!), Christina A. (unsere Mütter hätten sich so gut verstanden!), Claudia P. (einmal Haare und ich hab drei neue Ideen), Dieter L. (nein, ich käme nicht auf alle deine Gedanken. Wirklich nicht!), Ilka H. (das Fahrrad ist gesattelt), Jens D. («Liebling Kreuzberg» ist eine wirklich gute Option), mein Kleeblatt (es wird wieder grüner!), Maike R. (irgendwann sitzen wir wieder in Paris), Miriam R. (meine Sprach- und Literaturexpertin – und meine Sprachnachrichten-Queen!), Rebekka G. (I feel you..., aber sie werden größer, wirklich!), Sibylle F. (danke, dass ich ein Teil deiner Mental-Load-Liste sein darf, ich weiß, was das bedeutet!) und last but not least Susanne B. (so nah, auch im Herzen!).

LITERATURVERZEICHNIS

Einige Passagen dieses Buches sind so oder ähnlich auf *Spiegel Online* und *Zeit Online* erschienen.

Chimamanda Ngozi Adichie: We Should All Be Feminists. New York 2014.
Jutta Allmendinger: Es geht nur gemeinsam! Berlin 2021.
Gillian Anderson, Jennifer Nadel: Wir. München 2017.
Elisabeth Badinter: Der Konflikt. Die Frau und die Mutter. München 2010.
Mary Beard: Frauen & Macht. Frankfurt am Main 2018.
Simone de Beauvoir: Das andere Geschlecht. Sitte und Sexus der Frau. Reinbek 2000.
Jessica Benjamin: Die Fesseln der Liebe. Psychoanalyse, Feminismus und das Problem der Macht. Frankfurt am Main 1993.
Daniel Bergner: Die versteckte Lust der Frauen. Ein Forschungsbericht. München 2014.
Erma Bombeck: Nur der Pudding hört mein Seufzen. Bergisch Gladbach 1978.
Judith Butler: Das Unbehagen der Geschlechter. Frankfurt am Main 2003.
Ada Calhoun: Why We Can't Sleep. London 2020.
Patricia Cammarata: Raus aus der Mental Load Falle. Weinheim 2020.
Soraya Chemaly: Speak out! Die Kraft weiblicher Wut. Berlin 2018.
Caroline Criado-Perez: Unsichtbare Frauen. Wie eine von Daten beherrschte Welt die Hälfte der Bevölkerung ignoriert. München 2020.
Rachel Cusk: Lebenswert. Über das Mutterwerden. Berlin 2019.
Christine Deja: Frauenlust und Unterwerfung. Freiburg 1991.
Virginie Despentes: King Kong Theorie. Köln 2018.

Carolin Emcke: Wie wir begehren. Frankfurt am Main 2013.
Svenja Flaßpöhler: Die potente Frau. Berlin 2018.
Deborah Frances-White: The Guilty Feminist. London 2018.
Nancy Friday: Die sexuellen Phantasien der Frauen. Frankfurt am Main 2017.
Betty Friedan: Der Weiblichkeitswahn oder die Selbstbefreiung der Frau. Reinbek 1970.
Roxane Gay: Bad Feminist. München 2019.
Matthias Glaubrecht: Das Ende der Evolution. München 2019.
Germaine Greer: Der weibliche Eunuch. Frankfurt am Main 1971.
Gabriela Häfner, Bärbel Kerber: Das innere Korsett. München 2015.
Pauline Harmange: Ich hasse Männer. Hamburg 2020.
Siri Hustvedt: Being a Man. Reinbek 2006.
Florian Illies: Generation Golf. Berlin 2000.
Eva Illouz: Die neue Liebesordnung. Frauen, Männer und Shades of Grey. Berlin 2013.
Erica Jong: Angst vorm Fliegen. Frankfurt am Main 1979.
Sandra Konrad: Das beherrschte Geschlecht. München 2018.
Ruth Klüger: Frauen lesen anders. München 1996.
Kate Manne: Down Girl. Berlin 2019.
Wednesday Martin: Untrue. Warum fast alles, was wir über weibliche Untreue zu wissen glauben, unwahr ist. Berlin 2019.
Elizabeth McNeill: Neun Wochen und drei Tage. Reinbek 1993.
Susanne Mierau: Mutter. Sein. Weinheim 2019.
Caitlin Moran: how to be a woman. Wie ich lernte, eine Frau zu sein. Berlin 2012.
Caitlin Moran: More Than a Woman. New York 2020.
Jacinta Nandi: Die schlechteste Hausfrau der Welt. Hamburg 2020.
Franca Parianen: Hormongesteuert ist immerhin selbstbestimmt. Hamburg 2020.
Laurie Penny: Fleischmarkt. Weibliche Körper im Kapitalismus. Hamburg 2012.
Laurie Penny: Unsagbare Dinge. Sex, Lügen und Revolution. Hamburg 2015.
Laurie Penny: Bitch Doktrin. Hamburg 2015.

Andrea Petkovic: Zwischen Ruhm und Ehre liegt die Nacht. Köln 2020.
Susan Pinker: Das Geschlechter-Paradox. München 2008.
Nina Power: Die eindimensionale Frau. Berlin 2011.
Caroline Rosales: Single Mom. Was es wirklich heißt, alleinerziehend zu sein. Reinbek 2018.
Caroline Rosales: Sexuell verfügbar. Berlin 2019.
Philip Roth: Das sterbende Tier. München 2001.
Christopher Ryan, Cacilda Jethá: Sex. Die wahre Geschichte. Stuttgart 2016.
Mithu M. Sanyal: Vulva. Die Enthüllung des unsichtbaren Geschlechts. Berlin 2009.
Alice Schwarzer: Der kleine Unterschied und seine großen Folgen. Frankfurt am Main 2013.
Anne-Marie Slaughter: Was noch zu tun ist. Köln 2016.
Rebecca Solnit: Unziemliches Verhalten. Wie ich Feministin wurde. Hamburg 2020.
Verena Stefan: Häutungen. Frankfurt am Main 1994.
Margarete Stokowski: Die letzten Tage des Patriarchats. Reinbek 2018.
Margarete Stokowski: Untenrum frei. Reinbek 2016.
Christian Stöcker: Das Experiment sind wir. München 2020.
Barbara Streidl: Feminismus. Stuttgart 2019.
Maria Sveland: Bitterfotze. Köln 2007.
Maria Sveland: Immer noch Bitterfotze. Köln 2019.
Jens van Tricht: Warum Feminismus gut für Männer ist. Berlin 2019.
Heinz-Jürgen Voß: Geschlecht. Wider die Natürlichkeit. Stuttgart 2018.
Virginia Woolf: Ein Zimmer für sich allein. Stuttgart 2019.

ANMERKUNGEN

1 Simone de Beauvoir: «Das andere Geschlecht», S. 263
2 Simone de Beauvoir: «Das andere Geschlecht», S. 265
3 Margarete Stokowski: «Untenrum frei», S. 23
4 Lisa Nienhaus: «Feminismus, das klingt so unrasiert und ungebumst», in: *FAZ*, 23.2.2016
5 Virginie Despentes: «King Kong Theorie», S. 28
6 Hans Magnus Enzensberger: «Der Mann, der alle Probleme löste – oder zumindest glaubte, er habe sie alle gelöst», in: *Neue Zürcher Zeitung*, 27.4.2018
7 Deborah Frances-White: «The Guilty Feminist», S. 5
8 Caitlin Moran: «how to be a woman», S. 101
9 Nils Bokelberg: «Warum ich Vater und Feministin bin», in: *Die Zeit*, 14.8.2017
10 Rebecca Solnit: «Unziemliches Verhalten», S. 88
11 Jutta Allmendinger: «Es geht nur gemeinsam!», S. 40
12 Daniel Kahnemann: «Schnelles Denken, langsames Denken», S. 516
13 www.destatis.de/DE/Presse/Pressemitteilungen/2021/03/PD21_106_621.html
14 Jutta Allmendinger: «Es geht nur gemeinsam!», S. 45
15 Caitlin Moran: «More Than a Woman», S. 63
16 Joanna Syrda: «Spousal Relative Income and Male Psychological Distress», in: *Sage Journals: Personality and Social Psychology Bulletin*, 28.10.2019.
17 www.yourfirm.de/karriere-ratgeber/disponent/

18 Alexander Kunst: «Umfrage in Deutschland zur Rollenverteilung beim Grillen 2017», in: *Statista*, 6.11.2019
19 Anette Selg: «Forscher entzaubern die Steinzeit-Klischees», in: *Deutschlandfunk Kultur*, 20.1.2016
20 Randall Haas u.a.: «Female hunters of the early Americas», in: *Science Advances*, 4.11.2020
21 Jörg Römer: «Die Großwildjägerin aus der Steinzeit», in: *Der Spiegel*, 5.11.2020
22 Merle Sievers: «Männer, die auf Koteletts starren», in: *Süddeutsche Zeitung*, 18.7.2013
23 Emma: «Du hättest doch bloß fragen müssen», in: *Krautreporter*, 12.7.2017
24 Podcast «Alles gesagt?»: «Alice Schwarzer, wie wird man eine Frau?», in: *Zeit Online*, 8.10.2020
25 Florian Illies: «Generation Golf», S. 173
26 Ebd.
27 Ruth Klüger: «Frauen lesen anders», S. 90
28 Simon Sales Prado: «Warum in der Schule nur männliche Autoren gelesen werden», in: *Süddeutsche Zeitung*, 19.5.2020
29 Der Spiegel: «Wer bekommt die bessere Bewertung – Mann oder Frau?», 10.11.2020
30 Pauline Harmange: «Ich hasse Männer», S. 68
31 Olympe de Gouges: «Erklärung der Rechte der Frau und Bürgerin», Artikel 10
32 Barbara von Würzen: «Corona: Traditionelle Aufgabenverteilung im Haushalt belastet Frauen stark», in: *Umfrage Bertelsmann Stiftung*, 3.12.2020
33 Erica Jong: «Angst vorm Fliegen», S. 187
34 Ebd.
35 Elisabeth Badinter: «Der Konflikt. Die Frau und die Mutter», S. 9
36 Heike Kleen: «Was geht, wenn nichts mehr geht?», in: *Der Spiegel*, 14.10.2020
37 www.youtube.com/watch?v=TkkHKU_lLqU
38 Michael I. Posner: «Father's brain is sensitive to childcare experiences», in: *PNAS Research Article*, 8.7.2014

39 Stephanie Höppner: «Entwicklungspsychologin: Afrikanische Mütter sind über uns erschüttert», in: *Deutsche Welle*, 19.1.2014
40 Alice Schwarzer: «Der kleine Unterschied», S. 18
41 Boris Herrmann: «Hochachtungsvoll», in: *Süddeutsche Zeitung*, 25.11.2020
42 «Bundeskanzlerin Merkel: Wir dürfen bei Gewalt gegen Frauen niemals wegschauen!», in: *Pressemitteilung der Bundesregierung*, 21.11.2020
43 Erma Bombeck: «Nur der Pudding hört mein Seufzen», S. 119
44 Ebd., S. 195f.
45 Laurie Penny: «Unsagbare Dinge», S. 27
46 www.youtube.com/watch?v=VhQ7j29Jd-4
47 Sara Peschke: «Ein Gläschen am Mittag», in: *Süddeutsche Zeitung*, 19.10.2018
48 Ebd.
49 Betty Friedan: «Der Weiblichkeitswahn», S. 13
50 Ulrike Baureithel: «Zwischen Wut und Würde», in: *Der Tagesspiegel*, 18.11.2013
51 Simone de Beauvoir: «Das andere Geschlecht», S. 428
52 Erma Bombeck: «Nur der Pudding hört mein Seufzen», S. 197
53 www.destatis.de/DE/Themen/Arbeit/Arbeitsmarkt/Qualitaet-Arbeit/Dimension-3/eltern-teilzeitarbeit.html
54 Statista Research Department: «Zuwachs der Weltbevölkerung Stand 2020», in: *Statista*, 14.1.2021
55 Henrik Kleven u.a.: «Child Penalties across Countries: Evidence and Explanations», in: *AEA Papers and Proceedings*, Mai 2019
56 The Economist: «How big is the wage penalty for mothers?», 28.1.2019
57 Anne-Marie Slaughter: «Why women Still Can't Have It All» in: *Atlantic Monthly*, Juli / August 2012
58 Valerie Höhne: «Pflegen, kochen, putzen – Männer sollen auch im Haushalt ihren Job machen», in: *Der Spiegel*, 4.9.2020
59 Katja Wippermann u.a.: «Eltern – Lehrer – Schulerfolg», in: *Publikationen der Konrad Adenauer Stiftung*, 25.2.2013
60 Ebd.
61 Gillian Anderson, Jennifer Nadel: «Wir», S. 349

62 Kiju Jung u.a.: «Female hurricanes are deadlier than male hurricanes», in: *PNAS*, 17.06.2014
63 Jens van Tricht: «Warum Feminismus gut für Männer ist», S. 57
64 Celia Parbey: «Autor JJ Bola: Warum Männlichkeit für Jungs ein Albtraum ist», in: *ze.tt*, 6.9.2020
65 Katja Lewina: «Sie hat Bock», S. 116
66 Margarete Stokowski: «Die letzten Tage des Patriarchats», S. 156
67 Simone de Beauvoir: «Das andere Geschlecht», S. 11
68 Franca Parianen: «Hormongesteuert ist immerhin selbstbestimmt», S. 289
69 Charlotte Riley: «How to play Patriarchy Chicken: why I refuse to move out of the way for men», in: *New Statesmen*, 22.2.2019
70 Fumiko Lipp: «Studie zu Rollen im TV: Männer sind Experten, Frauen sind schön», in: *tagesschau.de*, 12.7.2017
71 Heike Kleen: «Die Sendung mit dem Mann», in: *Der Spiegel*, 27.8.2018
72 Sabine Stamer: «Das Frauenbild orientiert sich an den Fünfzigerjahren», in: *Der Spiegel*, 28.1.2019
73 www.malisastiftung.org/geschlechterdarstellungneue-medien/#:~:text=Auch%20auf%20Instagram%20sind%20insbesondere,einem%20sehr%20begrenzten%20Korridor%20statt.
74 Virginia Woolf: «Ein Zimmer für sich allein», S. 6
75 Teresa Bücker: «Ist es radikal, sich die Gedankenarbeit zu teilen?», in: *Süddeutsche Zeitung*, 8.12.2020
76 Laurie Penny: «Bitch Doktrin», S. 229f.
77 Deborah Frances-White: «The Guilty Feminist», S. 3
78 Wenke Husmann: «Eine Frau braucht keinen erfolgreichen Mann – aber sie will ihn», in: *Zeit Online*, 1.11.2020
79 Katrin Hummel: «Was bleibt von mir als Mann?», in: *Frankfurter Allgemeine Zeitung*, 27.1.2014
80 David A. Frederick u.a.: «Differences in Orgasm Frequency Among Gay, Lesbian, Bisexual, and Heterosexual Men and Women in a U.S. National Sample», in: *Springer Link*, 17.2.2017
81 Mareice Kaiser: «Warum es beim Sex vor allem um Macht geht», Podcast auf *ze.tt*, 13.12.2018

82 Germaine Greer: «The Madwoman's Underclothes: Essay and Occasional Writings», S. 74–89 (zitiert nach Naomi Wolf: «Vagina», S. 213)
83 Katja Lewina: «Sie hat Bock», S. 35
84 Verena Stefan: «Häutungen», S. 72
85 Kristen Roupenian: «Cat Person», in: *The New Yorker*, 4.12.2017
86 queertopia.blogspot.de: «Ja, Nein, Vielleicht – Liste – Fragen zu Körper, Sexualität und Grenzen»
87 Philip «Roth: «Das sterbende Tier», S. 27f.
88 Daniel Bergner: «Die versteckte Lust der Frauen», S. 117
89 Margarete Mitscherlich: «Über weiblichen Masochismus», in: *Emma*, 1.9.1977
90 Johanna Adorján im Gespräch mit Eva Illouz: «Ist Sadomasochismus die Lösung?», in: *Frankfurter Allgemeine Zeitung*, 22.6.2013
91 Ricardo Coler: «Das Paradies der freien Liebe», in: *taz*, 27.5.2009
92 Jan Pfaff im Gespräch mit Michael Kimmel: «Come on, guys!», in: *Der Freitag*, 5.10.2012